MATLAB을 이용한 신호 및 시스템

도서출판 GS인터비전

머 리 말

신호와 시스템 (Signals and Systems)이라는 개념은 극히 다양한 분야에서 통용되며, 이 개념에서 비롯된 아이디어나 기법은 전기 통신, 우주항공, 회로 설계, 음향학, 지진학, 의용 생체공학, 에너지 발생과 전송 시스템, 화학 고정제어, 음성 처리, 영상처리 등을 포함하는 광범위한 분야에서 중요한 역할을 한다. 또한 통신과 컴퓨터 등 정보통신 관련 기술이 급속하게 발전하고 있으며 신호를 처리하고 해석하는 기술도 급속도로 발전하고 있다. 따라서 저자는 신호와 시스템을 연속과 이산 신호 시스템으로 크게 나누고 독자들에게 꼭 필요한 내용의 이해를 돕도록 구성하였으며 또한 각 장마다 통신 분야의 범용 시뮬레이션 툴인 MATLAB을 이용하여 신호와 시스템에 관한 핵심적인 내용을 직접 프로그래밍 할 수 있도록 풍부한 예제 소스들을 포함시켰다.

이 책에서는 앞서 언급한바와 같이 신호와 시스템을 크게 연속 시간과 이산 신호 시스템으로 크게 나누어 각각의 전반적인 내용을 기술하였다. 1장에서는 신호와 시스템의 개요를 설명하고 2~4장에서는 연속 시간 시스템, 5~8장에서는 이산 시간 시스템에 대하여 설명한다. 마지막으로 9장에서는 차세대 이동통신에 필수적인 OFDM 시스템에 대하여 그 기술과 원리를 설명하고 OFDM의 주요 특징과 최신 기술 동향에 대하여 논하였다. 또한 각 장의 연습문제를 통해 독자들은 앞서 학습한 내용을 복습하는 과정이 포함되어 신호와 시스템을 접하는 독자들에게 유용하게 활용될 수 있다. 또한 디지털 및 아날로그 필터에 관한 이론의 경우 디지털신호처리(DSP) 교재에서 다루는 것이 바람직해서 본 교재에서는 제외하였다.

마지막으로 이 책은 독자들이 다른 신호와 시스템의 지식이 없어도 이해할 수 있도록 쓰여졌지만, 미적분학과 같은 기초적인 수학지식은 가지고 있다고 가정하였으며, 행렬 대수나 회로 분석 등의 배경 지식이 있다면 이 책을 이해하는데 도움이 될 것이다.

목 차

제1장 신호 및 시스템 개요

제2장 연속 시간 신호와 시스템

제3장 푸리에 급수

제4장 푸리에 변환

제5장 라플라스 변환

제6장 연이산 시간 신호와 푸리에 해석

제7장 Z-변환

제8장 이산 푸리에 변환

제9장 푸리에 변한 응용(OFDM)

제1장

신호 및 시스템 개요

CHAPTER **01**

신호 및 시스템 개요

1.1 신호 및 시스템

신호와 시스템(Signals and Systems)이라는 개념은 극히 다양한 분야에서 통용되며, 이 개념에서 비롯된 아이디어나 기법은 전기 통신, 우주항공, 회로 설계, 음향학, 지진학, 의용 생체공학, 에너지 발생과 전송 시스템, 화학 고정제어, 음성 처리, 영상처리 등을 포함하는 광범위한 분야에서 중요한 역할을 한다. 일반적으로 신호(Signal)는 어떠한 형태로든 고유의 정보를 가지고 의사소통이나 상태제어를 위한 매체 역할을 하는 것을 전부 의미한다. 또한 신호는 하나 이상의 독립 변수들에 좌우될 수 있다. 일차원적 신호는 하나의 독립변수에 의존하며, 2차원 신호는 두 개의 독립변수에 의존한다. 하지만 신호는 그 자체가 어떤 정보를 갖고 있다는 점에서 중요하지만, 만약 그 신호를 적절하게 처리하는 장치가 없어서는 그 의미를 상실하게 된다. 따라서 신호의 형태나 속성을 변화시켜 보다 적합한 용도로 사용할 수 있게 처리하는 장치를 시스템이라 정의 할 수 있다. 예를 들어 문자, 음성, 영상 등의 정보는 일종의 신호 형태로 간주할 수 있으며, 이것을 생성, 처리하는 수단을 시스템이라고 할 수 있다.

1.2 연속 시간 신호와 이산 시간 신호

연속 신호(Continuous-time signal)는 모든 연속적인 시간 t에 대하여 정의된다. 일반적으로 신호는 수학에서 배우는 함수로 정의되며 이 함수에 어떤 물리적인 의미를 부여하면 이것을 신호로 정의할 수 있다. 예를 들면 연속적인 값을 갖는 독립 변수 t에 대한 함수 $s(t)$가 있다고 하자. 이 함수가 시간에 따라 변하는 음성의 전기적 에너지를 표현한다고 하면 이것은 신호로 정의된다. 한편, 이산 신호(Discrete-time signal)는 특정한 시각에서만 값을 갖는 신호로 정의 된다. 따라서 기본적인 이산 신호는 연속 신호와 유사성을 갖는다. 그러나 이산 신호는 신간과 관계없는 수의 함수로서 고유한 이산 데이터를 채집한다. 또한 이산신호는 샘플링 과정을 통해 연속 신호와 유사성을 갖는 이산 신호를 얻을 수 있다. 즉 시간과 함수관계가 없는 데이터를 측정 할 겨우 규칙적 혹은 불규칙적인 간격을 가지고 있는 이산 데이터를 얻을 수 있다.

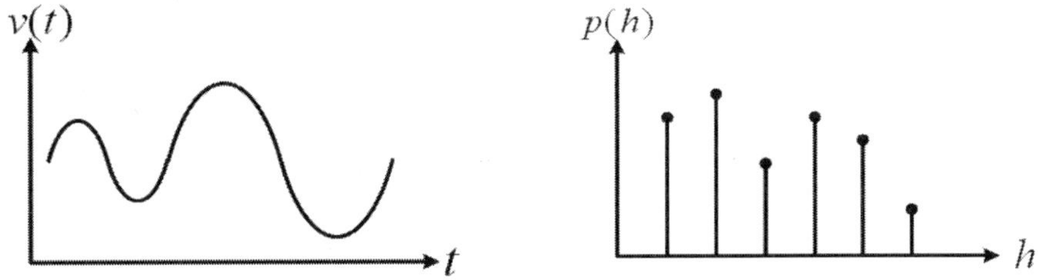

(a) 연속 시간 신호 (b) 이산 시간 신호

〈그림 1.1〉 연속 신호와 이산 신호의 예

그리고 신호가 유한 개수 혹은 셀 수 있는 무한 개수의 불연속점을 가지며 각각의 불연속점에서 도약의 크기가 유한하다면 신호는 구간 연속이라 한다. 그 예로 그림 1.2의 사각 펄스(Rectangular pulse) $rect(t/\tau)$를 생각할 수 있으며, 다음과 같이 나타낸다.

$$rect(t/\tau) = \begin{cases} 1, |t| < \dfrac{\tau}{2} \\ 0, |t| > \dfrac{\tau}{2} \end{cases} \tag{1.1}$$

사각 펄스 신호는 $t = \pm\tau/2$일 때를 제외하고는 연속적이라고 할 수 있다. 또 다른 예를 들면 그림 1.3의 펄스열을 들 수 있다. 이 펄스열은 $t = 0, \pm 1, \pm 2, \pm 3, \ldots$을 제외한 모든 t에서 연속적인 신호이다.

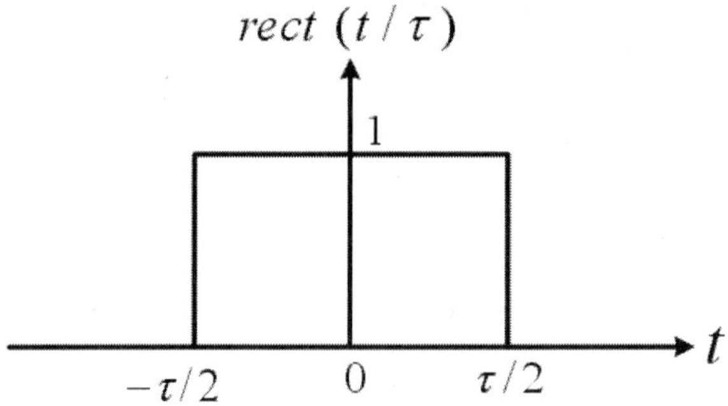

〈그림 1.2〉 사각 펄스 신호

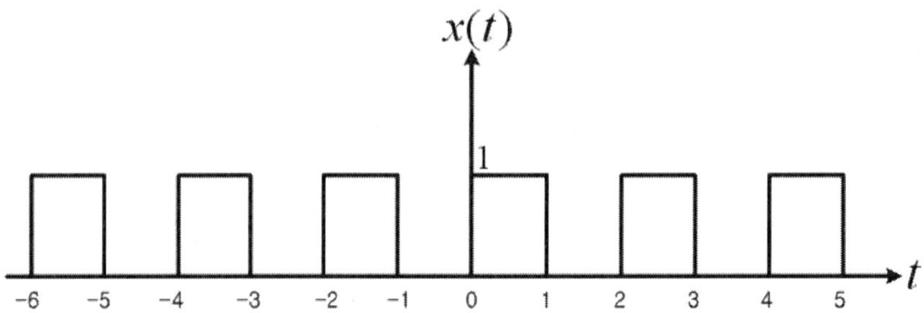

〈그림 1.3〉 펄스열

1.3 주기 신호와 비주기 신호

다양한 신호들을 그 성격에 따라 분류함에 있어서 중요한 기준들 중 하나가 주기성(periodicity) 여부라 할 수 있다. 주기성이라는 것은 일정한 시간 간격으로 신호의 형태가 동일하게 되풀이되는 것을 의미한다. 모든 신호는 주기 신호(periodic signal)와 비주기 신호(aperiodic signal)로 나뉘어 지는데 주기 신호는 다음과 같은 필요충분 조건이 필요하다.

$$x(t+T_0)=x(t), \quad -\infty < t < \infty \tag{1.2}$$

여기서 상수 T_0는 주기이다. 식 1.2이 만족되는 가장 작은 T_0값을 기본주기라 하고,

이후로는 간단히 주기라고 부른다. 식 1.2을 만족하지 않는 결정적 신호는 비주기적이라고 부른다. 일반적인 주기 신호의 예는 다음과 같은 정현파(Sinusoidal) 신호를 들 수 있고, 그림 1.4에 그 다양한 형태를 나타내었다.

$$x(t) = Asin(2\pi f_0 t + \theta), \quad -\infty < t < \infty \tag{1.3}$$

여기서 A, f_0와 θ는 각각 진폭, 주파수, 위상을 나타낸다. 간단히 하기 위하여 $w_0 = 2\pi f_0 [rad/s]$를 사용한다. 이 신호의 주기는 $T_0 = 2\pi / w_0 = 1/f_0$이며 대입과 삼각함수 식을 사용하여 증명할 수 있다.

$$\begin{aligned} x(t + \frac{2\pi}{w_0}) &= x(t), \quad all\ t \\ &= Asin[w_0(t + \frac{2\pi}{w_0}) + \theta] \\ &= Asin(w_0 t + 2\pi + \theta) \\ &= A[\sin(w_0 t + \theta)\cos 2\pi + \cos(w_0 t + \theta)\sin 2\pi] \end{aligned} \tag{1.4}$$

$\cos 2\pi = 1, \sin 2\pi = 0$로부터 주기성을 만족한다는 것이 입증된다. $x(t) = x(t + T_0)$이 되는 T_0의 최소값은 $T_0 = 2\pi / w_0$ 이다. 양수인 주파수 w_0의 모든 정수 배가 기본 주파수가 되는 복소지수(complex exponential)의 집합을 고조파 연관 연속 시간 지수함수라 하며, 다음과 같이 나타낸다.

$$\theta_k(t) = \exp[jkw_0 t], \ k = 0, \pm 1, \pm 2, ... \tag{1.5}$$

여기서 $k \neq 0$에 대하여 $\theta_k(t)$는 기본 주기가 $2\pi / |kw_0|$ 혹은 기본 주파수가 $|kw_0|$인 주기신호이기 위해서는

$$\exp[jkw_0(t + T)] = \exp[jkw_0 t], \quad T > 0 \tag{1.6}$$

$$T = \frac{2\pi}{|kw_0|} \tag{1.7}$$

을 만족해야 한다. 주기가 T인 주기 신호는 정수 n에 대하여 주기가 nT인 주기신호도 되므로, 모든 신호 $\phi_k(t)$는 공통 주기 $2\pi/w_0$를 갖는 것을 알 수 있다.

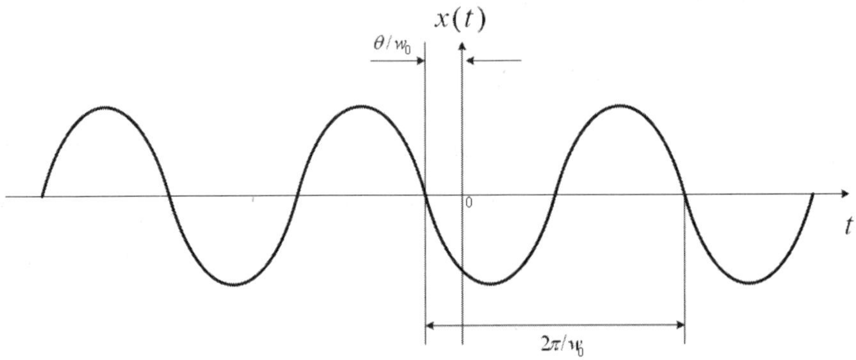

(a) 정현파

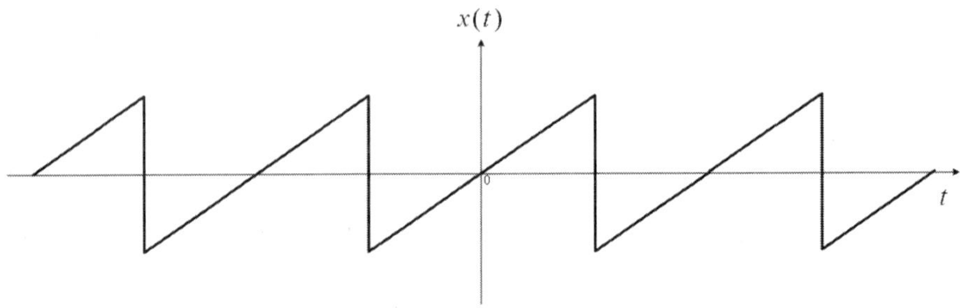

(b) 톱니 신호

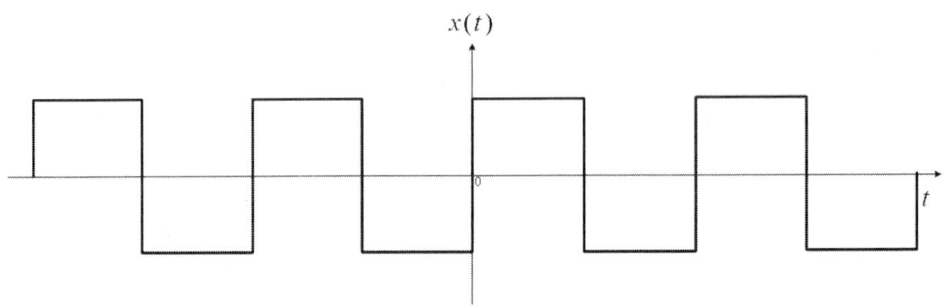

(c) 펄스 신호

〈그림 1.4〉 주기 신호들의 형태

1.4 에너지 신호와 전력 신호

관련된 신호의 종류에 따라 신호에 사용되는 표현법이 특수한 경우도 있는데, 그 중 하나가 신호를 유한 에너지를 가진 부류와 유한 평균 전력을 가진 부류로 분류하는 것이다. 어떤 신호들은 유한 평균 전력도 가지지 않고 유한 에너지도 가지고 있지 않은 것들도 있다. 전류 $i(t)$를 발생시키는 저항 R 양단의 전압을 $v(t)$로 가정하는 회로가 있다고 하자. 이때 단위 저항당 순시전력은

$$p(t) = \frac{v(t)i(t)}{R} = i^2(t) \tag{1.8}$$

이다. 구간 $|t| \leq T$에서 적분해서, 단위저항당 총에너지와 평균전력은 극한으로 각각

$$E = \lim_{T\to\infty} \int_{-T}^{T} i^2(t)\, dt \tag{1.9}$$

와

$$P = \lim_{T\to\infty} \frac{1}{2T} \int_{-T}^{T} i^2(t) dt \tag{1.10}$$

로 정의한다. 일반적으로 복소수의 임의의 신호 $x(t)$에 대해 단위저항으로 정규화된 총 에너지는

$$E = \lim_{T\to\infty} \int_{-T}^{T} |x(t)|^2 dt \tag{1.11}$$

와 같이 정의하며, 단위 저항으로 정규화된 평균 전력은

$$P = \lim_{T\to\infty} \frac{1}{2T} \int_{-T}^{T} |x(t)|^2 dt \tag{1.12}$$

와 같이 정의 된다. 식 1.11과 1.12의 정의를 이용하여 다음 신호들의 분류가 정의된다.

① $x(t)$는 $0 < E < \infty$의 필요충분 조건을 가지면 에너지 신호이며, $P=0$이다.

② $x(t)$는 $0 < P < \infty$의 필요충분 조건을 가지면 전력 신호이며, $E=\infty$이다.

③ 위의 어느 특성도 만족하지 않는 신호는 에너지 신호도 아니고 전력신호도 아니다.

또한 주기적인 신호에 대해서 P를 찾기 위해 극한값을 취할 필요는 없다. 그 이유는 한주기를 평균화면 식 1.12와 같은 결과를 얻게 되기 때문이며, 다음과 같이 주기적인 신호 $x_p(t)$에 대하여 P를 구하면

$$P=\frac{1}{T_0}\int_{t_0}^{t_0+T}|x_p(t)|^2dt \tag{1.13}$$

이 되고 여기서 T_0는 주기이다.

1.5 신호의 기본 연산

1.5.1 종속 변수에 대한 연산

$x(t)$를 연속 시간 신호라 하면, $x(t)$의 진폭을 스케일링하여 만들어진 다음과 같이 나타낼 수 있다.

$$y(t)=cx(t) \tag{1.14}$$

여기서 c는 스케일 상수이며, 위 식에 따르면 어느 순간 t에서의 출력 $y(t)$의 값은 그 순간의 입력 $x(t)$에 c를 곱한 값이다. 증폭기가 진폭 스케일링하는 장치의 예가 될 수 있다. 위 식과 유사하게 이산시간 신호인 경우에는 다음과 같이 나타낼 $y(t)=cx(t)$수 있다.

$$y[n]=cx[n] \tag{1.15}$$

또한 $x_1(t)$와 $x_2(t)$를 연속 신호라고 하고, 음악과 음성을 합성하는 음량 조정기 처럼 두 신호를 덧셈하여 얻은 신호 $y(t)$는

$$y(t) = x_1(t) + x_2(t) \tag{1.16}$$

이다. 이산시간 신호인 경우에는

$$y[n] = x_1[n] + x_2[n] \tag{1.17}$$

으로 나타낼 수 있으며, AM 라디오 신호와 같이 두 신호를 곱셈을 하는 것은

$$y(t) = x_1(t)x_2(t) \tag{1.18}$$

$$y[n] = x_1[n]x_2[n] \tag{1.19}$$

으로 나타낸다. 이는 어느 순간 t에서의 출력 $y(t)$의 값은 그 순간의 $x_1(t)$의 값에 $x_2(t)$의 값을 곱한 것이라 할 수 있다.

RLC 회로에서 인덕터는 미분의 작용을 하는데 이를 식으로 나타내면

$$y(t) = \frac{d}{dt}x(t) \tag{1.20}$$

로 나타내며 인덕턴스 L인 인덕터에 흐르는 전류를 $i(t)$라 하면 전압은

$$v(t) = L\frac{d}{dt}i(t) \tag{1.21}$$

라 할 수 있다.

이와 반대로 캐패시터는 적분 작용을 하는데 적분 결과는

$$y(t) = \int_{-\infty}^{T} x(\tau)d\tau \tag{1.22}$$

로 나타내며 캐패시턴스 C인 캐피시터에 흐르는 전류를 $i(t)$라 하면 전압은

$$v(t)=\frac{1}{C}\int_{-\infty}^{T} i(\tau)d\tau \tag{1.23}$$

라 할 수 있다.

1.5.2 독립 변수에 대한 연산

$x(t)$를 연속 시간 신호라 하면, 독립 변수인 시간 t를 상수 a로 스케일링하여 만들어진 다음과 같이 나타낼 수 있다.

$$y(t)=x(at) \tag{1.24}$$

여기서 $a>1$이면, $y(t)$는 $x(t)$가 압축된 신호이고, $0<a<1$이면 확장된 신호이며 그림 1.5 에서 보여주고 있다. 이산 시간 신호의 경우에는

$$y[n]=x[kn],\ k>0 \tag{1.25}$$

으로 나타내며, k는 정수로 정의 된다. 또한 $k>1$이면 $x[n]$에 있는 값 일부가 $y[n]$에는 없다.

그리고 연속시간 신호 $x(t)$에서 t를 $-t$로 반전한 $y(t)$는

$$y(t)=x(-t) \tag{1.26}$$

으로 나타낼 수 있다. 즉,

① 우함수 신호는 신호를 반전하여 얻은 신호이다. $x(-t)=x(t)$

② 기함수 신호는 신호를 반전하여 얻은 신호에 –를 붙인 신호이다. $x(-t)=-x(t)$

연속시간 신호 $x(t)$로부터 t_0만큼 시간 이동된 신호를

$$y(t)=x(t-t_0) \tag{1.27}$$

라 나타내는데 여기서 t_0는 시간 이동된 간격이다. $t_0 > 0$이면 $x(t)$가 시간축에 대하여 오른쪽으로 이동한 것이고, $t_0 < 0$이면 왼쪽으로 이동한 것이다.

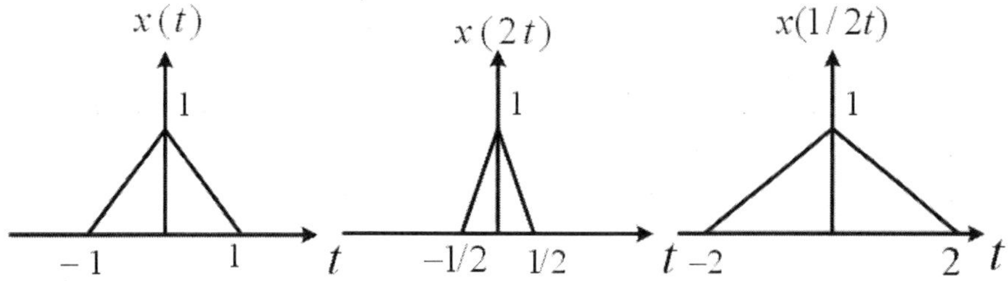

〈그림 1.5〉 시간 스케일링 연산

1.6 기본 신호

1.6.1 단위 계단 함수

그림 1.6(a)에서 보여주는 단위 계단함수는 다음 식과 같이 나타내며 $t=0$인 점에서 불연속인 계단 모양의 함수이다.

$$u(t) = \begin{cases} 1, t > 0 \\ 0, t < 0 \end{cases} \tag{1.29}$$

단위 계단함수의 모양이 $t=0$에서 1[V] 직류전원의 스위치를 켰을 때 전원 전압의 모양과 같은 것을 알 수 있다. 즉, 다른 신호를 켜고 끄는 스위치로서의 역할을 할 수 있으므로 다른 신호를 표현하는데 매우 유용하게 사용된다.

또 다른 스위칭 함수로 단위 구형 펄스를 들 수 있다. $-a$에서 a까지 구간에서 크기 A를 갖는 단위 구형 펄스는 다음과 같이 정의하며 그림 1.6(b)에서 보여준다.

$$Arect(t/2a) = A[u(t+a) - u(t-a)] \tag{1.30}$$

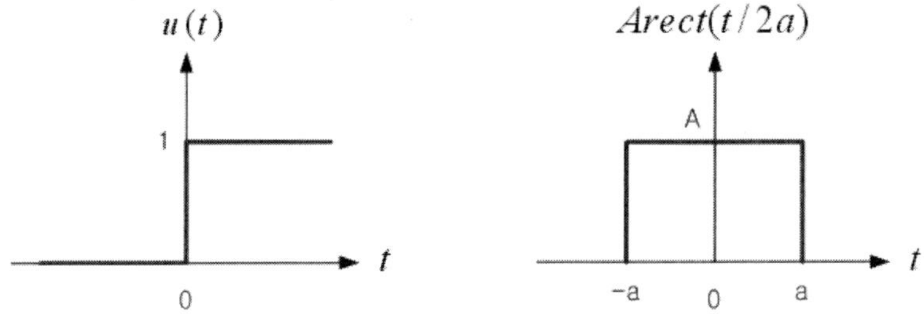

(a) 연속시간 단위 계단 함수 (b) 단위 구형 펄스 함수

〈그림 1.6〉 연속시간 단위 계단 함수와 단위 구형 펄스 함수

1.6.2 램프 함수

그림 1.7에 보이는 램프 함수는 다음과 같이 정의 되며, 단위 계단 함수를 적분하여 얻을 수 있다.

$$
\begin{aligned}
r(t) &= \int_{-\infty}^{t} u(\tau)d\tau \\
&= \begin{cases} t, \ t \ge 0 \\ 0, t < 0 \end{cases}
\end{aligned}
\qquad (1.31)
$$

이러한 연산 기능을 수행하는 장치를 적분기라고 하며 단위계단 함수와 달리 램프 함수는 $t=0$에서 연속이다. a만큼 시간 척도 조절된 단위 램프 함수는 기울기가 a인 램프 함수에 해당된다.

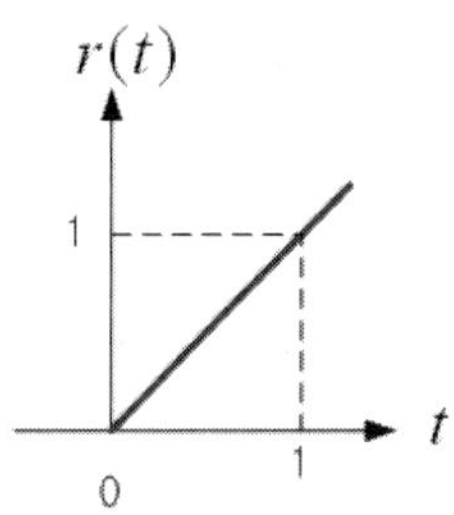

〈그림 1.7〉 램프 함수

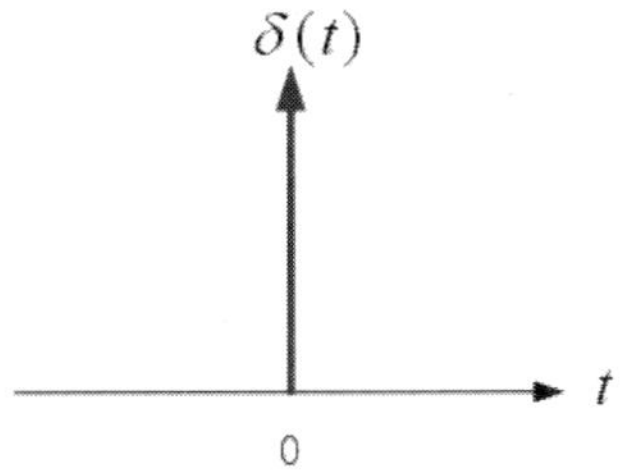

〈그림 1.8〉 단위 임펄스 함수 $\delta(t)$

1.6.3 단위 임펄스 함수

그림 1.8과 같이 표현되는 연속시간 단위시간 임펄스 함수 $\delta(t)$는 Dirac 델타 함수 또는 델타 함수라 부른다. 델타 함수를 수학적으로 나타낸다면, $s(t)$가 $t=0$에서 연속인 경우

$$\int_{t1}^{t2} s(t)\delta(t) = s(0),\ t_1 < 0 < t_2 \tag{1.32}$$

로 정의 되며, 그림 1.8과 같이 원점에서 뾰족하게 묘사된다. 이 델타 함수는 다음과 같이 4가지의 성질을 갖는다.

① $\delta(0) \rightarrow \infty$

② $\delta(t) = 0, t \neq 0$

③ $\int_{-\infty}^{\infty} \delta(t)dt = 1$

④ $\delta(t)$는 우함수이다. $(\delta(t) = \delta(-t)$

또한 $\delta(t)$는 일반적인 함수의 정의를 따르지 않지만, 아주 작은 어떤 파라미터 Δ을 0으로 보냄으로써 얻어지는 평범한 함수의 극한으로 간주한다. 이의 예는 그림 1.9에 나타나 있으며, 파라미터 Δ에 대해 다음과 같은 성질을 가지고 있다.

① $t=0$에서 매우 큰 값을 가지며, 파라미터 Δ이 0에 접근함에 따라 값은 무한대이다.

② 그 구간은 상대적으로 매우 짧으며, 파라미터 Δ이 0에 접근함에 따라 값은 0이다.

③ 함수 아래의 총 면적은 일정하게 1이 된다.

④ 함수는 우대칭이다.

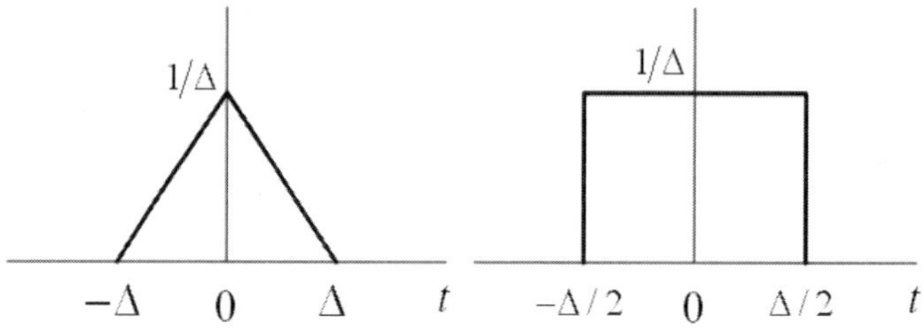

〈그림 1.9〉 $\delta(t)$는 파라미터 Δ을 0으로 보냄으로써 얻어지는 평범한 함수의 극한

이러한 델타 함수 $\delta(t)$를 이용하여 연산 수행을 할 때 sifting 성질, sampling 성질, scaling 성질을 이용할 수 있으며, 이 성질들을 이용하여 도함수를 표현할 수 있다.

① Sifting 성질

Sifting 성질은 다음과 같이 정의된다.

$$\int_{t_1}^{t_2} s(t)\delta(t-t_0)dt = \begin{cases} s(t_0), & t_1 < t_0 < t_2 \\ 0, & otherwise \end{cases} \tag{1.33}$$

이는

$$\begin{aligned}\int_{t_1}^{t_2} s(t)\delta(t-t_0)dt &= \int_{t_1-t_0}^{t_2-t_0} s(\tau+t_0)\delta(\tau)d\tau \\ &= s(t_0)\end{aligned}$$

와 같이 증명되며, 여기서 t_0는 t_1과 t_2에서 불연속이 된다. 따라서 t_1과 t_2에서의 함수값은

$$\int_{t_1}^{t_2} s(t)\delta(t-t_0)dt = \frac{1}{2}s(t_0), \quad t_0 = t_1 \text{ or } t_0 = t_2 \tag{1.34}$$

이러한 shifting 성질은 다시

$$s(t) = \int_{-\infty}^{\infty} s(\tau)\delta(t-\tau)d\tau \tag{1.35}$$

과 같이 표현하고, 신호 $s(t)$가 가중된 임펄스의 연속적인 합으로 표현될 수 있다는 것을 보여준다.

② Sampling 성질

신호 $s(t)$가 $t = t_0$에서 연속이라면,

$$s(t)\delta(t-t_0) = s(t_0)\delta(t-t_0) \tag{1.36}$$

와 같이 sampling 성질을 나타낼 수 있다. shifting 성질과 sampling 성질은 식 1.33의 우변은 어떤 포인트에서 평가된 함수의 값이고, 식 1.36의 우변은 strength가 $t = t_0$에서 평가된 $s(t)$의 값을 말한다.

③ Scaling 성질

Scaling 성질이라는 것은 다음과 같이 표현된다.

$$\delta(at+b) = \frac{1}{|a|}\delta(t+\frac{b}{a}) \tag{1.37}$$

이것은 $\delta(t)$를 면적이 1인 펄스 $p(t)$의 파라미터를 0으로 접근시켜 얻어지는 극한으로 해석할 수 있는데, 예를 들어 Gaussian 펄스 $p(t)$를 생각해보자.

$$p(t) = \frac{1}{\sqrt{2\pi\varepsilon^2}} exp\left[\frac{-t^2}{2\varepsilon^2}\right]$$

이 펄스의 면적은 항상 1이 된다. 즉,

$$\int_{-\infty}^{\infty} \frac{1}{\sqrt{2\pi\varepsilon^2}} exp\left[\frac{-t^2}{2\varepsilon^2}\right] dt = 1$$

$\varepsilon \rightarrow 1$에 따라 $p(t)$는 $\delta(t)$에 접근함을 알 수 있고, a가 1보다 큰 어떤 상수일 때 $p(at)$는 압축된 $p(t)$이며 $p(at)$의 아래 면적은 $1/a$이고 ε이 0에 접근함에 따라 $p(at)$는 $\delta(at)$에 접근함을 알 수 있다.

위 성질을 이용하여 임펄스 함수의 1차 도함수 $\delta'(t)$는 신호 $s(t)$가 $t=t_0$에서 미분값 $s'(t_0)$를 갖는다면

$$\int_{t_1}^{t_2} s(t)\delta'(t-t_0)dt = -s'(t_0), \quad t_1 < t_0 < t_2 \tag{1.38}$$

으로 나타낼 수 있다. 이러한 $\delta'(t)$는 다음과 같은 성질을 가지고 있다.

① $s(t)\delta'(t-t_0) = s(t_0)\delta'(t-t_0) - s'(t_0)\delta(t-t_0)$

② $\int_{-\infty}^{t} \delta'(\tau-t_0)d\tau = \delta(\tau-t_0)$

③ $\delta'(at+b) = \frac{1}{|a|}\delta'(t+\frac{b}{a})$

④ $\int_{t_1}^{t_2} s(t)\delta^{(n)}(t-t_0)dt = (-1)^n s^{(n)}(t_0), \quad t_1 < t_0 < t_2$

1.7 MATLAB 응용

이 절에서는 MATLAB을 이용하여 위에서 설명한 신호의 여러 가지 성질과 기본 신호를 나타내어 보겠다.

① 구간 $0 \le t \le 5$에서 주기신호 $x(t) = \sin 3\pi t$가 주어졌을 때 shifting 신호 $x(t-3)$, reflection 신호 $x(-t)$, 압축 신호 $x(3t)$를 MATLAB을 사용하여 나타내어보자.

■ **MATLAB source**

```
%% MATLAB을 이용한 신호및시스템 1.1%%

t=0:0.01:5;  % 시간 구간 [0,5]

x = sin(3*pi*t); % 소스 신호
figure;plot(t,x);
xlabel('t');
ylabel('Amplitude');
title('x(t)=sin(3*\pi*t);')
grid on

t1 = 3:0.01:5;
x1 = sin(3*pi*(t1-3));
x1 = [zeros(1,length(t)-length(t1)), x1]; % x1(t) = x(t-2) 시간 이동

figure;plot(t,x1);
xlabel('t');
ylabel('Amplitude');
title('x(t-3)=sin(3*\pi*(t-3));')
grid on

t2 = -fliplr(t); % time reversal
x2 = sin(3*pi*(t2)); % x2(t) = x(-t) 시간 반전
figure;plot(t2,x2);
xlabel('t');
ylabel('Amplitude');
title('x(-t)=sin(3*\pi*(-t));')
grid on
```

```
t3 = 0:0.01:2;
x3 = sin(3*pi*2*t3);
x3 = [x3 zeros(1,length(t)-length(t3))]; % x3(t) = x(2t) 시간 압축
figure;plot(t,x3);
xlabel('t');
ylabel('Amplitude');
title('x(3t)=sin(3*3*\pi*t);')
grid on
```

■ **MATLAB figure**

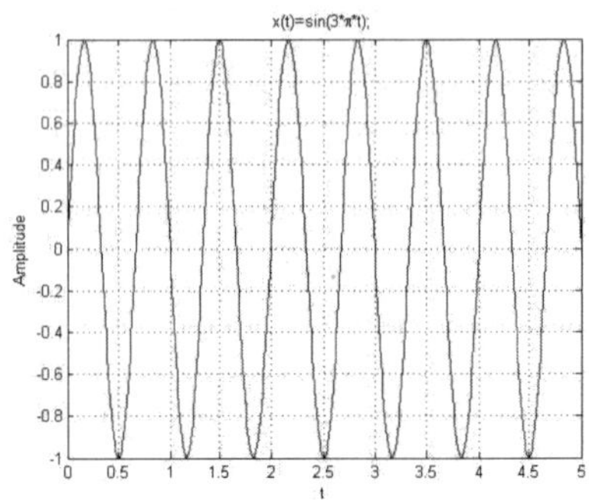

(a) original signal

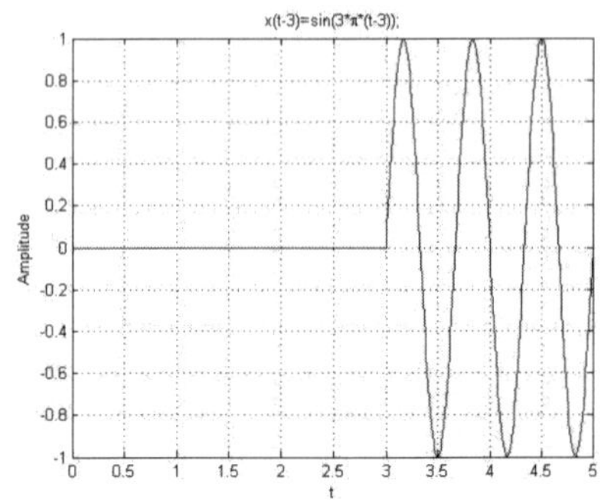

(b) shifting signal

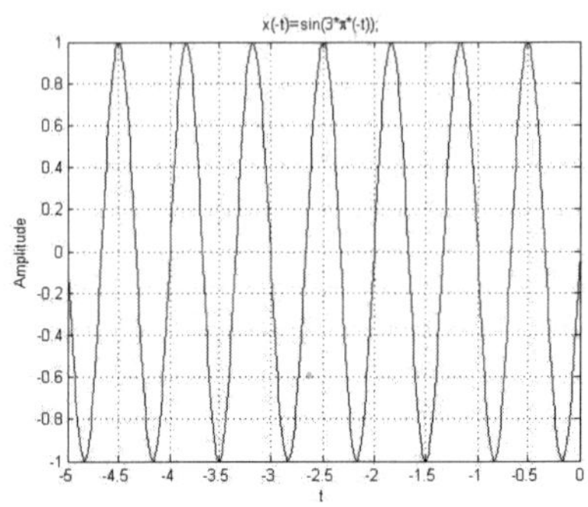

(c) reflection signal

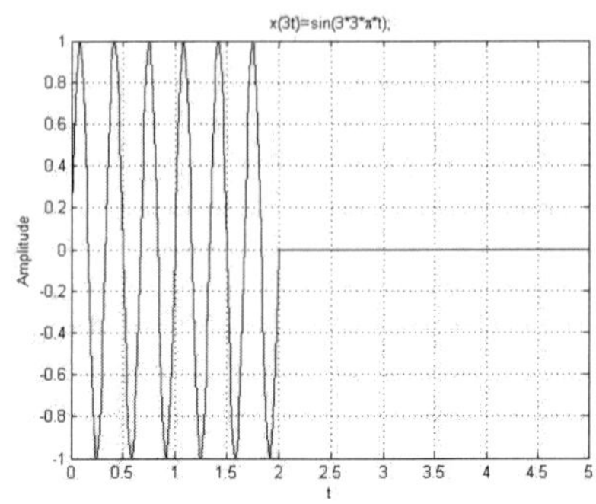

(d) compression signal

② 구간 $0 \le t \le 3$에서 주기신호 $x(t)=s(t)$가 주어졌을 때 우신호 성분과 기신호 성분을 MATLAB을 사용하여 나타내어보자.

■ **MATLAB source**

```
%% MATLAB을 이용한 신호및시스템 1.2%%

t=-3:0.01:3;  % 시간 구간 [-3,3]

t0 = 0:0.01:3;
x = [zeros(1,length(t)-length(t0)), ones(1,length(t0))]; % x(t) = s(t)
subplot(3,1,1);plot(t,x); xlabel('t');
title('Original');
axis([-3 3 -0.1 1.1]);
grid on

t1 = -3:0.01:-0.01;; % 시간 반전
x1 = [ones(1,length(t1)) zeros(1,length(t)-length(t1))]; % x1(t) = s(-t)

x2 = (x + x1)/2; % 우신호 x2(t) = (s(t)+s(-t))/2
subplot(3,1,2);plot(t,x2); xlabel('t');
title('Even');
axis([-3 3 -0.6 0.6]);
grid on

x3 = (x - x1)/2; % 기신호 x3(t) = (s(t)-s(-t))/2
subplot(3,1,3);plot(t,x3); xlabel('t');
title('Odd');
axis([-3 3 -0.6 0.6]);
grid on
```

■ MATLAB figure

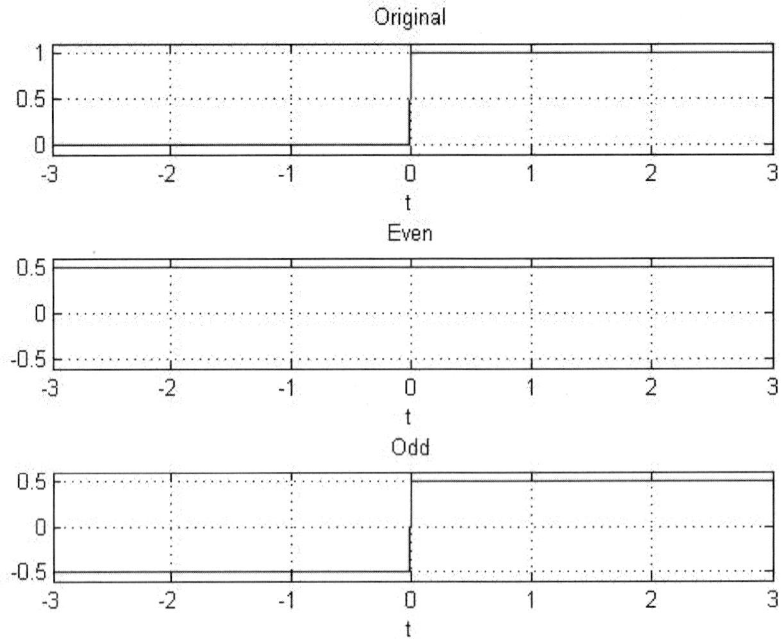

③ 구간 $-4 \leq t \leq 4$에서 복소지수 신호 $x(t) = \exp(-at), a = 0.3 - j\pi$가 주어졌을 때 이 신호의 실수부와 허수부 성분을 MATLAB을 사용하여 나타내어보자.

■ MATLAB source

```
%% MATLAB을 이용한 신호및시스템 1.3%%

t=-4:0.01:4;  % 시간 구간 [-4,4]
alpha = 0.3 -j*pi;

x = exp(alpha*t);
x1 = real(x); % x1(t) = Re{x(t)}
x2 = imag(x); % x1(t) = Im{x(t)}
```

```
figure
plot(t,x1); xlabel('t'); ylabel('Amplitude');
title('Re[x(t)]');
grid on
figure
plot(t,x2); xlabel('t'); ylabel('Amplitude');
title('Im[x(t)]');
grid on
```

■ **MATLAB figure**

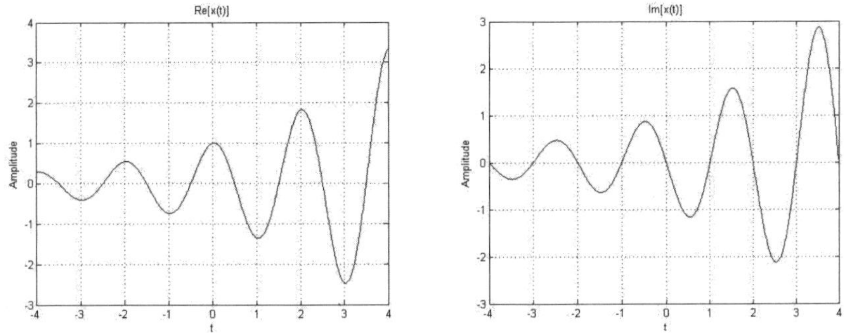

(a) Real signal (b) Imaginary signal

④ 구간 $-10 \le n \le 10$에서 다음 신호를 MATLAB을 사용하여 나타내어보자.

a. $x[n] = -2\delta[n+2] + \delta[n-9] + \delta[n+3] - \delta[n+10] + \delta[n-5]$

b. $x[n] = u[n] - 2u[n+3] + 2(u[n+2] - \delta[n+10])$

■ **MATLAB source**

```
%% MATLAB을 이용한 신호및시스템 1.4%%
n=[-10:10];
x = zeros(1,length(n));
```

```
x1 = -2*[n==-2] + [n==9] + [n==-3] - 1*[n==-10] + 2*[n==5];
stem(n,x1);
axis([-10,10,-3,3]);
xlabel ('n');
ylabel('x(n)');
grid on

x2 = [n>=0] - 2*[n>=-3]+ 2*([n>=-2]+ [n==3] - [n==10]);
figure;
stem(n,x2);
%axis([0,10,-1,6]);
xlabel ('n');
ylabel('x(n)');
grid on
```

■ **MATLAB figure**

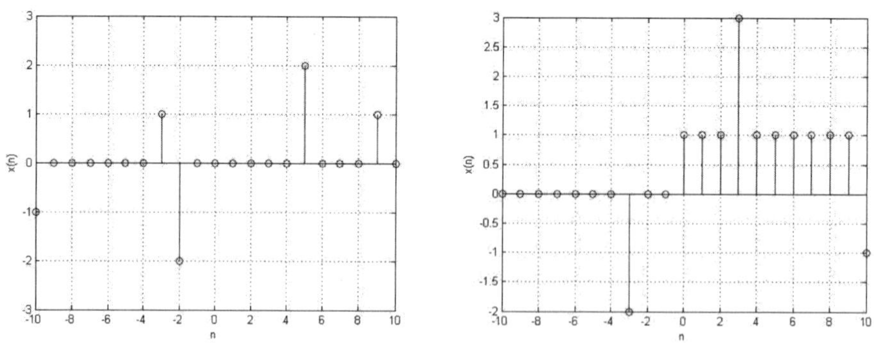

(a) (b)

1.8 중요 용어

단위 계단 함수 (Unit step function)	단위 램프 함수 (Unit ramp function)
단위 임펄스 함수 (Unit impulse function)	비주기 신호 (Aperiodic signals)
샘플링 연산 (Sampling operation)	연속 시간 신호 (Continuous-time signals)
에너지 신호 (Energy signals)	이산 시간 신호 (Discrete-time signals)
전력 신호 (Power signals)	전이 연산 (Shifting operation)
주기 신호 (Periodic signals)	척도 조절 연산 (Scaling operation)

1.9 연습 문제

1.1 만약 주기 T인 신호 $x_1(t)$과 $x_2(t)$가 있다면, $y(t) = ax_1(t) + bx_2(t)$이 주기가 T인 신호임을 보여라 (단, a, b는 상수).

1.2 $x(t) = \begin{cases} 1, & -1 \le t \le 1 \\ 0, & otherwise \end{cases}$ 일때, $y(t) = x(2t+3)$을 구하고 그림으로 나타내어라.

1.3 다음 신호들이 주기적인가를 판별하고, 주기신호이면 주기를 구하여라.

(1) $x(t) = \cos(\frac{\pi}{5}t) + 2\sin(\frac{3\pi}{5})$

(2) $x(t) = 3\cos(\frac{3\pi}{4}t) + 2\sin(\frac{5}{8}t)$

(3) $x(t) = \exp\left[j\frac{5\pi}{8}t\right] + \exp\left[j\frac{3\pi}{8}t\right]$

(4) $x(t)=\exp\left[j\frac{2\pi}{7}t\right]+\exp\left[j\frac{3}{7}t\right]$

1.4 다음 신호들이 에너지 신호인지 전력 신호인지 판별하여라.

(1) $x(t)=\exp[5|t|]$

(2) $x(t)=tsin(\frac{\pi}{5}t)$

(3) $x(t)=\exp[j\frac{2\pi}{3}t]$

(4) $x(t)=5\exp[-t]$

1.5 다음 문제를 푸시오.

(1) $x(t)=\frac{1}{2}[x(t)+x(-t)]$가 우함수임을 증명하시오.

(2) $x(t)=\frac{1}{2}[x(t)-x(-t)]$가 기함수임을 증명하시오.

1.6 오일러 관계를 사용하여 다음의 식을 유도하시오.

(1) $cos\theta=\frac{1}{2}(e^{j\theta}+e^{-j\theta})$

(2) $sin\theta=\frac{1}{2j}(e^{j\theta}+e^{-j\theta})$

(3) $cos^2\theta=\frac{1}{2}(1+cos2\theta)$

(4) $(sin\theta)(sin\phi)=\frac{1}{2}cos(\theta-\phi)-\frac{1}{2}cos(\theta+\phi)$

(5) $\sin(\theta+\phi)=sin\theta cos\phi+cos\theta sin\phi$

1.7 다음 신호들의 적분을 구하여라.

(1) $\int_{-4}^{4}(t-2)^2\delta'(-\frac{1}{3}t+\frac{1}{2})dt$

(2) $\int_{-4}^{1}texp[-2t]\delta''(t-1)dt$

(3) $\int_{-\infty}^{\infty}(\frac{3}{4}t-\frac{4}{3})\delta(t-1)dt$

(4) $\int_{-\infty}^{\infty}\exp[-4t+1]\delta'(t-4)dt$

1.8 송신신호 $x(t)=rect(t/2)$가 전송되어 수신신호는

$y(t)=x(t)+0.6x(t-\frac{T}{2})+0.3x(t-\frac{T}{5}),\quad T\geq 5$ 일때

(1) $T=10$인 경우 $y(t)$를 그려라.

(2) $y(t)$가 아래 그림과 같이 처리 될 때 $z(t)$를 구하여라.

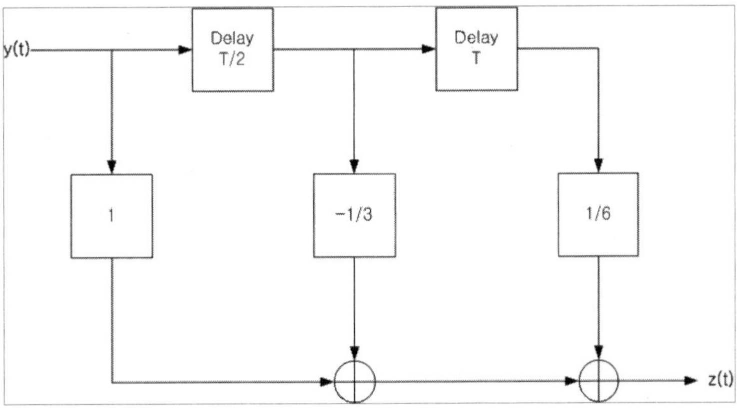

제 2 장

연속 시간 신호와 시스템

CHAPTER 02 연속 시간 신호와 시스템

2.1 연속 시간 시스템

모든 시스템들은 전압, 전류, 힘 과 같이 받아들이는 입력에 응답하여 내보내는 출력에 의하여 특징 지워진다. 예를 들면 레이더 수신기의 입력은 목표물로부터 반사된 전자파 신호이며, 출력은 레이더 영상화면에 표시될 영상 신호인 전자 시스템이다.

연속 시간 시스템은 연속 시간 입력 신호가 연속 시간 출력 신호로 변환되는 시스템이며, 그림 2.1에 나타나 있다. 그림에서 $x(t)$는 입력, $y(t)$는 출력을 말한다.

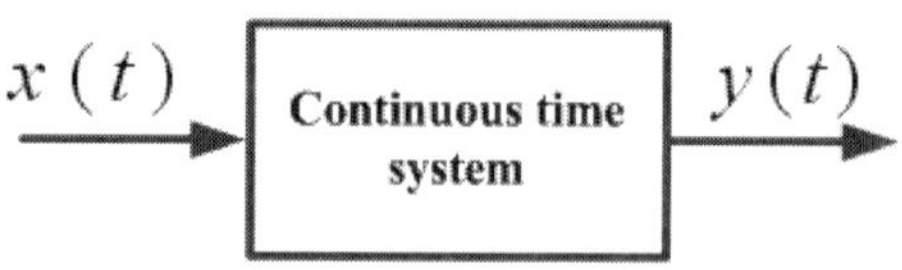

〈그림 2.1〉 연속 시간 시스템

2.2 연속 시간 시스템의 분류

시스템은 그 특성에 따라 여러 가지로 분류할 수 있다. 분류의 기준으로 이용되는 시스템의 속성들은 수학적으로 정의되지만 실질적인 중요성 또한 지니고 있으므로 여기에 담긴 개념을 이해하는 것이 필요하다.

2.2.1 선형, 비선형 시스템

연속 시간 시스템에서 선형성은 중요한 중첩 특성을 지니는 시스템이다. 만약 시스템의 입력이 여러 개 신호의 가중치 합인 신호라면, 출력은 각각의 신호가 그 시스템에 주어졌을 때의 응답의 가중치 합이다. 즉, 입력 $x_1(t)$, $x_2(t)$에 대한 연속 시간 시스템의 응답이 각각 $y_1(t)$, $y_2(t)$라고 하면, 다음의 관계가 성립하면 이 시스템은 선형 시스템이다.

① 입력 $x_1(t)+x_2(t)$의 응답은 $y_1(t)+y_2(t)$이다.

② 입력 $\alpha x_1(t)$의 응답은 $\alpha y_1(t)$이다. 여기서 α는 임의의 상수이다.

여기서 ①은 덧셈의 특성이며, ②는 동질성의 특성이다. 이 두 특성을 이용하여 선형 시스템을 정의하면

$$\alpha x_1(t)+\beta x_2(t) \rightarrow \alpha y_1(t)+\beta y_2(t) \tag{2.1}$$

으로 나타낼 수 있다. 여기서 $x(t) \rightarrow y(t)$는 연속 시간 시스템에서 입, 출력의 관계를 나타낸다. 만약 식 2.1이 위의 두 특성을 하나라도 성립하지 않는다면 시스템은 비선형 시스템이다.

2.2.2 시변, 시불변 시스템

시스템의 입력 신호의 시간 전이가 출력 신호에서 같은 길이의 시간 전이를 야기하면 시스템은 시불변이다. 예를 들어 RC회로에서 저항과 커패시터의 값 R, C가 시간에 대해 상수 값을 가지면 이 시스템은 시불변이라 할 수 있다. 즉, $y(t)$가 입력 $x(t)$의 출력이라 하면, $x(t-t_0)$에 대한 시불변 시스템의 출력은 $y(t-t_0)$이며, 이는 시스템 출력은 입력이 적용된 시점과는 무관하다는 것이다. 시스템의 시변, 시불변의 판단은 다음과 같은 단계로 할 수 있다.

① 입력 $x_1(t)$에 대한 출력을 $y_1(t)$라 놓는다.

② $x_1(t)$를 시간 전이시켜 얻은 두 번째 입력을 $x_2(t)$로 하고

$$x_2(t) = x_1(t - t_0)$$

입력 $x_2(t)$에 대한 출력 $y_2(t)$를 구한다.

③ ①에서 구한 $y_1(t)$로부터 $y_1(t-t_0)$을 구하여 $y_2(t)$와 비교한다.

④ $y_2(t) = y_1(t-t_0)$이면 시스템은 시불변 시스템이며, 그렇지 않으면 시변 시스템이다.

2.2.3 기억, 무기억 시스템

시스템의 주어진 시간에서 독립변수 각각의 값에 대한 출력이 같은 시간의 입력에만 의지한다면, 그 시스템은 무기억 시스템이라고 한다. 예를 들어 저항은 무기억 시스템이다. 이 시스템에서 전류가 입력 $x(t)$이고 전압이 출력 $y(t)$라 하면 그 관계는

$$y(t) = Rx(t) \tag{2.2}$$

여기서, R은 저항 값이다. 이와 같이 어느 순간에서 $y(t)$ 값은 그 순간의 $x(t)$ 값에만 의존된다. 반면에 커패시터는 기억을 갖는 시스템이다. 류가 입력 $x(t)$이고 전압이 출력 $y(t)$라 하면

$$y(t) = \frac{1}{C}\int_{-\infty}^{t} x(\tau)d\tau \tag{2.3}$$

이라고 할 수 있다. 여기서 C는 커패시터 값이다. 어느 시간 t에서 출력은 지난 모든 입력의 값에 의하여 결정됨을 알 수 있다.

만일 시스템이 무기억 시스템이면 입, 출력 관계는 다음과 같이 나타낼 수 있다.

$$y(t) = F(x(t)) \tag{2.4}$$

이 시스템이 선형이라면

$$y(t) = k(t)x(t) \tag{2.5}$$

또 시스템이 시불변이라면

$$y(t) = kx(t) \tag{2.6}$$

으로 표현될 수 있다. 여기서 k는 상수이다.

2.2.4 인과 시스템

만일 어느 시스템이 시간 t_0에서 출력이 t_0 이전 시간 $t < t_0$의 입력 값에 의하여 결정된다면 이 시스템은 인과적이라고 한다. 즉, 인과 시스템의 두 입력이 어떤 시간 t_0까지는 같다면, 두 입력에 대한 각각의 출력 또한 시간 t_0까지는 같아야 한다. 그 이유는 인과 시스템은 시간 t_0 이후에 두 입력이 서로 같을지 다를지는 예측할 수 없기 때문이다. 즉,

$$x_1(t) = x_2(t),\ t < t_0 \tag{2.7}$$

이며 인과적 시스템이라면

$$y_1(t) = y_2(t),\ t < t_0 \tag{2.8}$$

이다. 이 시스템이 인과적이 아니라면 비인과 시스템이다.

2.2.5 가역성, 역 시스템

출력을 관측하여 시스템의 입력을 결정 할 수 있다면, 이러한 시스템을 가역 시스템이라고 한다. 그림 2.2와 같은 역 시스템을 구성하면 이 시스템은 주어진 시스템과 종속적으로 연결되어 있을 경우 출력이 원래 시스템의 입력과 같게 된다. 즉, 역 시스템에서는 주어진 시스템이 입력 $x(t)$에 대하여 행한 일을 거꾸로 돌려놓은 것과 같다. 따라서 역

시스템과 주어진 시스템을 종속적으로 연결하면 주어진 시스템의 영향은 무시된다. 만일 두 개의 다른 입력이 같은 출력을 낸다면 그 시스템은 역변환이 가능하지 않다는 것을 유의해야한다. 인과 시스템의 역은 반드시 인과적일 필요도 없으며 실제로 존재하지 않을 수동 있다.

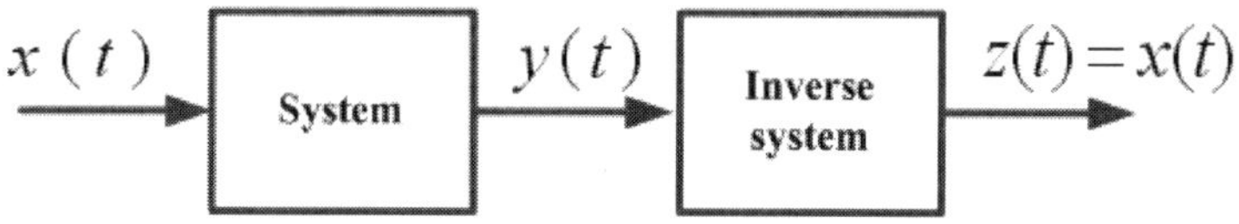

〈그림 2.2〉 역 시스템

어떤 응용에서는 수신된 신호를 처리하기 쉬운 신호로 변환하는 사전 처리가 필요한 경우가 있다. 만일 그 사전 처리에 대한 역변환이 가능하다면 이 경우 사전 처리 작업은 전체 시스템의 성능에 영향을 끼치지 않을 것이다.

2.2.6 안정 시스템

유한 입력에 대하여 출력이 유한이면 시스템이 안정하다고 정의한다. 안정한 시스템의 경우에는 입력이 발산하지 않는다면 출력도 발산하지 않는다. 안정성에 대한 조건을 공식화하기 위해 식 2.9로 표현되는 연속시간 시스템을 생각해보자.

$$y(t) = H(x(t)) \tag{2.9}$$

입력 신호 $x(t)$가 아래와 같은 관계를 만족할 때, 출력 $y(t)$가 다음 관계를 만족하면 시스템 H는 안정하다고 할 수 있다.

$$|x(t)| \le M_x < \infty \text{ (모두 } t\text{일 경우)} \tag{2.10}$$

일 때

$$|y(t)| \le M_y < \infty \text{ (모두 } t\text{일 경우)} \tag{2.11}$$

여기서 M_x, M_y는 유한한 양수이다. 공학적 관점에서 보면, 모든 가능한 운전 조건에서 시스템이 안정성을 유지하는 것은 중요하다. 유한 입력에 대한 유한 출력을 내는 시스템만이 안정하다. 안정성을 유지하기 위한 별도의 장치를 사용하지 않는다면, 일반적으로 불안정 시스템을 사용하지 않는다.

2.3 선형 시불변 시스템

앞 절에서 설명했던 선형성과 시불변성은 많은 물리적 과정들이 이 특성을 지니고 있어서 선형 시불변(LTI) 시스템으로 모델링 될 수 있다. 또한 LTI 시스템은 자세한 분석이 될 수 있으므로 그 특성들과 신호 및 시스템 분석의 중요한 부분을 형성하는 강한 도구들의 집합을 볼 수 있게 해준다. LTI 시스템이 분석하기에 좋은 이유는 중첩의 특성을 지녔기 때문이다. 만약 LTI 시스템에 대한 입력을 기본적인 신호들 집합의 선형적인 합성의항으로 표현할 수 있다면 시스템의 출력을 계산하기 위해 기본적인 신호들에 대한 응답의 항으로 중첩을 사용할 수 있다.

2.3.1 컨벌루션 적분

선형 시스템은 중첩의 원리가 적용된다. 시스템의 두 입력 $x_1(t)$와 $x_2(t)$에 대한 응답을 각 $y_1(t)$, $y_2(t)$라 할 때, 입력 $x(t)=a_1x_1(t)+a_2x_2(t)$의 시스템 응답이 $y(t)=a_1y_1(t)+a_2y_2(t)$와 같다면 이 시스템은 선형이다. 즉, 입력 $x(t)$가 다중 신호 $x_i(t)$의 가중치의 합이고 각 $x_i(t)$에 대한 응답이 $y_i(t)$라면, 시스템이 선형인 경우 출력 $y(t)$는 각각의 응답 $y_i(t)$의 가중치의 합으로 된다. 다시 말해서,

$$x(t)=a_1x_1(t)+a_1x_2(t)+.......+a_Nx_N(t)=\sum_{i=1}^{N}a_ix_i(t) \tag{2.12}$$

이라면

$$y(t) = a_1 y_1(t) + a_1 y_2(t) + ... + a_N y_N(t) = \sum_{i=1}^{N} a_i y_i(t) \tag{2.13}$$

이 됨을 알 수 있다.

1장에서 설명한 단위 계단 함수와 단위 임펄스 함수가 임의의 신호를 표현하는 기본적 신호로 사용될 수 있음을 보였다. 실제로 δ함수의 체질성질

$$y(t) = \int_{-\infty}^{\infty} x(\tau)\delta(t-\tau)d\tau \tag{2.14}$$

은 어떤 신호도 가중된 임펄스들의 연속체로 표현될 수 있다는 것을 보여주고 있다. 입력 $x(t)$인 연속 시간 시스템을 고려해보면 선형 시스템의 중첩의 원리를 이용하면 출력 $y(t)$를 시간 전이된 임펄스 신호에 대한 시스템 응답의 선형 조합으로 표현할 수 있다.

즉,

$$y(t) = \int_{-\infty}^{\infty} x(\tau)h(t,\tau)d\tau \tag{2.15}$$

이 될 것이다. 여기서 $h(t,\tau)$는 τ만큼 시간이 전이된 임펄스 $\delta(t-\tau)$에 의한 선형 시스템의 응답을 나타낸다. 즉, $h(t,\tau)$는 시간 τ에 인가된 입력 $\delta(t-\tau)$에 대하여 시간 t에서의 시스템의 출력을 의미한다. 만일 시스템이 선형이며 또 시불변이라면, $h(t,\tau)$는 인가된 시간 τ에 의존하는 것이 아니라 $t-\tau$에 의존 할 것이다. 즉, $h(t,\tau) = h(t-\tau)$. 이는 시불변의 특성이 $h(t)$가 $\delta(t)$의 응답일 때 $\delta(t-\tau)$에 대한 응답은 단순히 $h(t-\tau)$이다라는 것을 의미한다.

2.3.2 무기억 LTI 시스템

무기억 LTI 시스템의 출력은 현재 입력에만 연관된다고 정의하였다. 컨벌루션의 교환성을 적용하면, 연속 시간 시스템의 출력은 다음과 같다.

$$y(t) = \int_{-\infty}^{\infty} h(\tau)x(t-\tau)d\tau \qquad (2.16)$$

연속시간 시스템의 임펄스 응답이 다음 조건

$$h(\tau) = c\delta(\tau) \qquad (2.17)$$

를 만족하는 경우에만 그 연속시간 시스템은 무기억성을 갖는다. 여기서 c는 상수이다. 무기억성 조건은 임펄스 응답 함수에 엄격한 제약을 부가하는 조건이다. 즉 모든 무기억성 LTI 시스템은 단순하게 입력신호에 상수를 곱하는 연산만 수행하는 시스템이다.

2.3.3 인과 LTI 시스템

인과성 LTI 시스템은 그의 출력이 과거와 현재 입력에만 의존하는 시스템이다. LTI 시스템의 컨벌루션 적분을 아래에 다시 쓰면

$$y(t) = \int_{-\infty}^{\infty} h(\tau)x(t-\tau)d\tau \qquad (2.18)$$

인과성 연속 시간 시스템의 임펄스 응답 $h(t)$는 다음 조건을 만족해야 한다.

$$\tau < 0 \text{ 일 때}, h(\tau) = 0 \qquad (2.19)$$

이므로 일반적인 연속시간 시스템의 컨벌루션 적분에 인과성을 적용하면 인과성 시스템에 대한 다음과 같은 새로운 형태의 컨벌루션 적분을 얻는다.

$$y(t) = \int_{0}^{\infty} h(\tau)x(t-\tau)d\tau \qquad (2.20)$$

임펄스 응답의 정의는 $t=0$에서 입력된 임펄스 신호에 응답해서 시스템의 출력에 나타나는 신호이다. 인과성 시스템은 비예측이다. 다시 말해, 인과성 시스템이란 입력 신호가 인가되기 이전에는 출력을 생성하지 않는 시스템이다. 임펄스 응답이 0이어야한다는

필수조건은 시스템에 입력이 인가되지 않았을 때는 그 시스템이 출력을 생성할 수 없다는 것과 등가적인 표현이다.

2.4 미분 방정식에 의한 시스템 표현

다양한 종류의 시스템들 중에서 입력과 출력이 상수계수의 미분방정식으로 표현되는 종류는 신호 및 시스템의 해석에 있어서 중요한 자리를 차지한다. 예를 들어 직렬로 연결된 저항과 캐패시터로 구성된 회로에 인가되는 전압은 캐패시터의 전압과 그의 미분값에 의해서 다음과 같이 정의된다.

$$v_i(t) = Ri(t) + v_c(t) = RC\frac{dv_c}{dt} + v_c(t) \tag{2.21}$$

여기서 미분방적식의 입력 $v_i(t)$는 시스템의 입력전압에 해당하고, 미분방정식의 해 $v_c(t)$는 캐패시터의 전압, 즉 시스템의 출력에 해당된다. 따라서 시스템을 해석하고 그의 출력을 결정하는 과정이 미분방정식의 해를 구하는 과정으로 대신된다고 할 수 있다.

2.4.1 미분방정식을 이용한 선형시불변 시스템의 표현

식 2.21에서 정의된 미분방정식은 미분항의 최고차수가 1차이기 때문에, 1차 미분방정식이라 할 수 있다. 일반적으로 입력 $x(t)$와 출력 $y(t)$를 갖는 1차 미분방정식은

$$a_1\frac{dy(t)}{dt} + a_0 y(t) = b_1\frac{dx(t)}{dt} + b_0 x(t) \tag{2.22}$$

와 같이 표현되고, N차 미분방정식은 $N \geq M$일 때

$$\sum_{k=0}^{N} a_k \frac{d^k y(t)}{dt} = \sum_{l=0}^{M} b_l \frac{d^l x(t)}{dt} \tag{2.23}$$

가 될 수 있다. 우리가 구하고자 하는 시스템의 출력을

$$y(t) = y_p(t) + y_h(t) \tag{2.24}$$

라고 할 때, $y_p(t)$를 특이해, $y_h(t)$를 동종해라고 한다. 여기서 $y_p(t)$는 식 2.4.3을 만족시키며 동종해는

$$\sum_{k=0}^{N} a_k \frac{d^k y(t)}{dt} = 0 \tag{2.25}$$

를 만족시킨다. 동종해는 식 2.25를 보듯이 아무 입력이 없을 때 시스템 스스로 만들어내는 출력 성분이므로 자연해라고도 불린다. 또한 시스템의 전체 출력에서 동종해의 성분을 제거하고 남는 부분이 특이해가 되는데, 이것은 특정 입력성분에 의한 출력이라 할 수 있다. 미분방정식으로부터 특이해와 동종해를 구해서 이들을 결합하면, 구하고자하는 출력에 어떤 상수가 곱해진 성분이 얻어지는데, 이때의 상수는 미분방정식의 초기조건에 의해서 결정된다. 인과성을 갖는 선형시불변 시스템을 표현한 미분방정식에 필요한 초기조건으로 초기정지조건이 많이 사용되는데 이것은 0이 아닌 입력이 인가되기 전까지는 출력이 0인 상태를 유지함을 의미하고 $t \le t_0$일 때 $x(t) = 0$인 입력에 대해서

$$y(t) = 0, t \le t_0 \tag{2.26}$$

와 같이 표현할 수 있다.

2.4.2 미분방정식을 이용한 시스템의 구현

유한한 차수의 미분방정식으로 표현할 수 있는 시스템은 덧셈기, 스칼라곱셈기, 적분기와 같은 간단한 소자들을 사용해서 구현할 수 있다. 이 소자들은 그림 2.3에 나타나 있다.

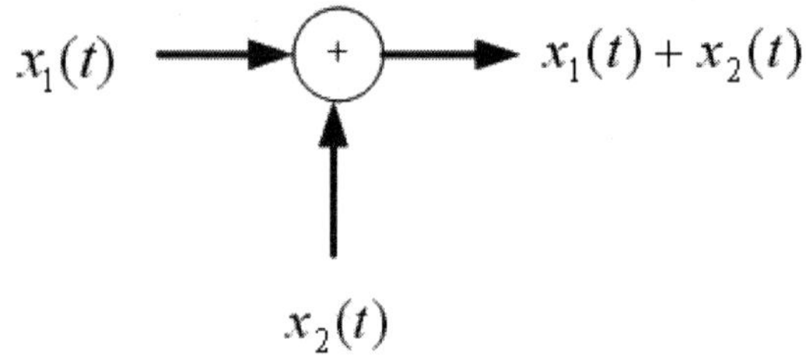

(a) 덧셈기

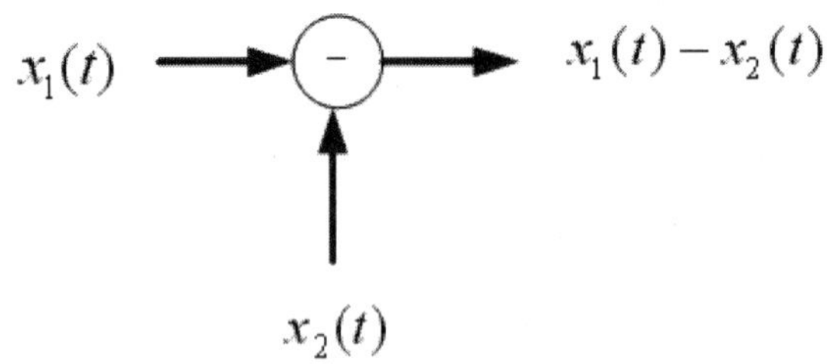

(b) 차분기

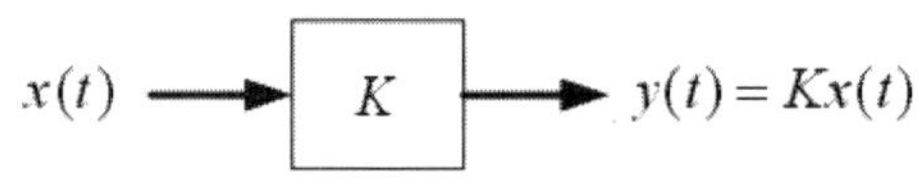

(c) 스칼라곱셈기

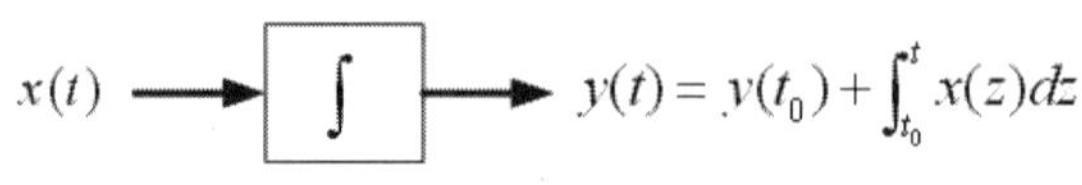

(d) 적분기

〈그림 2.3〉 시스템 구현 소자

보다 일반적인 시스템을 구현하기 위해서 식 2.23의 N차 미분방정식을 정규적형태로 변환할 필요가 있다. 하나의 미분방정식을 여러 가지 서로 다른 정규적 형태로 표현할 수 있는데, 그중의 하나를 구현하기 위한 방법이 다음과 같다. D를 미분연산자라 가정할 때 $(M=N)$, 식 2.23은 다음과 같이 표현할 수 있다.

$$D^N(y-b_N x)+D^{N-1}(a_{N-1}y-b_{N-1}x)+D(a_1 y-b_1 x)+a_0 y-b_0 x=0 \qquad (2.27)$$

윗 식의 양변에 D^{-N}을 곱하고 다시 정리하면

$$y=b_N x+D^{-1}(b_{N-1}x-a_{N-1}y)+\ldots+D^{-N}(b_0 x-a_0 y) \qquad (2.28)$$

로 표현할 수 있다.

2.5 상태변수를 사용한 시스템 표현

만약 특정한 구간 $t_0 \le t < t_1$에서 출력을 얻고자 한다면, 이 구간에서의 입력뿐 아니라, 과거의($t \le t_0$) 입력과 원하는 구간에서의 출력과의 관계를 설정해줄 수 있는 초기조건들을 필요로 한다. 상태변수를 사용해서 시스템을 표현하게 되면 임펄스응답이나 미분방정식으로는 알 수 없는 시스템의 동작을 이해할 수 있는 장점이 있다. 그 외에도 상태변수를 사용한 방법은 연속시간 시스템이나 이산시간 시스템에 공통적으로 적용할 수 있고, 비선형이나 시가변 시스템으로 확장이 가능하다.

2.5.1 상태변수와 상태방정식

어떤 시스템에 있어서 구간 $t \ge t_0$에서 입력을 알고 있을 때 출력을 결정할 수 있는 최소한의 정보를 그 시스템의 상태변수라 정의한다. 또한 일반적으로 N차 시스템을 구현하는데 N개의 적분기가 사용되고, 적분기는 시스템의 과거 정보를 저장하고 있는 일종의 기억소자이기 때문에 시간 t에서 각 적분기의 출력들을 상태벡터라하고 다음과 같이 표현된다.

$$v(t)=[v_1(t), v_2(t), \ldots, v_N(t)]^T \qquad (2.29)$$

$$v_1(t)=y(t), v_2(t)=v_1{}'(t), \ldots, v_N(t)=v_{N-1}{}'(t) \tag{2.30}$$

여기서 다음과 같이 표현되는 2차 미분방정식을 고려해보자.

$$\frac{d^2y(t)}{dt^2}+a_1\frac{dy(t)}{dt}+a_0y(t)=b_0x(t) \tag{2.31}$$

이 2차 미분방정식은 덧셈기, 곱셈기, 적분기를 사용해서 구현할 수 있으며 첫 번째 적분기의 출력을 $v(t)$라 하면, 이 적분기의 입력은

$$\frac{dv(t)}{dt^2}=-a_1v(t)-a_0y(t)+b_0x(t) \tag{2.32}$$

로 표현할 수 있다. 식 2.30를 적용하면

$$v_2{}'(t)=-a_0v_1(t)-a_1v_2(t)+b_0x(t) \tag{2.33}$$

로 다시 나타낼 수 있으며 $v'(t)$를 $v(t)$로 표현하면

$$\begin{bmatrix} v_1{}'(t) \\ v_2{}'(t) \end{bmatrix}=\begin{bmatrix} 0 & 1 \\ -a_0 & -a_1 \end{bmatrix}\begin{bmatrix} v_1(t) \\ v_2(t) \end{bmatrix}+\begin{bmatrix} 0 \\ b_0 \end{bmatrix}x(t) \tag{2.34}$$

가 되고, 출력을 상태벡터 $v(t)$로 나타내면

$$y(t)=[1\,0]\begin{bmatrix} v_1(t) \\ v_2(t) \end{bmatrix} \tag{2.35}$$

를 얻는다. 이때 식 2.34을 상태방정식, 식 2.35을 출력방정식이라 부른다. 경우에 따라서 두 식을 합해서 상태방정식이라 부르기도 한다. 즉 N차 미분방정식으로 표현된 단일 입력, 단일 출력 선형시불변 시스템이 다음과 같은 상태방정식과 출력 방정식으로 정의된다.

$$v'(t)=Av(t)+bx(t) \tag{2.36}$$

$$y(t) = cv(t) + dx(t) \tag{2.37}$$

여기서 A는 NxN정방행렬, b는 Nx1 열벡터, c는 1xN행벡터, 그리고 d는 스칼라 값을 나타낸다. 선형시불변 시스템의 경우 상태변수 표현에 사용되는 계수 A, b, c, d는 상수가 되고, 선형시가변 시스템의 경우에는 시간 t의 함수가 된다.

2.5.2 상태방정식의 해

상태방정식 식 2.36을 풀면 상태벡터 $v(t)$를 구할 수 있고, 이것을 출력방정식 식 2.37에 대입하면 출력 $y(t)$를 구할 수 있다. 초기치 $v(t_0) = v_0$가 주어졌을 때, 식 2.36의 동종해는

$$v(t) = \exp(At)v_0 \tag{2.38}$$

으로 구할 수 있으며, 여기서 $\exp(At)$는 NxN의 행렬지수로서

$$\exp(At) = I + At + A^2\frac{t^2}{2!} + A^3\frac{t^3}{3!} + \ldots. \tag{2.39}$$

으로 표현 할 수 있다. I는 NxN의 단위행렬을 나타낸다. 행렬지수가 포함된 미분방정식을 푸는데 다음과 같은 성질을 이용하면 편리하다.

$$\exp[A(t_1 + t_2)] = \exp(At_1)\exp(At_2) \tag{2.40}$$

$$[\exp(At)]^{-1} = \exp(-At) \tag{2.41}$$

$$\frac{d}{dt}exp(At) = Aexp(At) \tag{2.42}$$

식 2.29 양변에 $\exp(-At)$를 곱한 후 재정리하면

$$\exp(-At)v'(t) - Av(t) = \exp(-At)bx(t) \tag{2.43}$$

를 얻는다. 식 2.41의 성질을 식 2.42에 적용하면

$$\frac{d}{dt}exp(-At)v(t) = \exp(-At)bx(t) \tag{2.44}$$

를 얻는다. 식 2.44를 t_0에서 t까지의 구간으로 적분하면

$$\exp(-At)v(t) - \exp(-At_0)v_0 = \int_{t_0}^{t} \exp(-A\tau)bx(\tau)d\tau \tag{2.45}$$

가 되고, 양변의 좌측에 $\exp(At)$를 곱해서 정리하면 최종적으로 상태방정식의 해를 얻을 수 있다.

$$v(t) = \exp[A(t-t_0)]v_0 + \int_{t_0}^{t} \exp[A(t-\tau)]bx(\tau)d\tau \tag{2.46}$$

식 2.46와 같이 상태방정식의 해 $v(t)$가 구해지고 나면, 이것을 식 2.37에 대입해서 다음과 같이 출력을 결정할 수 있다.

$$y(t) = c\Phi(t-t_0)v_0 + \int_{t_0}^{t} c\Phi(t-\tau)bx(\tau)d\tau + dx(t),\ t \geq t_0 \tag{2.47}$$

여기서 $\Phi(t) = \exp(At)$라 할 수 있고, 이를 상태전이행렬이라 한다. 단위 임펄스의 성질을 사용해서 식 2.47을 다시 정리하면 다음과 같이 출력을 표현할 수 있다.

$$y(t) = c\Phi(t-t_0)v_0 + \int_{t_0}^{t} c\Phi(t-\tau)b + d\delta(t-\tau)x(\tau)d\tau,\ t \geq t_0 \tag{2.48}$$

식 2.47에서 우변의 첫째 항은 입력 $x(t)$가 0일 때의 응답으로서 무입력응답이라 하고, 둘째 항은 초기치 v_0가 0일 때의 응답으로서 무상태응답이라 한다.

2.6 MATLAB 응용

이 절에서는 MATLAB을 이용하여 위에서 설명한 연속 신호와 시스템에 대해 나타내어 보겠다.

① 중심주파수가 10[Hz]이고 입력신호가 $x = \cos(2\pi f t)$로 주어지고 단위임펄스 응답이 $h(t) = (0.9)^n$일 때 MATLAB을 이용하여 시스템의 출력 $y(n)$을 나타내어 보자.

■ MATLAB source

```
%% MATLAB을 이용한 신호및시스템 2.1%%

t=0:1/1000:1;                      % sampling period
n=0:length(t)/100;
fc=10;                             % center frequency
x=cos(2*pi*fc*t);                   % input signal
h=(0.9).^n                         % impulse response
y = conv(x,h);                     % convolution sum

figure
subplot(3,1,1);
plot(t,x);
xlabel ('t');
ylabel('x(t)');
grid on
subplot(3,1,2);
stem(n,h);
xlabel ('n');
ylabel('h(n)');
grid on
subplot(3,1,3);
```

```
stem(n,y(1:length(h)));
xlabel ('t');
ylabel('y(t)');
grid on
```

■ **MATLAB figure**

(a) $x = \cos(2\pi f t)$

(b) $h(t) = (0.9)^n$

(c) $y(n)$

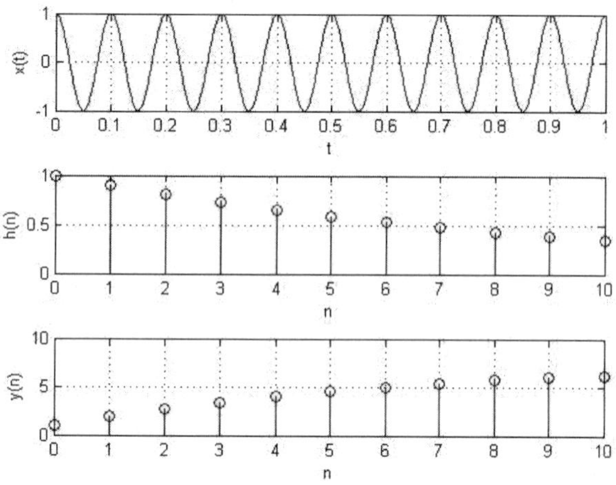

② 다음의 미분방정식이 주어진다고 생각해보자.

$$4y'(t) + 8y(t) = 6x(t)$$

임펄스 응답을 구하기 위해 $x(t) = \delta(t)$로 가정하고 주어진 미분방정식의 해를 구하면 임펄스응답 $y(t) = h(t)$를 구할 수 있다. 이 과정은 다음과 같이 전개할 수 있다.

$$4h'(t) + 8h(t) = 6\delta(t)$$

가 되고, 미분방정식의 동종해는

$$h(t) = Cexp(-4t)u(t)$$

와 같이 얻어진다. 임펄스응답 $h(t)$는 임펄스신호 $\delta(t)$성분을 포함하고 있지 않기 때문에 특이해는 0이라 가정하면,

$$4\frac{d}{dt}\{Cexp(-4t)u(t)\}+8Cexp(-4t)u(t)=6\delta(t)$$

를 얻을 수 있다. 이 식을 간단히 하면

$$4Cexp(-4t)\delta(t)=6\delta(t)$$

가 되고, 단위임펄스 신호의 샘플링 특성을 적용하면 4C=6이 되기 때문에 C=1.5를 구할 수 있다. 따라서 구하려는 임펄스응답은

$$h(t)=1.5\exp(-4t)u(t)$$

가 된다. 위 임펄스 응답을 MATLAB으로 나타내어 보자.

■ MATLAB source

```
%% MATLAB을 이용한 신호및시스템 2.2%%

t = -6:0.05:6;
h = zeros(1,length(t));
h(121:241) = 1.5*exp(-4*t(121:241));
plot(t,h);
xlabel('t');
ylabel('h(t)');
axis([-6,6,-0.5,1.5]);
grid on
```

■ MATLAB figure

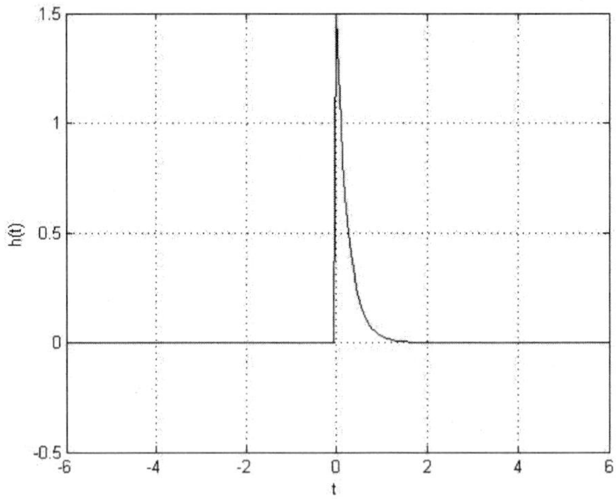

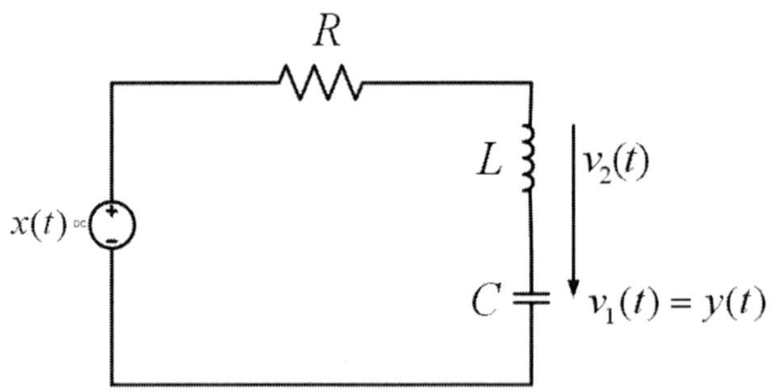

③ 위와 같이 R, L, C가 직렬로 연결된 회로가 있다고 하자. 회로에서 $v_1(t)$와 $v_2(t)$를 차례로 캐패시터에 걸린 전압과 인덕터에 흐르는 전류로 정의한다면 다음과 같은 관계를 얻을수 있다.

$$C\frac{dv_1(t)}{dt} = v_2(t)$$

$$L\frac{dv_2(t)}{dt} = x(t) - Rv_2(t) - v_1(t)$$

$$y(t) = v_1(t)$$

위 식들을 행렬 형태로 다시 쓰면

$$v'(t) = \begin{bmatrix} 0 & 1/C \\ -1/L & -R/L \end{bmatrix} v(t) + \begin{bmatrix} 0 \\ 1/L \end{bmatrix} x(t)$$

$$y(t) = [1\,0]v(t)$$

가 되고, 만일 $C = \frac{1}{5}$, $R = L = 2$라 가정하면

$$v'(t) = \begin{bmatrix} 0 & 5 \\ -1/2 & -1 \end{bmatrix} v(t) + \begin{bmatrix} 0 \\ 1/2 \end{bmatrix} x(t)$$

$$y(t) = [1\,0]v(t)$$

와 같은 상태변수 표현이 된다. $t \geq 0$에서 $x(t) = u(t)$, $v_1(0) = \frac{1}{5}$, $v_2(0) = \frac{1}{2}$일 때, 시스템의 출력을 MATLAB을 이용하여 나타내어보자.

■ **MATLAB source**

```
%% MATLAB을 이용한 신호및시스템 2.3%%

a=[0 5;-0.5 -1];
b=[0;1];
c=[1 0];
d=[0];
v0=[1/5;1/2];
t=0:0.01:10;     % start time:time increment: final time
x= [1*ones(size(t))]';
```

```
[y,v]=lsim(a,b,c,d,x,t,v0);  % call lsim
plot(t,y);
%axis([0,10,0,1.5]);
xlabel('t');
ylabel('y(t)');
grid;
```

■ **MATLAB figure**

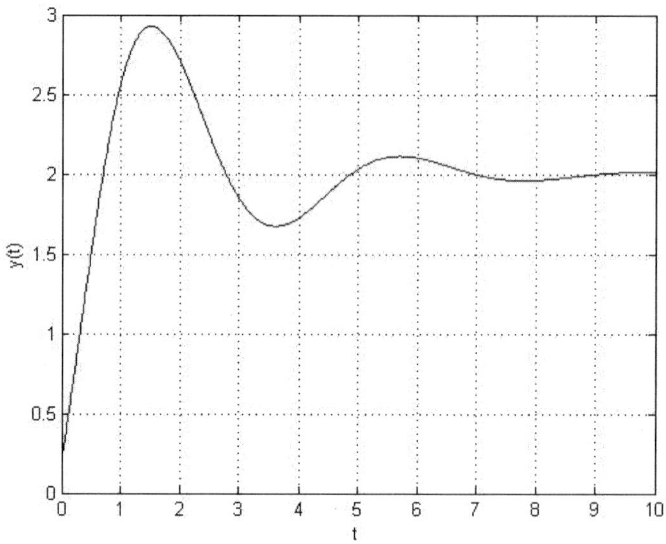

2.7 중요 용어

LTI 시스템 임펄스 응답 (Impulse response of LTI system)	기억 시스템 (Memory System)
무기억 시스템 (Memoryless System)	비선형 시스템 (Non-linear System)
상태 방정식 (State equation)	상태 변수 (State variable)
선형 시스템 (Linear System)	시변 시스템 (Time-variant System)
시불변 시스템 (Time-invariant System)	안정 시스템 (Stable System)
역 시스템 (Inverse System)	인과 시스템 (Causal System)
컨벌루션 적분 (Convolution integral)	

2.8 연습 문제

2.1 연속신호 $v(t)$에서 다음과 같이 정의한다.

$$A_v = \int_{-\infty}^{+\infty} v(t)dt$$

만약 $y(t) = x(t) * h(t)$ 라고 하면 $A_y = A_x A_h$ 임을 보이시오.

2.2 $|\alpha| < 1$ 일때, 다음의 이산시간 선형 시불변 시스템의 아래와 같은 계단응답이 나옴을 증명하여라.

$$s[n] = [\frac{1}{(\alpha-1)^2} - \frac{\alpha}{(\alpha-1)^2}\alpha^n + \frac{\alpha}{(\alpha-1)}(n+1)\alpha^n]u[n]$$

힌트) $\sum_{k=0}^{N}(k+1)\alpha^k = \frac{d}{d\alpha}\sum_{k=0}^{N+1}\alpha^k$

2.3 다음과 같이 주어진 이산 시스템과 입력에 대한 시스템의 출력 $y[n] = x[n] * h[n]$ 은 어떻게 되겠는가?

$$h[n] = \begin{cases} 1, & n = \pm 1 \\ 2, & n = 0 \\ 0, & otherwise \end{cases}$$

$$x[n] = \begin{cases} 2, & n = 0 \\ 3, & n = 1 \\ -2, & n = 2 \\ 0, & otherwise \end{cases}$$

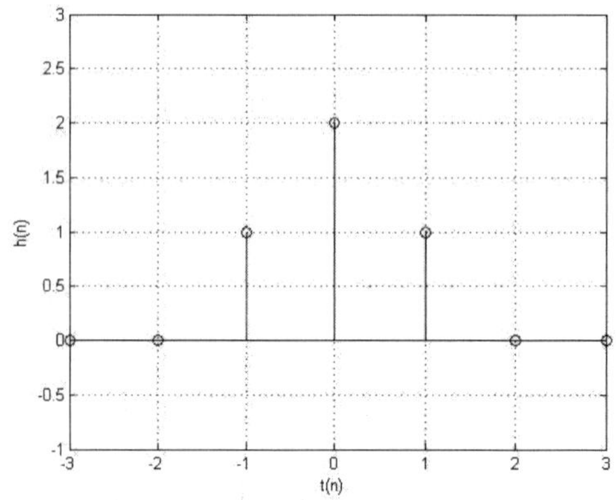

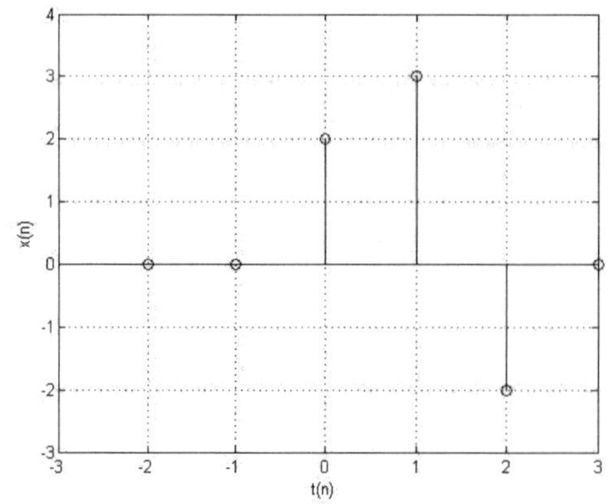

2.4 시스템의 입력 $x(t)$ 에 대한 출력 $y(t)$ 의 관계가 아래와 같을 때 다음의 물음에 각각 답하시오. (각 물음에 대한 답이 '그렇다' 이면 그 이유를 설명하고, '아니다' 라면 반례를 들어 설명하시오.)

$$y(t) = \sum_{n=-\infty}^{+\infty} x(t)\delta(t-nT)$$

(1) 이 시스템은 선형인가?

(2) 이 시스템은 시-불변인가?

2.5 RC회로가 다음과 같고 임펄스 응답이 $h(t) = \frac{1}{RC}e^{-\frac{t}{RC}}u(t)$ 일 때 계단 응답을 구하여라.

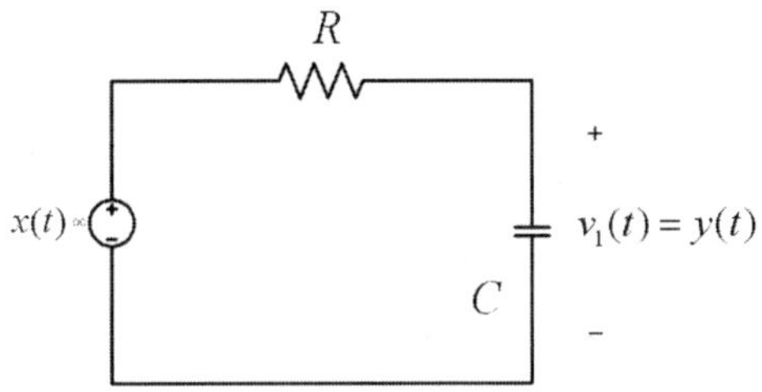

2.6 다음 회로에서 입력전압 $x(t)$와 인덕터에 흐르는 전류 $y(t)$의 관계를 미분방정식으로 표현하라.

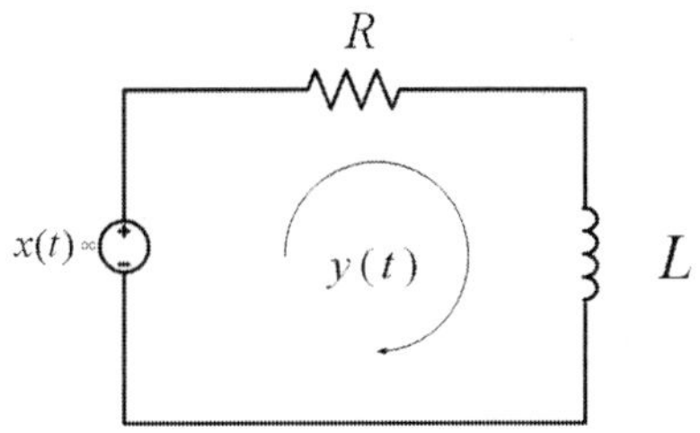

$$Ry(t) + L\frac{d}{dt}y(t) = x(t)$$

2.7 다음 회로의 미분 방정식을 구하고 이 방정식의 동차해를 구하여라.

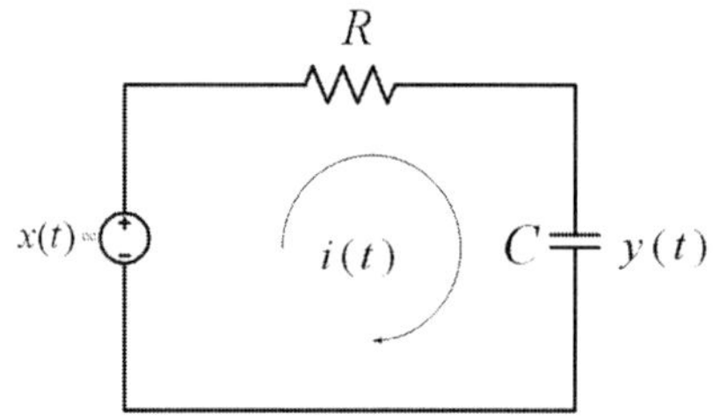

2.8 아래의 그림에서, $n < 0$ 에 대해 출력이 $y[n] = 0$ 일 때 다음 물음에 답하시오.

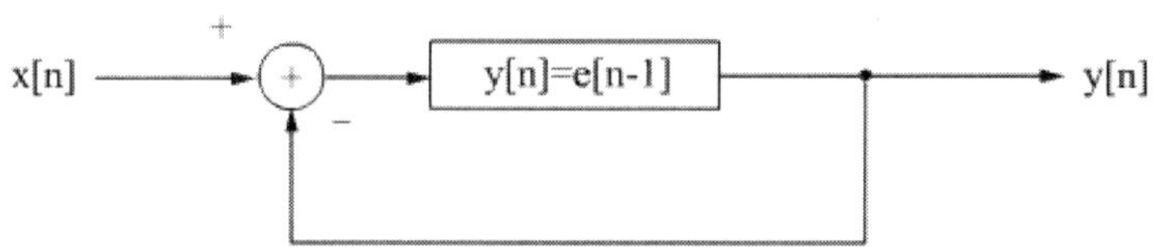

(1) $x[n] = \delta[n]$ 일 때 출력을 그리시오.

(2) $x[n] = u[n]$ 일 때 출력을 그리시오.

제 3 장

푸리에 급수

CHAPTER 03 푸리에 급수

3.1 개요

기본 신호들의 항으로 신호를 표현함으로써 임의의 입력에 대한 선형 시스템의 응답을 얻을 수 있다. 여기서 사용된 특별한 신호는 변이 델타(δ)함수였으며 기본 신호로는 보통 직교 파형의 집합을 선택하는 것이 편리하다. 여기에는 다음과 같은 몇 가지 이유가 있다. 첫째, 임의의 신호를 직교파형 가중치 합으로 표현하는 것은 신호와 관련된 많은 계산들의 표현 방식을 단순화시킬 수 있기 때문에 수학적으로 매우 편리하다. 둘째, 직교 파형들을 좌표축으로 하는 직교 좌표계의 벡터로 신호를 시각화하는 것이 가능하다. 마지막으로 직교 기저 함수(orthogonal basis function)의 표현은 임의의 입력에 대해 선형 시스템의 응답을 구하는데 편리한 방법을 제공해 준다. 이 장에서는 유한 구간의 임의의 신호를 직교 기저 함수들의 집합으로 표현하는 것을 살펴보기로 한다.

주기 신호의 경우, 편리하게 사용할 수 있는 직교 기저 함수는 고조파적으로 관련된 복소 지수(complex exponential)들의 집합이다. 이러한 파형을 사용하는 적절한 이유는 복소 지수가 주기성이 있고, 수학적으로 다루기가 상대적으로 쉬우며, 의미 있는 물리적 해석의 결과를 생성하기 때문이다. 복소 지수 또는 사인(sine)과 코사인(cosine) 파형들의 항으로 주기 신호를 표현하는 것은 과학이나 기술의 모든 분야에서 광범위하게 사용되는 푸리에 급수를 이끌어 내었다. 푸리에 급수는 프랑스의 물리학자 Jean Baptist Fourier(1768-1830)의 이름을 따서 명명되었으며, 그는 처음으로 주기 신호를 정현파(sinusoids)들의 합으로 표현하는 것을 제안했다.

지금까지 연속 신호 및 시스템에서 시간 영역만을 고려해 왔다. 이번 장에서는 주파수 영역 표현의 개념을 소개한다. 주기 신호를 주파수 요소로 분해하는 방법을 배운다. 이와 같은 방법은 푸리에 변환에서 비주기 신호들에 확장 적용하는 것이 가능하다.

주기 신호는 광범위한 물리적 현상에서 발생한다. 주기 신호의 예로 사항은 대부분의 음향 및 전자기파, 기계 전자의 수직 방향으로의 위치 변화, 악기의 주기적인 진동, 크리스털 구조의 아름다운 패턴 들이 있다.

3.2 신호의 직교 표현

신호의 직교 표현(orthogonal representation of signals)은 많은 공학적인 문제를 해결하는데 있어서 대단히 중요하다. 그 이유 중 2가지는 임의의 신호를 직교 파형의 가중치 합으로써 표현하는 것이 수학적으로 대단히 편리하여 신호와 관련된 많은 계산들을 단순화시킬 수 있다는 것이며, 또한 직교 차형들을 좌표축으로 하는 직교 좌표계의 벡터로 신호를 시각화하는 것이 가능하다는 것이다.

다음의 식이 성립할 때 신호들의 집합 $\phi_i, i=0, \pm1, \pm2, \cdots$는 구간 (a, b)에서 직교한다고 정의된다.

$$\int_a^b \phi_l(t)\phi_k^* dt = \begin{cases} E_k, l=k \\ 0, \quad l \neq k \end{cases} \\ = E_k\delta(l-k) \tag{3.1}$$

여기서 $\phi^{*k}(t)$는 신호의 공액 복소수(complex conjugate)를 의미하고 $\delta(l-k)$는 Kronecker 델타 함수라고 불리는 데 다음과 같이 정의된다.

$$\delta(l-k) = \begin{cases} 1, l=k \\ 0, l \neq k \end{cases} \tag{3.2}$$

만역 $\phi_i(t)$가 1Ω 저항 부하와 관련된 전압이나 전류의 파형에 해당한다면, E_k는 (b-a)초 동안 부하되어 소모되는 $\phi_k(t)$의 에너지이다. 상수 E_k가 모두 1이라면 $\phi_i(t)$는 정규 직교 신호라고 불린다. 신호 $\phi_i(t)$의 정규화는 각 신호를 $\sqrt{E_k}$로 나우어 얻을 수가 있다.

정규 직교 집합은 상대 적으로 단순한 형태로 신호를 급수로 표현한다는 데서 유용하다. $\phi_i(t)$를 $a<t<b$ 범위에서 정규 집합이라고 두고 $x(t)$는 동일한 구간에서 유한 에너지를 가진 신호라고 하자. 우리는 $x(t)$를 수렴 급수에 의해 $\{\phi_i\}$의 항으로 나타낼 수 있다.

$$x(t)=\sum_{i=-\infty}^{\infty} c_i\phi_i(t) \tag{3.3}$$

여기서

$$c_k=\int_a^b x(t)\phi_k^*(t)dt,\ k=0,\pm1,\pm2,\cdots \tag{3.4}$$

식 3.4, 3.3에 $\phi_k^*(t)$를 곱한 다음 그 결과를 $x(t)$가 정의된 범위에 대해 적분하면 얻을 수 있다. 계수들은 서로 독립적으로 계산될 수가 있으며, 만약 $\phi_i(t)$가 직교 집합이라면 식 3.4는 다음의 형태를 가진다.

$$c_i=\frac{1}{E_i}\int_a^b x(t)\phi_i^*(t)dt \tag{3.5}$$

식 3.3의 급수 표현을 $x(t)$의 일반화된 푸리에 변환(generalized Fourier series)라고 부르며, 상수 $c_i, i=0,\pm1,\pm2,\cdots$는 직교 집합 $\{\phi_i(t)\}$에 대한 푸리에 계수(Fourier coefficient)라고 부른다. 일반적으로 식 3.3의 급수 전개 형태로 임의의 신호를 표현할 때 우변의 합은 무한대의 합이 되어야 할 필요가 있다. 하지만 실제적으로는 우변의 항을 유한 숫자로 사용하고 있다. 유한 숫자의 항으로 축소하여 합을 계산하면 우변의 무한 합 대신 원래 신호 $x(t)$의 근사값 $\hat{x}(t)$를 얻을 수 있다. M개의 항을 이용할 때, 표현 오차는 다음과 같다.

$$e_M=x(t)-\sum_{i=1}^{M} c_i\phi_i(t) \tag{3.6}$$

이 오차의 에너지는 다음과 같이 계산된다.

$$E_e(M) = \int_a^b |e_M(t)|^2 dt = \int_a^b \left| x(t) - \sum_{i=1}^{M} c_i \phi_i(t) \right|^2 dt \tag{3.7}$$

어떤 M에 대해서도 식 3.4를 사용하여 계산된 c_k는 오차e_m의 에너지를 최소화 시킨다.

예를 들어 유한한 길이를 가진 디지털 통신 신호와 같은 특정한 부류의 신호들은 직교 함수 $\{\phi_i\}$의 유한 숫자 항으로 확장될 수 있다. 이와 같은 경우 $i = 1, 2, \cdots, N$ 이다. 여기서 N은 신호 집합의 범위이다. 이제 급수 표형은 다음과 같이 간단히 할 수 있다.

$$x(t) = \mathbf{x}^{\mathrm{T}} \boldsymbol{\phi}(\mathbf{t}) \tag{3.8}$$

여기서 벡터x와 $\phi_i(t)$는 다음과 같이 정의되며

$$\begin{aligned} \mathrm{x} &= [c_1, c_2, \cdots c_N]^T \\ \boldsymbol{\phi} &= [\phi_1(t), \phi_1(t), \cdots, \phi_N(t)]^T \end{aligned} \tag{3.9}$$

윗 첨자 T는 벡터 트렌스포즈(transpose)를 의미한다. $a < t < b$구간에서 $x(t)$의 정규화된 에너지는 다음과 같다.

$$\begin{aligned} E_x &= \int_a^b |x(t)|^2 dt = \int_a^b \left| \sum_{i=1}^{N} c_i \phi_i(t) \right|^2 dt \\ &= \sum_{k=1}^{N} \sum_{i=1}^{N} c_k c_i^* \int_a^b \phi_k(t) \phi_i^*(t) dt \\ &= \sum_{i=1}^{N} |c_i|^2 E_i \end{aligned} \tag{3.10}$$

이 결과는 신호 $x(t)$의 에너지는 직교 급수 상수들의 제곱과 각각의 좌표에너지 E_i의 곱들의 합에 의해 구할 수 있음을 의미한다. 만약 정규 직교 신호가 사용되어 있다면 계수 벡터 x를 사용하여 E_x식은 $E_i - 1$과 식 3.10은 $E_x - \sum_{i=1}^{M} |c_i|^2$가 된다. 벡터 x의 계수 항으로 다음과 같이 쓸 수 있다.

$$E_x = (\mathrm{x}^*)^{\mathrm{T}}\mathrm{x} = \mathrm{x}^+\mathrm{x} \tag{3.11}$$

여기서 +는 공액 복소수의 트랜스포즈 $[(\bullet)^*]^T$를 나타낸다. 이것은 Paeseval 정리로 알려진 특별한 경우 이며 뒷 절에서 자세히 다룰 것이다.

3.3 지수 푸리에 급수

T가 0이 아닌 양수이고 다음 식이 성립하면 신호 $x(t)$는 주기 신호이다.

$$x(t) = x(t+nT), n = 1, 2, \cdots \tag{3.12}$$

식 3.12을 만족하는 T는 기본 주기가 되며 여기서 $\frac{2\pi}{T}$는 기본 라디안 주파수이며 w_0로 표기한다. 주기신호의 그래프는 그림 3.12에서 보는 것과 같이 길이 T구간의 그래프를 주기적으로 반목해 얻을 수 있다. 식 3.12로부터 2T, 3T 또한 $x(t)$의 주기임을 알 수 있다. 2개의 신호 $x_1(t)$와 $x_2(t)$가 주기 T를 가진 주기 신호라면 두신호의 합 $x_3(t)$ 역시 주기 T를 가진 주기 신호이다.

$$x_3(t) = ax_1(t) + bx_2(t) \tag{3.13}$$

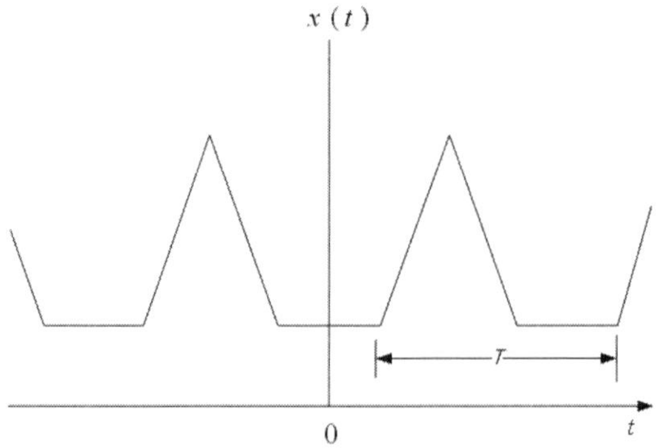

〈그림 3.1〉 주기 신호

주기 신호의 대표적인 예로는 사인, 코사인, 복소지수 함수 등이 있다. 상수 신호 $x(t)=c$ 역시 정의에 의해 주기신호가 된다는 것을 기억하자. 왜냐하면 상수 신호의 경우 식 3.10은 모든 양수 T에 대해 만족되기 때문이다.

이 절에서 우리는 기본 함수들의 직교 집합으로 주기 함수 를 표현하는 것을 생각해 보자. 3.2절에서 복소 지수함수의 집합 $\phi_n(t)=\exp[j2n\pi t/T]$는 직교 집합을 형성한다는 것을 보았다. 이와 같은 기본 함수의 집합을 선택한다면 식 3.3에 따라 다음 식이 성립한다.

$$x(t)=\sum_{n=-\infty}^{\infty} c_n \exp[j\frac{2n\pi t}{T}] \tag{3.14}$$

식 3.15로부터 c_n은 복소상수(complex constant)이며 다음과 같다.

$$c_n=\frac{1}{T}\int_a^b x(t)\exp[-j\frac{2n\pi t}{T}]dt \tag{3.15}$$

이 급수 각각의 항들은 주기 T와 기본 라디안 주파수 $2\pi/T=w_0$를 가진다. 따라서, 급수가 수렴한다면 이 급수의 합은 주기 T를 가진 주기 함수이다. 이와 같은 급수를 복소 지수 푸리에 변환이라 부르며, c_n은 푸리에 계수라고 부른다. 적분의 주기성 때문에 식 3.15의 적분 구간은 길이 T의 다른 구간으로,

예를 들면 $t_0<t<t_0+T$ (t_0는 임의의 값)로 바꿔 쓸 수 있다. 길이 T의 구간을 가진 적분은 $\int_T$ 로 표기한다. 푸리에 급수 전개에서 원래 신호를 합성하기 위해서 무한개의 주파수를 사용하지만 주파수는 연속하게 구성되어 있지 않다.

각각의 주파수항은 $w_0/2\pi$의 배수이다. $n=1$에 대응하는 주파수는 기본 또는 제 1 고조파, $n=2$에 대응하는 것은 제 2 고조파라고 부른다. 계수 c_n은 이산주파수 nw_0의 복소함수이며 여기서 $n=0, \pm1, \pm2\cdots$ 이다. $x(t)$의 직류 성분 또는 한주기에 대한 시간 평균은 c_0와 동일하며 식 3.15에서 $n=0$으로 해서 계산될 수 있다.

c_0의 계산된 값을 검증하기에 좋은 방법은 $x(t)$의 적분 결과의 타당성을 검사하는 것

이다. nw_0에 대한 $|c_n|$의 그림은 $x(t)$를 구성하고 있는 다양한 주파수의 구성 요소들의 높이를 나타낸다. 이와 같은 그림은 주기 신호 $x(t)$의 진폭 또는 크기 스펙트럼(magnitude spectrum)이라고 불린다.

크기 선의 끝의 궤적은 크기 스펙트럼의 포락선(envelop)이라고 부른다. 마찬가지로 $x(t)$를 구성하는 정현파 요소들의 위상은 $\measuredangle c_n$과 같으며 $\measuredangle c_n$과 nw_0의 그림은 $x(t)$의 위상 스펙트럼(phase spectrum)이라 부른다. 요약하면 주어진 신호의 진폭과 위상 스펙트럼은 c_n의 크기와 위상 항으로 정의되어 진다. $w-nw_0$에서의 스펙트럼이 고도와 위상을 표현하는 집합으로 구성되기 때문에 선스펙트럼(line spectrum)이라고 한다.

실 신호(비복소수)인 경우 c_n의 공액 복소수는 다음과 같다.

$$\begin{aligned} c_n^* &= \left| \frac{1}{T} \int_a^b x(t) \exp[-j \frac{2n\pi t}{T}] dt \right|^* \\ &= \frac{1}{T} \int_a^b x(t) \exp[-j \frac{2(-n)\pi t}{T}] dt \\ &= c_{-n} \end{aligned} \tag{3.16}$$

따라서

$$|c_{-n}| = |c_n| \quad \text{and} \quad \measuredangle c_{-n} = \measuredangle c_n \tag{3.17}$$

을 만족한다.

이식의 진폭 스펙트럼은 우대칭(even symmetry), 위상 스펙트럼은 기대칭(odd symmetry)을 가진다는 것을 의미한다. 실수 신호의 성질은 c_0를 제외한 지수 급수를 복소 공액쌍으로 다시 만들 수 있게 해주며 다음과 같다.

$$x(t)=c_0+\sum_{m=-\infty}^{-1}c_m\exp[j\frac{2m\pi t}{T}]+\sum_{m=1}^{\infty}c_m\exp[j\frac{2m\pi t}{T}] \tag{3.18}$$
$$=c_0+\sum_{n=1}^{\infty}c_{-n}\exp[j\frac{-2n\pi t}{T}]+\sum_{n=1}^{\infty}c_m\exp[j\frac{2n\pi t}{T}]$$
$$=c_0+\sum_{n=1}^{\infty}\left(c_{-n}\exp[j\frac{-2n\pi t}{T}]+c_n\exp[j\frac{2n\pi t}{T}]\right)$$
$$=c_0+\sum_{n=1}^{\infty}2Re\left(c_n\exp[j\frac{2n\pi t}{T}]\right)$$
$$=c_0+\sum_{n=1}^{\infty}\left(2Re\{c_n\}\cos[j\frac{2n\pi t}{T}]-2Im\{c_n\}\sin[j\frac{2n\pi t}{T}]\right)$$

여기서 $Re\{\bullet\}$와 $Im\{\bullet\}$는 각각의 변수에 대한 실수부와 허수부를 나타낸다. 식 3.18은 다음과 같이 쓸 수 있다.

$$x(t)=a_0+\sum_{n=1}^{\infty}\left[a_n\cos[j\frac{2n\pi t}{T}]+b_n\sin[j\frac{2n\pi t}{T}]\right] \tag{3.19}$$

식 3.19에서 $x(t)$의 표현을 주기신호 $x(t)$의 삼각 푸리에 급수(trigonal Fourier series)라고 부른다. 계수 a_0, a_n, b_n은 다음과 같다.

$$a_0=c_0=\frac{1}{T}\int_{<T>}x(t)dt \tag{3.20}$$

$$a_n=2Re\{c_n\}=\frac{2}{T}\int_{<T>}x(t)\cos\frac{2n\pi t}{T}dt \tag{3.21}$$

$$a_n=-2Im\{c_n\}=\frac{2}{T}\int_{<T>}x(t)\sin\frac{2n\pi t}{T}dt \tag{3.22}$$

실수 신호 $x(t)$는 c_n의 크기와 위상의 항으로 다음과 같이 표현될 수 있다.

$$x(t) = a_0 + \sum_{n=1}^{\infty} 2|c_n|\cos\left(\frac{2n\pi t}{T} + \measuredangle c_n\right) \tag{3.23}$$
$$= a_0 + \sum_{n=1}^{\infty} A_n \cos\left(\frac{2n\pi t}{T} + \phi_n\right)$$

여기서

$$A_n = 2|c_n| \tag{3.24}$$

$$\phi_n = \measuredangle c_n \tag{3.25}$$

식 3.23은 식 3.21보다 더욱 간결하고 유용한 형태로 푸리에 급수를 표현하고 있다. 이 급수에서 각각의 항은 주기신호 $x(t)$를 생성하는데 필요한 진동을 표현하고 있다.

n이 양수이거나 음수 둘 다의 경우에서, n 또는 nw_0에 대한 $|c_n|$, $\measuredangle c_n$의 출력을 양측 진폭 스펙트럼이라 한다. 양수 n 또는 nw_0에 대한 A_n과 ϕ_n의 출력을 단측 스펙트럼(one-sided spectrum)이라 한다. 양측 스펙트럼은 복소 푸리에 급수의 편리한 특성 때문에 이론적으로 다루는 데서 종종 볼 수 있다.

음수 주파수에서 선의 존재는 신호가 음수 주파수 성분으로 구성되어 있다는 것을 의미하지는 않는다. 왜냐하면 모든 구성요소 $c_n\exp[j2n\pi t/T]$는 $c_{-n}\exp[-j2n\pi t/T]$ 형태 중 하나와 관련있기 때문이다. 이러한 복소 신호들이 결합되어 실수 성분 $a_n\cos[j2n\pi t/T] + b_n\sin[j2n\pi t/T]$ 형태로 바뀐다.

한정적 적분의 정의로부터, $x(t)$가 연속이거나 단순히 구간 연속*(적분 구간에서 유한개의 많은 불연속점을 제외하고는 연속)이라면, 푸리에 계수는 존재하고 적분에 의해 계수들을 계산할 수 있다.

3.4 Dirchlet 조건

삼각 급수로 주기신호를 표현하는 데 있어서 푸리에의 업적은 지대하다. 그의 결과는 불연속을 가진 신호와 같은 주기 신호를 전형파들의 합으로 표형할 수 있음을 보여준다. 정현파가 매우 평활한 신호이기 때문에(정현파는 임의의 고차 도함수를 가지고 있다.) 불연속 신호를 전형파의 합으로 표현할 수 있다는 것을 믿기는 어렵다. 물론 여기서 요점은 합은 무한합이고 이러한 신호들은 일반적인 조건을 만족해야만 한다는 것이다.

푸리에는 어떤 주기라도 정현파의 합으로 표현할 수 있다고 믿었다. 어쨌든 이것은 사실이 아닌 것으로 판명되었다. 다행히도 푸리에 급수에 의해 표현될 수 있는 함수들의 종류는 매우 많고 공학적인 응용 분야에서 다루는 대부분의 주기 신호들이 푸리에 급수 표현을 가진다.

푸리에 급수가 수렴할 경우, 신호 $x(t)$는 모든 주기에서 Dirchlet 조건이라고 알려진 아래의 성질을 가져야만 한다.

① $x(t)$가 절대 적분 가능하다. 즉

$$\int_{h}^{h-T} |x(t)| < \infty$$

② $x(t)$가 유한개의 최대점과 최소점을 가진다.

③ $x(t)$의 불연속점의 수는 유한해야 한다.

이러한 조건들은 충분조건이며 필요조건은 아니다. 그러므로 신호 $x(t)$가 Dirchlet 조건을 만족한다면, 그에 상응하는 푸리에 계수는 수렴하고 합은 $x(t)$가 불연속인 t_0에서 $x(t)$의 좌측과 우측의 극한값의 평균이다. 즉,

$$x(t_0) = \frac{1}{2}\left[x(t_0^+) + x(t_0^-)\right] \tag{3.26}$$

$dx(t)/dt$는 주기 신호 $x(t)$의 푸리에 급수의 항을 미분하여 얻어지는 것이 아니라는 것을 알아야 한다.

3.5 푸리에 급수의 성질

이 절에서는 푸리에 급수의 성질에 대해서 살펴보자 푸리에 급수 성질은 연속 신호의 주파수 스펙트럼의 개념을 더 잘 이해하도록 도와 줄 것이다. 부가적으로 많은 성질들이 푸리에 급수의 계수를 계산함에 있어서 포함된 복잡성을 줄이는 데 대단히 유용하다.

3.5.1 최소 제곱 근사 성질(Least Square Approximation Property)

지수 집합으로부터 주기 신호 $x(t)$를 만들기 위해서 얼마나 많은 항들이 적당한 근사값을 얻기 위해 사용되어야만 할까? 만약 $x(t)$가 대역 제한 신호라면 유한개의 지수를 사용할 수 있다. 그렇지 않다면 유한개의 M개 항을 이용하여 $x(t)$의 근사값을 나타낼 수 있다. $x(t)$와 근사값 사이의 차이가 근사화에서의 오차값이 된다. 어떤 방법이든지 $x(t)$에 가까운 근수값을 찾아야 한다.

가장 좋은 근사값을 위해 오차를 최소화해야만 한다. 여기에서 사용하는 유용하고 수학적으로 다루기 쉬운 오차의 척도 기준은 한 주기 동안의 총 오차의 제곱을 평균한 것을 사용하는 것이며, 이 방법은 평균 제곱 오차라고 알려져 있다. 또한 이 근사값은 특정한 신호 $x(t)$와 자른 푸리에 급수의 근사값(truncated Fourier-series approximation) 사이의 오차의 차를 신호의 차의 에너지와 관련시킨다. 특히 이러한 성질은 푸리에 급수의 계수가 자른 급수의 계수를 위해 최상의 선택(평균 제곱 의미)이라는 것을 보여준다.

다음과 같은 형태로 $x(t)$가 지수의 자름 급수에 의해 근사화된다고 가정하면

$$x_N(t) = \sum_{n=-N}^{N} d_n \exp[jnw_0 t] \tag{3.27}$$

여기에서 계수 d_n을 오차 즉, $x(t) - x_N(t)$가 최소 평균 제곱 오차를 가지도록 하는 값으로 정한다. $x(t)$에 푸리에 급수 표현을 사용하면 오차 신호는 다음과 같다.

$$\begin{aligned}\epsilon(t) &= x(t) - x_N(t) \\ &= \sum_{-\infty}^{\infty} c_n \exp[jnw_0 t] - \sum_{-N}^{N} d_n \exp[jnw_0 t]\end{aligned} \tag{3.28}$$

계수를 정의해 보자

$$g_n = \begin{cases} c_n, & |n| > n \\ c_n, - d_n, & -N < n < N \end{cases} \tag{3.29}$$

그러므로 식 3.28는 다음과 같이 쓸 수 있다.

$$\epsilon(t) = \sum_{-\infty}^{\infty} g_n \exp[jnw_0 t] \tag{3.30}$$

합계에 사용되는 각각의 항들은 동일한 주기를 가진 주기 신호이기 때문에 $\epsilon(t)$는 주기 $T = 2\pi/w_0$를 가진 주기 신호이다. 따라서 식 3.28는 $\epsilon(t)$의 푸리에 급수 전개를 나타낸다. $x_N(t)$가 얼마나 잘 $x(t)$를 근사화했는지를 측정하는 방법으로는 다음과 같은 평균 제곱 오차를 사용한다.

$$\text{MSE} = \frac{1}{T}\int_{<T>} |\epsilon(t)|^2 dt$$

식 3.30의 $\epsilon(t)$를 대입하면 MSE는 다음과 같다.

$$\begin{aligned}\text{MSE} &= \frac{1}{T}\int_{<T>} \left(\sum_{-\infty}^{\infty} g_n \exp[jnw_0 t]\right)\left(\sum_{-\infty}^{\infty} g_n^* \exp[-jnw_0 t]\right) dt \\ &= \sum_{n=-\infty}^{\infty} \sum_{m=-\infty}^{\infty} g_n g_n^* \left\{\frac{1}{T}\int_{<T>} \exp[j(n-m)w_0 t]\, dt\right\}\end{aligned} \tag{3.31}$$

우변의 괄호 안에 있는 항들은 $n \neq m$일 때 0이고, $n = m$일 때 1이 된다. 따라서 식 3.31는 다음과 같이 쓸 수 있다.

$$\begin{aligned}\text{MSE} &= \sum_{n=-\infty}^{\infty} |g_n|^2 \\ &= \sum_{n=-N}^{N} |c_n - d_n|^2 + \sum_{|n|>N} |c_n|^2\end{aligned} \quad (3.32)$$

식 3.32의 각각의 항은 양수이다. 따라서 MSE를 최소화하기 위해, 다음 식을 선택해야만 한다.

$$d_n = c_n \quad (3.33)$$

식 3.33에 의해 첫 번째 합계는 사라지고 오차는 다음과 같이 구할 수 있다.

$$(\text{MSE})_{\min} = \sum_{|n|<N} |c_n|^2 \quad (3.34)$$

식 3.34은 푸리에 급수의 계수 c_n과 동일하도록 식 3.27의 유한 지수 급수에서 d_n을 선택함으로써 평균 제곡 오차가 최소 된다는 사실을 보여주고 있다. 즉 신호 $x(t)$의 푸리에 급수 전개가 어떤 주어진 N에서 자르게 되었다면 동일한 수의 항들을 가진 어떤 다른 지수 급수보다 더 작게 평균 제곱 오차를 가지도록 $x(t)$을 근사화할 수 있다. 게다가 오차가 양수 항의 합이기 때문에 오차는 근사화에서 사용된 항의 수가 증가함에 따라 감소한다.

3.5.2 대칭성 효과(Effect of Symmetry)

주기 신호의 푸리에 계수를 결정하는데 있어서 불필요한 일은 신호가 대칭 형태라면 피할 수가 있다.

대칭성의 주요 형태들은 다음과 같다.

① 우대칭(even symmetry), $x(t) = x(-t)$

② 기대칭(odd symmetry), $x(t) = -x(-t)$

③ 반파 기대칭 (half-wave odd symmetry), $x(t) = -x(t + \frac{T}{2})$

이들 각각은 그림 3.2에 예시되고 있다.

이러한 대칭성의 하나 또는 그 이상의 존재 유무를 안다는 것은 푸리에 급수 계수의 계산을 단순화시킬 수 있다. 예를 들어 주기 T를 가진 우함수의 푸리에 급수는 '푸리에 코사인 급수'라고 하며, 다음과 같다.

$$x(t) = a_0 + \sum_{n=1}^{\infty} a_n \cos[j\frac{2n\pi t}{T}]$$

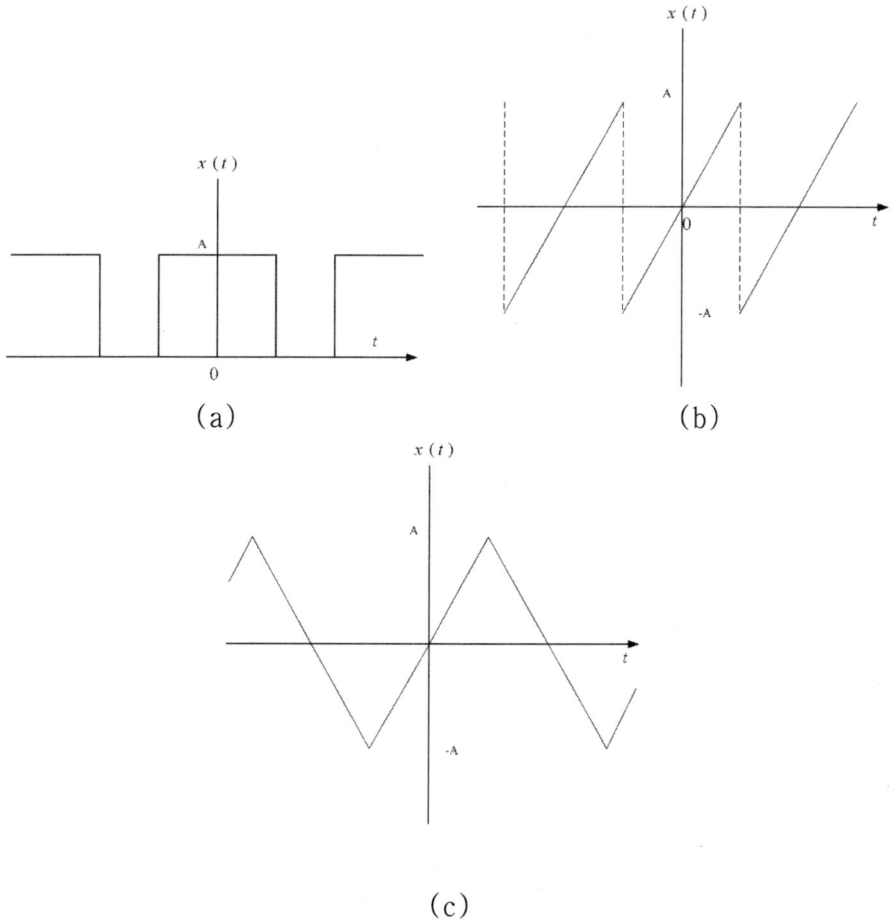

〈그림 3.2〉 비대칭성의 종류

계수는 다음과 같다.

$$a_0 = \frac{2}{T}\int_0^{T/2} x(t)dt, \text{ and } a_n = \frac{4}{T}\int_0^{T/2} x(t)\cos\frac{2\pi nt}{T}dt$$

반면에 주기 T를 가진 기함수 $x(t)$의 푸리에 급수는 '푸리에 사인 급수'라고 하며, 다음과 같다.

$$x(t) = \sum_{n=1}^{\infty} b_n \sin[j\frac{2n\pi t}{T}]$$

계수는

$$b_n = \frac{4}{T}\int_0^{T/2} x(t)\sin\frac{2\pi nt}{T}dt$$

이러한 대칭성의 효과는 표 3.1 에 요약되어 있다. 이 표에서 $a_0 \neq 0, b_{2n+1} \neq 0$과 같은 것들은 반드시 0일 필요는 없지만 특별한 예제에서는 그럴 수도 있다는 의미로 알아야 한다. $x(t)$가 기함수라면 c_n은 허수($a_n = 0$)가 되며, 우함수라면 c_n은 실수($b_n = 0$)가 된다.

〈표 3.1〉 대칭성의 효과

Symmetry	a_0	a_n	b_n	Remark
even	$a_0 \neq 0$	$a_n \neq 0$	$b_n = 0$	T/2 구간까지 적분하고 계소에 2를 곱하자
odd	$a_0 = 0$	$a_n = 0$	$b_n \neq 0$	T/2 구간까지 적분하고 계소에 2를 곱하자
half-wave odd	$a_0 = 0$	$a_{2n} = 0$ $a_{2n+1} \neq 0$	$b_{2n} = 0$ $b_{2n+1} \neq 0$	T/2 구간까지 적분하고 계소에 2를 곱하자

3.5.3 선형성(Linearity)

$x(t)$와 $y(t)$가 동일한 주기를 가진 주기 신호라고 가정하자. 이들의 푸리에 급수 확장은 다음과 같다.

$$x(t) = \sum_{n=-\infty}^{\infty} \beta_n \exp[jnw_0 t] \tag{3.35a}$$

$$y(t) = \sum_{n=-\infty}^{\infty} \gamma_n \exp[jnw_0 t] \tag{3.35b}$$

$z(t)$를 다음과 같이 두자.

$$z(t) = k_1 x(t) + k_2 y(t)$$

여기서 k_1과 k_2는 임의의 상수이며, $z(t)$는 다음과 같이 쓸 수가 있다.

$$\begin{aligned} z(t) &= \sum_{n=-\infty}^{\infty} (k_1\beta_n + k_2\gamma_n)\exp[jnw_0 t] \\ &= \sum_{n=-\infty}^{\infty} \alpha_n \exp[jnw_0 t] \end{aligned}$$

마지막 수직은 $z(t)$의 푸리에 계수가 다음과 같다는 것을 의미하고 있다.

$$\alpha_n = k_1\beta_n + k_2\gamma_n \tag{3.36}$$

3.5.4 두 신호의 곱(Product of Two Signals)

만약 $x(t)$와 $y(t)$가 식 3.35에서와 같이 동일한 주기를 가진 주기 함수라면 그들의 곱은 다음과 같다.

$$\begin{aligned} z(t) &= x(t)y(t) \\ &= \sum_{n=-\infty}^{\infty} \beta_n \exp[jnw_0 t] \sum_{n=-\infty}^{\infty} \gamma_n \exp[jnw_0 t] \\ &= \sum_{n=-\infty}^{\infty} \sum_{m=-\infty}^{\infty} \beta_n \gamma_m \exp[j(n+m)w_0 t] \\ &= \sum_{l=-\infty}^{\infty} \left(\sum_{m=-\infty}^{\infty} \beta_{l-m} \gamma_m \right) \exp[jlw_0 t] \end{aligned} \tag{3.37}$$

괄호 안의 합은 두 개의 수열 β_m과 γ_m의 컨볼루션 합으로 알려져 있다. 식 3.37은 두 신호의 곱 $z(t)$의 푸리에 계수에 의해 생성되는 두 개의 수열들의 컨볼루션 합과 동일하다는 것을 나타낸다. 즉,

$$\sum_{m=-\infty}^{\infty} \beta_{l-m} \gamma_m = \frac{1}{T} \int_{<T>} x(t) y(t) \exp[-jlw_0 t] dt$$

$y(t)$를 $y^*(t)$로 바꾸면, 다음과 같은 식을 얻을 수 있다.

$$z(t) = \sum_{l=-\infty}^{\infty} \left(\sum_{m=-\infty}^{\infty} \beta_{l+m} \gamma^{*m} \right) \exp[jlw_0 t]$$

$$\sum_{m=-\infty}^{\infty} \beta_{l+m} \gamma^{*m} = \frac{1}{T} \int_{<T>} x(t) y^*(t) \exp[-jlw_0 t] dt \tag{3.38}$$

3.5.5 두 신호의 컨볼루션(Convolution of Two Signals)

동일한 주기를 가진 주기 신호의 경우, 주기 또는 순환 컨볼루션이라고 알려진 특별한 형태의 컨볼루션은 다음과 같다.

$$z(t) = \frac{1}{T} \int_{<T>} x(\tau) y(t-\tau) d\tau \tag{3.39}$$

여기서 적분은 한 주기 T동안에 대해서만 행해진다. $z(t)$는 주기 T를 가진 주기 신호이고 주기 신호의 컨볼루션은 교환 법칙과 결합 법칙이 성립한다. 따라서 다음과 같은 계수를 가진 푸리에 급수의 표현으로 $z(t)$를 나타낼 수 있다.

$$\begin{aligned} a_n &= \frac{1}{T}\int_0^T z(t)\exp[-jnw_{0t}]dt \\ &= \frac{1}{T^2}\iint_0^T x(\tau)y(t-\tau)\exp[-jnw_{0t}]dtd\tau \\ &= \frac{1}{T}\int_0^T x(\tau)\exp[-jnw_0\tau]\left\{\frac{1}{T}\int_0^T y(t-\tau)\exp[-jnw_0(t-\tau)]dt\right\}d\tau \end{aligned} \tag{3.40}$$

두 번째 적분에서 $\sigma = t-\tau$로 치환하여 사용하면 다음과 같은 식을 얻을 수 있다.

$$a_n = \frac{1}{T}\int_0^T x(\tau)\exp[-jnw_0\tau]\left\{\frac{1}{T}\int_0^T y(\sigma)\exp[-jnw_0\sigma]dt\right\}d\tau \tag{3.41}$$

$y(t)$가 주기 신호이기 때문에, 내부 적분은 τ에 대해 독립적이며 $y(t)$의 푸리에 급수 계수 γ_n과 동일하며 다음과 같다.

$$\alpha_n = \beta_n\gamma_n \tag{3.42}$$

여기서 β_n은 $x(t)$의 푸리에 급수 계수이다.

3.5.6 Parseval 정리(Parseval's Theorem)

주기 신호 $x(t)$의 평균 전력 값은 다음과 같다.

$$P = \frac{1}{T}\int_{<T>} |x(t)|^2 dt$$

신호 $x(t)$의 실효치(rms)라 불리는 평균 전력의 제곱근은 복잡한 파형을 측정하는데 유용하다. 예를 들어 주파수가 nw_0인 복소 지수 신호 $x(t) = c_n\exp[jnw_0t]$의 평균 전

력은 $|c_n|^2$이다. 주기 신호의 평균 전력과 신호의 고조파의 전력 사이의 관계는 Parseval 정리의 한 가지 예이다.

$x(t)$와 $y(t)$는 동일한 주기 T를 가진 주기 신호이고, 각각 푸리에 급수 계수가 β_n, γ_n이라 한다면, $x(t)$와 $y(t)$의 곱은 다음과 같은 푸리에 급수 계수를 갖는다.

$$\alpha_n = \sum_{m=-\infty}^{\infty} \beta_{l+m} \gamma^{*}{}^{m}$$

직류 성분 또는 시간에 대한 곱의 한주기 평균은 다음과 같다.

$$\begin{aligned} \alpha_0 &= \frac{1}{T}\int_0^T x(t)y^*(t)dt \\ &= \sum_{m=-\infty}^{\infty} \beta_{l+m} \gamma^{*}{}^{m} \end{aligned} \tag{3.43}$$

이 식에서 $y(t)=x(t)$라 한다면, $\beta_n = \gamma_n$이 되며, 식 3.43은 다음과 같다.

$$\frac{1}{T}\int_0^T |x(t)|^2 dt = \sum_{m=-\infty}^{\infty} |\beta_m|^2 \tag{3.44}$$

좌변은 주기 신호 $x(t)$의 평균 전력이다. 이 결과는 $x(t)$의 총 평균 전력은 각각의 고조파 성분의 평균 전력 합과 같다는 것을 의미한다. 비록 전력이 비선형이라 할지라도 평균 전력의 중첩을 이용할 수 있다. 어떤 주기 신호 $x(t)$의 평균 전력을 구하는 데는 두 가지 다른 방법이 있다. 시간 영역에서는 식 3.44의 좌변을 이용하고, 주파수 영역에서는 동일한 식의 우변을 이용한다.

3.5.7 시간 전이(Shift in Time)

만약 $x(t)$가 푸리에 급수 계수 c_n을 가지고 있다면, 신호 $x(t-\tau)$의 계수 d_n은 다음과 같다.

$$\begin{aligned} d_n &= \frac{1}{T}\int_{<T>} x(t-\tau)\exp[-jnw_0 t]\,dt \\ &= \exp[jnw_o\tau]\frac{1}{T}\int_{<T>} x(t-\tau)\exp[-jnw_0(t-\tau)]\,dt \\ &= c_n\exp[jnw_o\tau] \end{aligned} \tag{3.45}$$

따라서 주기 신호 $x(t)$의 푸리에 급수 표현이 원래 신호와 관계가 있다면, 원래 신호를 τ만큼 이동한 다른 원래 신호의 표현은 $x(t)$의 푸리에 계수의 위상에 $nw_0\tau$만큼의 위상 전이를 더해서 만들 수 있다.

3.5.8 주기신호의 적분(Integration of Periodic Signals)

만약 주기 신호 가 0이 아닌 평균값을 가지고 있다면($c_0 \neq 0$), 이 신호의 적분은 시간에 선형적으로 증가하는 구성 요소를 만들어 내기 때문에 결과의 신호는 비주기가 된다. $c_0 = 0$이면, 적분 신호는 주기 적이거나 직류 성분을 포함할 수도 있다. 식 3.14의 양변을 적분하면 다음과 같다.

$$\int_{-\infty}^{t} x(\tau)d\tau = \sum_{n=-\infty}^{\infty} \frac{c_n}{jnw_0} exp[jnw_0 t],\ n \neq 0 \tag{3.46}$$

신호의 기본 진폭과 비교하여, 적분된 신호의 고조파들의 상대적인 진폭은 원래 적분하기 전의 신호보다 낮았다. 다른 말로 하면, 적분은 신호의 고주파 성분의 크기를 감소시킨다. 신호의 고주파 성분은 불연속점이나 불연속 미분에서 일어나는 날카로운 특성을 만드는 데 큰 기여를 하고 있다. 그러므로 적분은 신호를 유연하게 하여 때때로 평활화(smoothing) 연산이라고 부르기도 한다.

3.6 Gibbs 현상

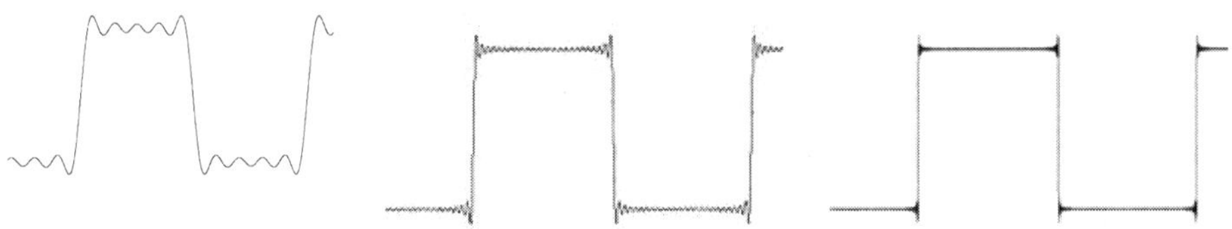

(a)–5 (b)–25 (c)–125

〈그림 3.3〉 구형파의 근사화

그림 3.2(a)의 신호를 고려해보자. 한주기 동안 신호 $x(t)$는 다음과 같이 정의된다.

$$x(t) = \begin{cases} A, & |t| < T/2 \\ 0, & otherwise \end{cases} \tag{3.47}$$

식 3.47은 다음과 같이 표현될 수 있다.

$$x(t) = AT \sum_{n=-\infty}^{\infty} \frac{\sin(n\pi)}{n\pi} exp\left[j\frac{2n\pi t}{T}\right] \tag{3.48}$$

무한 자름 급수 효과를 살펴보기 위해 다음과 같은 자름 급수를 고려해보자.

$$x_N(t) = AT \sum_{n=-N}^{N} \frac{\sin(n\pi)}{n\pi} exp\left[j\frac{2n\pi t}{T}\right] \tag{3.49}$$

자름 급수는 그림 3.3에 대해서 N=5와 25, 125에 대해서 보여주고 있다. N을 125로 증가 시켰을 때 불연속점의 오버슈트를 제외하면 펄스열 $x(t)$에 훨씬 가까워짐을 알 수 있다. 일반적으로 N이 증가함에 따라 근사화 결과와 주어진 신호 사이의 평균 제곱 오차는 감소하고 주어진 신호의 근사화는 유한개의 불연속점의 인접한 부근을 제외한 모든 곳에서 향상된다. 비록 표현에서 평균 제곱오차가 0으로 접근할지라도 $x(t)$의 불연속점들의 이웃에서 푸리에 급수 표현은 수렴하지 않는다. N=125의 그림 3.3(c)을 보면 오버슈트의 크기는 신호 $x(t)$보다 약 9%높다는 것을 알 수 있다. 실제로 9%의 오버슈트는 한상 존재하며, 신호 $x(t)$를 근사화하는데 사용되는 항들의 수와 무관하다. 이러한 관찰은 수학 물리학자인 Josiah Willard Gibbs에 의해 처음 이루어 졌다. 이러한 현상을 설명하기 위해 자름 푸리에 급수의 일반적인 형태를 고려해보자.

$$\begin{aligned} x_N(t) &= \sum_{n=-N}^{N} c_n \exp[jnw_0 t] \\ &= \sum_{n=-N}^{N} \frac{1}{T} \int_{<T>} x(\tau) \exp[-jnw_0 \tau] d\tau \exp[jnw_0 t] \\ &= \frac{1}{T} \int_{<T>} x(\tau) \left\{ \sum_{n=-N}^{N} \exp[jnw_0 (t-\tau)] \right\} d\tau \end{aligned} \tag{3.50}$$

괄호 안의 있는 합은 다음 식과 동일하다.

$$g(t-\tau) \equiv \sum_{n=-N}^{N} \exp[jnw_0(t-\tau)] = \frac{\sin\left[\left(N+\frac{1}{2}\right)w_0(t-\tau)\right]}{\sin\left(w_0 \frac{t-\tau}{2}\right)} \tag{3.51}$$

3.5.1절에서 $N \to \infty$일 때 $x_N(t)$가 $x(t)$의 평균 제곱으로 수렴한다는 것을 보았다. 특히 적당하게 큰 N의 값의 경우 $x_N(t)$는 $x(t)$에 가깝게 근사화되어야만 한다. 식 3.51는 자름 푸리에 급수가 식 3.50에서 정의된 $g(t)$와 주어진 $x(t)$를 컨벌빙(convoming)하는 것과 동일하다는 것을 보여줌으로써 Gibbs 현상을 수학적으로 증명하고 있다. 신호 $g(t)$의 진동 특징은 불연속 점의 리플(ripple)을 야기시킨다.

어떤 신호에서도 푸리에 급수의 고주파 성분(고차 고조파)은 마치 불연속점에서 발생하거나 신호의 불연속 미분에서 발생하는 것과 같은 급격한 변동의 주요 원인이라는 것을 기억하자.

3.7 MATLAB 응용

이 절에서는 MATLAB을 이용하여 위에서 설명한 푸리에 급수에 대해 나타내어보겠다.

① 식 3.48에서 $A=1$, $T=1/2\pi$인 경우에 대하여 4번째 항, 10번째 항, 50번째 항, 70번째 항까지 더한 결과를 MATLAB을 사용하여 나타내어보자.

■ MATLAB source

```
%% MATLAB을 이용한 신호및시스템 3.1%%

t = -1:0.01:1;
x = zeros(1,length(t));
x = 0.5 + x;
for n = 1:3
    x = x + 2/(n*pi) * sin(0.5*n*pi) * cos(2*n*pi*t);
end
plot(t,x); xlabel('t'); ylabel(' approximation of x(t)');
grid on

for n = 4:9
    x = x + 2/(n*pi) * sin(0.5*n*pi) * cos(2*n*pi*t);
end
figure
plot(t,x); xlabel('t'); ylabel(' approximation of x(t)');
grid on

for n = 10:49
    x = x + 2/(n*pi) * sin(0.5*n*pi) * cos(2*n*pi*t);
end
```

```
figure
plot(t,x); xlabel('t'); ylabel(' approximation of x(t)');
grid on

for n = 50:69
   x = x + 2/(n*pi) * sin(0.5*n*pi) * cos(2*n*pi*t);
end
figure
plot(t,x); xlabel('t'); ylabel(' approximation of x(t)');
grid on
```

■ **MATLAB figure**

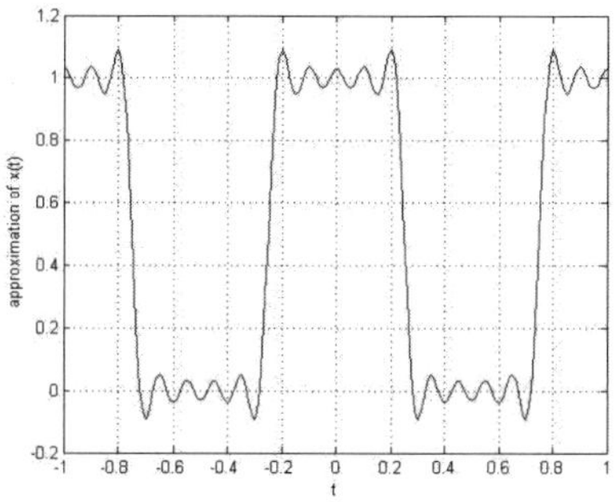

(a) 4번째 항까지 합

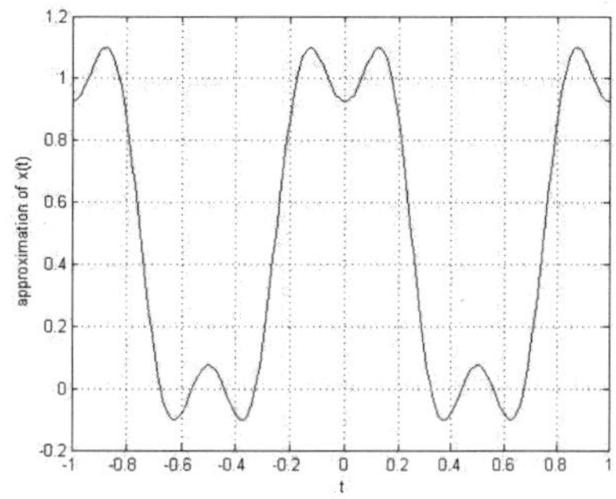

(b) 10번째 항까지 합

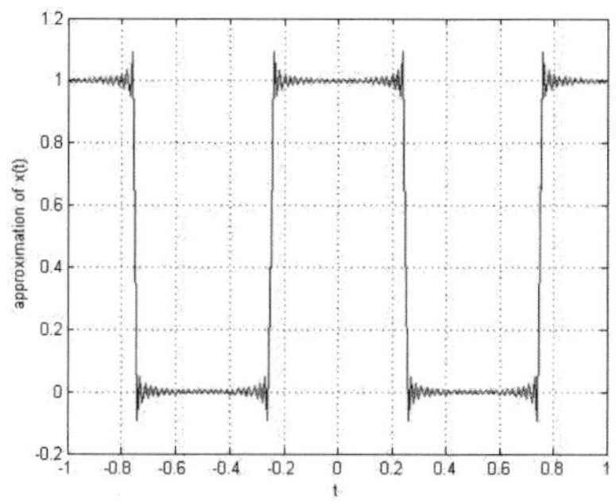

(d) 70번째 항까지 합

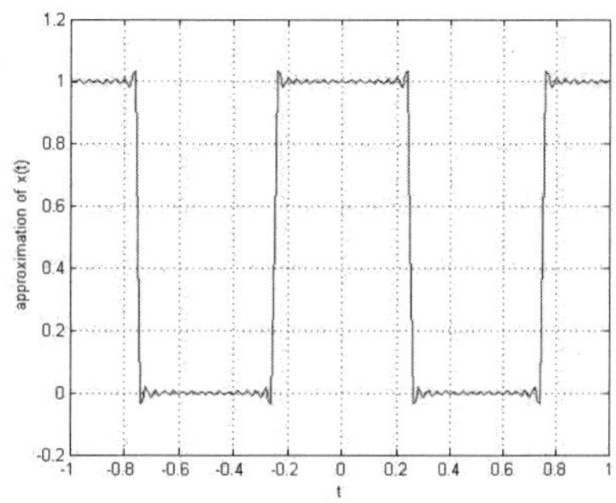

(c) 50번째 항까지 합

② 아래 주어진 함수에 대하여 다섯째 항까지의 조화해석을 수행하여보자.

ti	0.02	0.04	0.06	0.08	0.10	0.12	0.14	0.16
xi	7	15	20	29	50	61	63	55

ti	0.18	0.20	0.22	0.24	0.26	0.28	0.30	0.32
xi	48	37	35	40	45	41	18	5

Fourier 급수 전개의 계수는 아래와 같이 구한다.

$$a_0 = \frac{2}{N}\sum_{i=1}^{N} x_i$$

$$a_n = \frac{2}{N}\sum_{i=1}^{N} x_i \cos\frac{2n\pi t_i}{\tau}$$

$$b_n = \frac{2}{N}\sum_{i=1}^{N} x_i \sin\frac{2n\pi t_i}{\tau}$$

이를 matlab을 이용하여 수치적 Fourier 해석을 해보자.

■ MATLAB source

```
%% MATLAB을 이용한 신호및시스템 3.2%%
% Fourier 급수를 5째항 까지 구하기 위해 n값을 5으로 놓는다.
% 각 데이터 값 t_i, x_i를 입력한다.
n=5;
t_i=0.02:.02:.32;
x_i=[7 15 20 29 50 61 63 55 48 37 35 40 45 41 18 5];
% 주기 T와 진동수 w를 구한다. 또한 한주기동안의 데이터 개수를 N값에 저장한다.
```

```
t_size = length(t_i);
T=t_i(t_size)
w=2*pi/T
N=t_size
% a0값을 구해내고 Fourier 급수 전개식을 p값에 저장하게 된다.
a0=1/N * sum(x_i)
syms t p
p=a0;
% 우선 주어진 데이터를 그래프화 하고 Fourier 급수 전개를 한 값을
% 그래프화 하기 위해 y값에 데이터 처리결과 값을 저장한다.
plot(t_i,x_i,'r*');
hold on
x=0:.005:t_i(N);
y=a0;
for i=1:n;
  pi_cos(i,:) = x_i.*cos(2*i*pi.*t_i/T);
  pi_cos_sum(i)=sum(pi_cos(i,:))*2/N;
  p = p + pi_cos_sum(i)*cos(i*t*w);
  y = y + pi_cos_sum(i)*cos(i.*x*w);
  pi_sin(i,:) = x_i.*sin(2*i*pi.*t_i/T);
  pi_sin_sum(i)=sum(pi_sin(i,:))*2/N;
  p = p + pi_sin_sum(i)*sin(i*t*w);
  y = y + pi_sin_sum(i)*sin(i.*x*w);

  if i==1
    plot(x,y,'c-');
  elseif i==2
      plot(x,y,'k:');
  elseif i==3
      plot(x,y,'g.')
  elseif i==4
```

```
        plot(x,y,'m+')
    else
        plot(x,y,'*')
      end
    end
p
grid on
xlabel('t')
ylabel('x')
legend('data', '1항 전개','2항 전개','3항 전개','4항전개','5항전개',0)
```

■ MATLAB figure

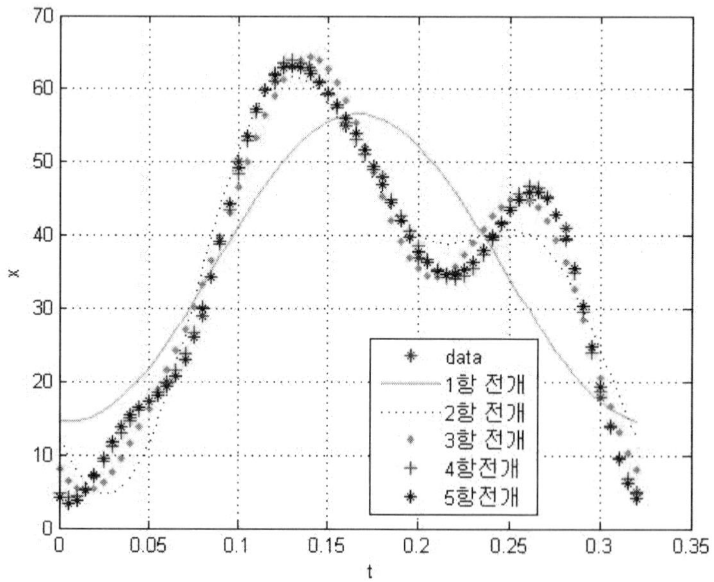

3.8 중요 용어

Dirchlet 조건 (Dirchlet conditions)	Gibbs 현상 (Gibbs phenonmenon)
Paeseval 정리 (Parseval's Theorem)	대칭성 효과 (Effect of Symmetry)
삼각 푸리에 급수 (trigonal Fourier series)	위상 스펙트럼(phase spectrum)
주기신호의 적분 (Integration of Periodic Signals)	직교 기저 함수 (orthogonal basis function)
푸리에 계수 (Fourier coefficient)	푸리에 급수 (Fourier series)
크기 스펙트럼(magnitude spectrum)	최소 제곱 근사 성질 (Least Square Approximation Property)
최소 평균 제곱 오차 (Minimum mean square error)	

3.9 연습 문제

3.1 $x(t) = 1 + sinw_0t + 2cosw_0t + cos(2w_0t + \frac{\pi}{4})$ 의 푸리에 급수를 구하시오.

3.2 신호 $\phi_m = \sin mt, m = 1,2,3....$이 $-\pi < t < \pi$ 구간에서 직교 집합을 형성함을 보여라.

3.3 $x(t) = 2sin(2\pi t - 3) + sin(6\pi t)$ 푸리에 계수를 구하시오.

3.4 $x(t)=t^2$, $-\pi < t < \pi$, $x(t+2\pi)=x(t)$일때 다음 식을 이용하여 a_0를 구하여라.

$$x(t)= \frac{\pi^2}{3} -4(\cos t - \frac{1}{4}\cos 2t + \frac{1}{9}\cos 3t -+\cdots\cdots)$$

3.5 신호 $x(t)=\cos(2\pi t)$에 대해 $x(t)$는 주기 1을 갖는 주기 신호이기 때문에 어떤 양의 정수 N에 대해서도 주기적이다. 그렇다면 $x(t)$를 주기 3을 갖는 주기 신호라고 간주했을 때 $x(t)$의 푸리에 급수의 계수를 구하시오.

3.6 다음 신호의 푸리에 급수를 구하시오.

$$x(t)=\begin{cases} A-\dfrac{4A}{T}t, & 0<t<T/2 \\ \dfrac{4A}{T}t-3A, & T/2<t<T \end{cases}$$

3.7 $x(t)$는 실수와 싸인, 코사인 형식을 갖은 푸리에 급수로 되어 있다.

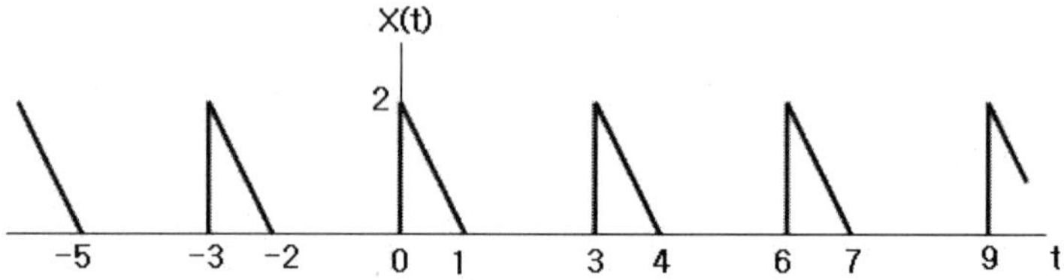

$$x(t)=a_0+2\sum_{k=1}^{\infty}[B_k cosk\omega_0 t-C_k sink\omega_0 t]$$

(1) $x(t)$의 짝수와 홀수부분의 푸리에 급수를 구하시오.
(즉, 위 식의 계수에서 α_k와 β_k를 구하시오.)

(2) (1)에서 α_k와 α_{-k}의 관계, β_k와 β_{-k}의 관계를 구하시오.

3.8 다음 신호의 프리에 급수 계수를 구하시오

$$x(t)=1+2\sin(\frac{7\pi}{3}t)-3\cos(\frac{7\pi}{3}t)+\sin(7\pi t)+\cos(\frac{28\pi}{3}t)$$

3.9 주기적 연속시간신호는 선형시불변시스템의 입력을이라고 가정하고, 신호 $x(t)$는 다음과 같은 푸리에 급수로 표현할 수 있다.

$$x(t) = \sum_{k=-\infty}^{+\infty} \alpha^{|k|} e^{jk(\pi/4)t}$$

이때 αsms 0과 1사이의 실수이고, 시스템의 주파수 응답은 다음과 같이 주어진다.

$$H(\omega) = \begin{cases} 1 & |\omega| < W \\ 0 & |\omega| > W \end{cases}$$

$x(t)$의 주기당 평균 에너지의 적어도 90%이상을 가지기 위한 시스템의 출력을 가지기 위한 W의 크기를 구하시오.

3.10 입력 $x(t)$을 가지는 시스템의 입, 출력 미분 방정식이 다음과 같을 때, 임펄스 응답 $H(w)$를 구하시오.

$$y^{(n)}(t) + \sum_{i=0}^{n-1} p_i y^{(i)}(t) = \sum_{i=0}^{m} q_i x^{(i)}(t)$$

제 4 장

푸리에 변환

CHAPTER 04

푸리에 변환

4.1 개요

이 장에서는 복잡한 지수함수의 선형적 결합으로 표현한 주기함수를 표현한 것을 비주기 신호로 확대할 것이다. 유한한 에너지를 갖는 모든 신호들이 포함된 다소 큰 집합은 복소지수 함수의 선형결합으로 나나타내질 수 있다. 주기 함수에서도 복소지수의 빌딩 블록이 미소하게 가까우며, 성형 결합에 대한 표현은 합의 형태 보다는 적분의 형태로 취한다. 이 표현에서 계수의 결과적 스펙트럼이 푸리에 변환이라고 불리고, 신호의 복소지수를 선형결합으로 나타내기 위해 이러한 계수를 사용하는 통합적분을 역푸리에 변환이라고 한다.

연속시간에서 비주기 신호의 표현의 발달은 푸리에 변환의 가장 큰 공헌이라 할 수 있다. 그리고 푸리에 변환의 발달은 그가 사용했던 원래 작업에 매우 가깝게 근접한다. 특히 푸리에는 비주기 신호를 무한한 주기를 가진 주기 신호로 볼 수 있다는 것을 추론하였다. 더 분명하게, 주기 함수를 푸리에 급수로 표현한 것에는 주기가 증가함에 따라 기본적인 주파수는 줄어들고 관련된 요소들은 주파수에서 더욱 가까워진다. 주기가 무한대에 가까워짐에 따라 주파수 요소는 연속성을 이루고 푸리에 급수의 합은 적분이 된다. 다음 장에서 우리는 연속시간의 비주기 신호를 표현하는 푸리에 급수를 전개하고, 우리가 연속시간의 신호와 시스템의 주파수 영역의 토대를 형성하시 위해 연속시간 푸리에 변환의 많은 중요한 특성들을 알아 볼 것이다.

4.2 비주기 신호의 표현 : 푸리에 변환

4.2.1 비주기 신호의 푸리에 변환 표현의 전개

푸리에 변환 표현의 특성을 이해하기 위해서는 주기적인 연속 사각파를 표현하는 푸리에 급수를 다시 살펴보자.

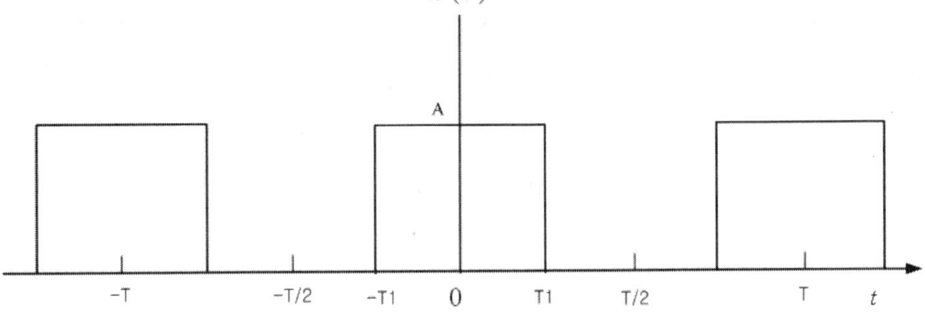

〈그림 4.1〉 연속적 주기 사각파

$$x(t) = \begin{cases} A, & |t| < T1 \\ 0, & T1 < |t| < T/2 \end{cases}$$

이고, 주기 T를 가지고 주기적으로 반복된다. 이 사각파의 푸리에 급수의 계수 a_k는

$$a_k = \frac{2\sin(kw_0 T1)}{kw_o T} \tag{4.1}$$

가 된다. 식 4.1은 포락선 함수의 샘플로부터 설명된다. 특히

$$T_{a_k} = \frac{2\sin w T1}{w}, \ (w = kw_0) \tag{4.2}$$

말하자면, 연속적인 변수로써 w를 갖고 함수 $\frac{2\sin wT1}{w}$가 T_{a_k}의 포락선을 나타낸다. 그리고 계수 a_k는 단순히 이 포락선의 균등하세 나누어진 샘플들이다. 또한 고정된 $T1$에서 T_{a_k}는 T에 독립적이다.

T값이 임의로 커짐에 따라 원래 주기 정사각파는 사각파에 접근하게 된다(즉, 시간영역에 놓여있는 모든 것은 정사각파의 한 주기에 대응하는 비주기 신호이다). 또한 T에 의해 곱해진 푸리에 급수는 점점더 가까이 분할된 포락선의 샘플들이 된다. 그래서 그런 의미에서 퓨리에 급수 계수의 세트는 T가 무한대로감에 따라 포락선 함수에 근접하게 된다.

이 예는 비주기 신호를 표현하기 위해 푸리에의 발달 뒤에 숨겨져 있는 기본적인 생각을 나타내준다. 특히, 비주기 신호를 주기가 커진 주기함수가 제한된 것으로 생각하고, 이 신호에 대한 푸리에 급수 표현이 제한된 동작을 조사한다. 특별히 제한적으로 지속되는 신호 $x(t)$를 고려하자. 그림 4.2에서 $\tilde{x}(t)$의 주시 T를 무한대로 가면 $\tilde{x}(t)$는 t의 어떤 한정된 값에 대해서도 $x(t)$가 된다.

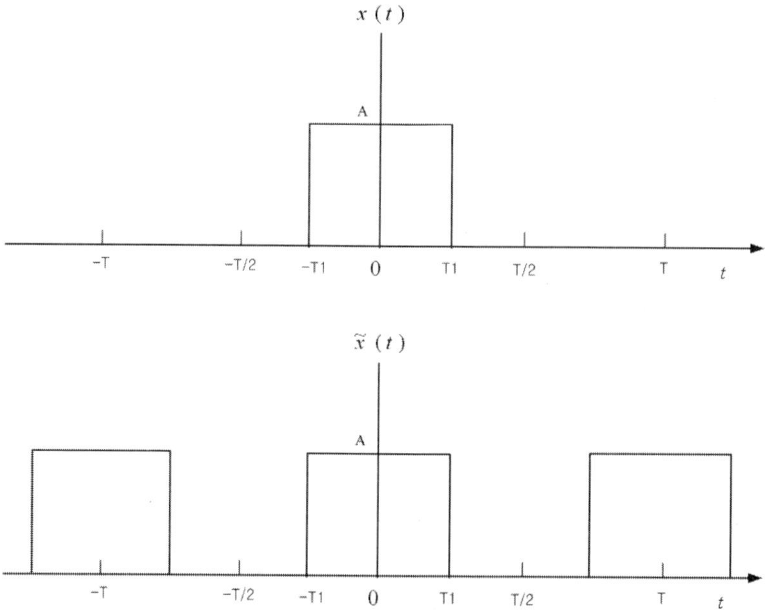

〈그림 4.2〉 비주기 신호 $x(t)$와 주기가 $x(t)$인 주기신호 $\tilde{x}(t)$

$\tilde{x}(t)$의 푸리에 변환의 표현에 있어서 이것의 영향을 생각해보자. 푸리에 급수로 $\tilde{x}(t)$를 표현하면 다음과 같다.

$$\tilde{x}(t) = \sum_{n=-\infty}^{\infty} c_k \exp[jnw_0 t] \tag{4.3}$$

$$c_n = \frac{1}{T}\int_{-T/2}^{T/2} \tilde{x}(t)\exp[-jnw_0 t]\,dt \tag{4.4}$$

$|t| < T/2$일 때 $\tilde{x}(t) = x(t)$이고 이외의 범주에서 $x(t) = 0$이므로 식 4.4는 다음과 같이 표현될 수 있다.

$$c_n = \frac{1}{T}\int_{-T/2}^{T/2} \tilde{x}(t)\exp[-jnw_0 t]\,dt = \frac{1}{T}\int_{-\infty}^{\infty} x(t)\exp[-jnw_0 t]\,dt$$

따라서 포락선 $X(jw)$의 T_{a_k}를 다음과 같이 정의하며

$$X(jw) = \int_{-\infty}^{\infty} \tilde{x}(t)\exp[-jnwt]\,dt \tag{4.5}$$

계수 c_n은 다음과 같이 얻을 수 있다.

$$c_n = \frac{1}{T}X(jnw_0 t) \tag{4.6}$$

식 4.6과 4.3을 결합해서, $\tilde{x}(t)$를 $X(jw)$로써 다음과 같이 나타낼 수 있다.

$$\tilde{x}(t) = \sum_{n=-\infty}^{\infty} \frac{1}{T}X(jnw_0)\exp[jnw_0 t] \tag{4.7}$$

마찬가지로, $2\pi/T = w$이므로

$$\tilde{x}(t) = \frac{1}{2\pi}\sum_{n=-\infty}^{\infty}\frac{1}{T}X(jnw_0)\exp[jnw_0 t]w_0 \tag{4.8}$$

T가 무한대로 감에 따라 $\tilde{x}(t)$는 $x(t)$에 접근하고, 결과적으로 식 4.7의 극한 부분이 된다. 또한 $T\rightarrow\infty$에 따라 $w_0\rightarrow\infty$이 되고 식 4.7의 오른쪽 부분은 적분이 된다. 오른쪽의 합에 있어서 각항들은 높이 $X(jnw_0)\exp[jnw_0 t]$와 폭 w_0의 영역이다(t는 고정된 것으로 간주한다). $w_0\rightarrow\infty$으로 감에 따라 합은 $X(jnw_0)\exp[jnw_0 t]$의 적분으로 수렴한다. 그러므로 다음과 같이 된다.

$$x(t) = \frac{1}{2\pi}\int_{-\infty}^{\infty} X(jw)\exp(jwt)dw \tag{4.9}$$

$$X(jw) = \frac{1}{2\pi}\int_{-\infty}^{\infty} x(t)\exp(-jwt)dt \tag{4.10}$$

함수 $X(jw)$이 $x(t)$의 푸리에 변환 또는 적분으로 언급되고 식 4.8은 역푸리에 변환식으로 간주되며, 식 4.8과 4.9는 푸리에 변환 쌍으로 언급된다. 식 4.8은 푸리에 급수 계수가 주기함수에서 하는 것과 같은 역할을 수행하는데 이는 둘 다 복잡한 지수함수의 선형적 결합으로서 신호를 나타내기 때문이다. 주기 신호에 대해서 이 복소지수는 c_n이라는 크기를 갖고 조화적으로 연결된 $nw,\ n=0, \pm1, \pm2, \cdots$ 같은 이산적 값에서 발생한다. 비주기 신호에 대해서 복소지수는 주파수의 연속점에서 발생하고 식 4.8에 따라 크기 $X(jw)(dw/2\pi)$를 갖게 된다. 주기 함수의 푸리에 급수계수에 이용된 것과 유사하게 비부기신호 $x(t)$의 $X(jw)$ 변환이 $x(t)$의 스펙트럼으로 언급된다. 그것이 다른 주파수에서 정현파의 선형적 결합(특히, 적분)으로서 $x(t)$를 나타내는데 필요한 자료를 공급한다.

위에 전개에 기본을 두거나 식 4.9에 기본을 주고 주기신호 $\tilde{x}(t)$의 푸리에 계수 c_n가 $\tilde{x}(t)$의 한 주기의 푸리에 변환의 균등화된 샘플들로 표현될 수 있다는 점에 유의해야 한다. 특히 $\tilde{x}(t)$ 의 한 주기 T와 푸리에 계수 c_n를 갖는 주기적 신호라고 생각하자.

$x(t)$를 한주기-말하자면 어떠한 s값에 대해 $s \le t \le s+T$가 되는 - 에서는 정확히 $\tilde{x}(t)$와 같고, 그렇지 않은 때에는 0인 유한간격 신호라고 하자. 그러면 어떤 주기에서라도 적분에 의해 $\tilde{x}(t)$의 푸리에 계수를 계산할 수 있으며, 다음과 같이 나타낼 수 있다.

$$c_n = \frac{1}{T}\int_s^{s+T} \tilde{x}(t)\exp[-jnw_0 t]\,dt = \frac{1}{T}\int_s^{s+T} x(t)\exp[-jnw_0 t]\,dt$$

$x(t)$가 $s \le t \le s+T$의 외부에서는 0이 되므로 우리는 다음과 같이 고쳐 쓸 수 있다.

$$c_n = \frac{1}{T}\int_{-\infty}^{\infty} x(t)\exp[-jnw_0 t]\,dt$$

식 4.9와 비교하면 $X(jw)$가 $x(t)$의 푸리에 변환일 때 다음과 같이 결론을 내릴 수 있다.

$$c_n = \frac{1}{T}X(jw),\ w = nw_0 \tag{4.11}$$

식 4.11은 $\tilde{x}(t)$의 푸리에 계수가 $\tilde{x}(t)$의 한 주기 푸리에 변환의 샘플들에 비례하는 것을 보여준다.

4.2.2 푸리에 변환의 수렴

푸리에 변환의 쌍을 유도하는데 사용된 논의인 $x(t)$가 임의의 그러나 한정적인 지속이라고 가정한다고 하더라도, 식 4.8, 4.9는 무한적인 광범위한 신호에 유효하게 남아있을 수 있다. 사실, 푸리에 변환이 푸리에 급수의 수렴에 요구되는 것처럼 여러 조건들이 또한 여기에 적용되어야 하고, 사실은 다음과 같은 경우로 보여 질 수 있다. 특히. 식 4.9에 따라서 계산된 $X(jw)$를 고려하고, $x(t)$를 식 4.8의 오른쪽의 $X(jw)$를 이용함으로써 얻어지는 신호를 나타낸다고 하자. 즉,

$$\tilde{x}(t) = \frac{1}{2\pi}\int_{-\infty}^{\infty} X(jw)\exp(jwt)dw$$

우리가 알고 싶은 것은 언제 식 4.8이 유용하고, 언제 $\tilde{x}(t)$가 원래 신호 $x(t)$의 유효한 표현인가 하는 것이다. 만약 $x(t)$가 한정적인 에너지를 가졌다면, 예를 들어 그것이 사각 적분 가능한 것이라면

$$\int_{-\infty}^{\infty} |x(t)|^2 dt < \infty \tag{4.12}$$

그러면 우리는 $X(jw)$이 한정적이고 (말하자면 식 4.9)는 수렴한다.), 그리고 $e(t)$는 $\hat{x}(t)$와 $x(t)$간의 에러를 뜻한다는 것을 보장 받는다 ($e(t) = \hat{x}(t) - x(t)$).

$$\int_{-\infty}^{\infty} |e(t)|^2 dt = 0 \tag{4.13}$$

식 4.12, 4.13는 주기 신호에서의 비주기 부분이다. 따라서 주기함수에서 사용한 방법과 같이 만약 $x(t)$가 유한한 에너지를 갖는다면 $x(t)$와 그것의 푸리에 표현 $\hat{x}(t)$가 시간의 개인적인 값에서 크게 다르더라도 그것들에는 에너지 차가 없다.

주기신호와 마찬가지로 불연속점을 제외하고 (불연속점의 양쪽의 값들이 평균에 같은 곳에서) 어떤 t에 대해서도 $\hat{x}(t)$가 $x(t)$와 같다는 것을 보장하기에 충분 조건들의 집합이 있다. 이 조건은 Diriclet 조건을 언급하면서 다음을 요구한다.

① $x(t)$는 절대적으로 적분가능하다.

$$\int_{-\infty}^{\infty} |x(t)|^2 dt < \infty$$

② $x(t)$는 어떤 한정된 간격에서 최대값과 최소값의 한정된 숫자를 갖는다.

③ $x(t)$는 어떤 한정된 간격에서 불연속 점의 한정된 숫자를 갖는다. 게다가 각각의 불연속 점은 반드시 한정적이어야 한다.

그러므로 절대적으로 연속적인 적분 가능한 신호나 불연속점의 한정적인 개수를 갖는 것은 푸리에 변환을 갖는다.

우리가 가지고 있는 두 가지의 대체 가능한 신호가 푸리에 신호를 가지고 있다는 것을 보장하더라도, 무한한 간격에서 절대적으로 적분 가능하지도 않거나, 무한한 간격에서 제곱의 적분 가능하지 않은 주기 함수의 임펄스 함수가 변환에서 가능하다면, 푸리에 변환을 갖는 것으로 여겨질 수 있다. 이것은 보통의 틀에 같이 들어갈 수 있는 장점을 갖는데, 나중에 소개하도록 한다.

4.3 주기 신호의 푸리에 변환

앞 절에서 우리는 푸리에 변환 표현을 소개하였다. 이 절에서의 관심은 비주기적 신호에 맞춰져있던 반면, 주기 신호에 대한 푸리에 변환 표현을 전개하여 주기 신화와 비주기 신호 두 가지를 다 고려할 것이다. 사실 푸리에 급수 표현으로부터 주기 신호의 푸리에 변환을 직접적으로 구성할 수 있다. 주파수 영역에서는 변환의 결과가 임펄스들로 이루어져 있고, 푸리에 급수 계수에 비례하는 임펄스의 영역을 갖는다. 이것은 매우 유용한 표현으로 판명될 것이다.

일반적 결과를 제안하기 위해 $w = w_0$에서 영역 2π의 단위 임펄스인 푸리에 변환 $X(jw)$를 가지는 신호 $x(t)$를 고려하자.

$$X(jw) = 2\pi\delta(w - w_0) \tag{4.14}$$

신호 $x(t)$에 푸리에 변환이 하는 것을 결정하기 위해 식 4.2.8의 역변환 관계를 이용하여 다음을 얻을 수 있다.

$$\begin{aligned} x(t) &= \frac{1}{2\pi}\int_{-\infty}^{\infty} 2\pi\delta(w - w_0)\exp[jwt]\,dw \\ &= \exp[jw_0 t] \end{aligned} \tag{4.15}$$

더 일반적으로 만일 $X(jw)$가 주파수에서 균등화된 임펄스의 선형적인 결합의 한 형태라면 그것은 다음과 같이 나타낼 수 있고,

$$X(jw) = \sum_{n=-\infty}^{\infty} 2\pi c_n \delta(w - w_0) \qquad (4.16)$$

식 4.8을 응용하여 다음을 만든다.

$$x(t) = \sum_{n=-\infty}^{\infty} c_n \exp[jnw_0 t] \qquad (4.17)$$

식 4.17은 주기신호의 푸리에 급수 표현과 정확히 일치한다. 따라서 푸리에 급수 계수 $\{c_n\}$을 가지고 있는 주기 신호의 푸리에 변환은 주파수에 관계되서 발생되는 임펄스의 트레인으로 설명되어질 수 있다. n번째 주파수 nw_0에서 임펄스 영역은 n번째 푸리에 시리즈 계수 c_n의 2π배이다.

4.4 푸리에 변화의 성질

이번 절과 다음 절에서 우리는 푸리에 변환의 여러 가지 특성에 대해 고려한다. 주기신호에 대한 푸리에 급수 표현의 경우에 이들 성질은 신호를 나타내는 주파수영역과 시간영역간의 관계와 특성에 있어서 중요한 정보를 제공한다. 또한 푸리에 변환이나 역변환의 계산의 복잡함을 줄이기 위해 많은 특성들이 유용하게 이용된다. 게다가 이전의 절에 나와 있듯이, 푸리에 급수와 주기 신호를 나타내는 푸리에 변환간 에는 밀접한 관계가 있다. 이 관계를 이용하여 우리는 많은 푸리에 변환 특성을 푸리에 급수 특성으로 바꿀 수 있다.

이 절에서 논의를 통해 시간과 푸리에 변환의 함수에 대해 자주 언급을 할 것이고, 신호와 그것의 변환의 쌍을 이야기하는 짧은 회전을 이용하는 것이 편리하다는 것을 알아낼 것이다. 4.1 절에서 계산되었듯이 신호 $x(t)$와 푸리에 변환 $X(jw)$은 푸리에 변환과 분석 방정식의 관계를 가진다.

$$x(t) = \frac{1}{2\pi}\int_{-\infty}^{\infty} X(jw)\exp(jwt)dw \tag{4.18}$$

$$X(jw) = \int_{-\infty}^{\infty} x(t)\exp(-jwt)dt \tag{4.19}$$

때때로 $X(jw)$는 $F\{x(t)\}$와 $x(t)$는 $F^{-1}\{X(jw)\}$와 같이 언급하는 것이 편하다는 것을 알게 될 것이다. 우리는 $x(t)$와 $X(jw)$를 푸리에 쌍으로 언급하게 될 것이다.

4.4.1 선형성

만약

$$x(t) \overset{F}{\longleftrightarrow} X(jw)$$

그리고

$$y(t) \overset{F}{\longleftrightarrow} Y(jw)$$

이면

$$ax(t) + by(t) \overset{F}{\longleftrightarrow} aX(jw) + bY(jw) \tag{4.20}$$

식 4.20의 증명은 식 4.19를 $ax(t)+by(t)$ 에 직접 대입함으로써 직접적으로 보여질 수 있다. 선형성은 쉽게 임의의 숫자의 신호의 결합으로서 확장될 수 있다.

4.4.2 시간이동

만약

$$x(t) \overset{F}{\longleftrightarrow} X(jw)$$

이면

$$x(t-t_0) \overset{F}{\longleftrightarrow} X(jw)\exp[-jwt_0] \tag{4.21}$$

이 특성을 세우기 위해 식 4.18을 고려해 보면

$$x(t) = \frac{1}{2\pi}\int_{-\infty}^{\infty} X(jw)\exp(jwt)dw$$

여기서 t를 $t-t_0$로 바꾸면 다음과 같은 식을 얻는다.

$$\begin{aligned} x(t-t_0) &= \frac{1}{2\pi}\int_{-\infty}^{\infty} X(jw)\exp(jwt-t_0)dw \\ &= \frac{1}{2\pi}\int_{-\infty}^{\infty} \exp(-jwt_0)X(jw)\exp(jwt)dw \end{aligned}$$

$x(t-t_0)$에 대해 이것을 종합하여 보면 다음과 같은 식을 얻을 수 있다.

$$F\{x(t-t_0)\} = \exp[-jwt_0]X(jw)$$

시간 이동 성질의 결과는 이동된 신호가 푸리에 변환값의 크기를 갖지 않는다는 점이다. 따라서 $X(jw)$를 다음과 같은 극형식으로 나타내면

$$\begin{aligned} &F\{x(t)\} = X(jw) = |X(jw)|e^{j\angle X(jw)} \\ &F\{x(t-t_0)\} = \exp[-jwt_0]X(jw) = |X(jw)|e^{j\angle X(jw) - wt_0} \end{aligned}$$

따라서 신호에서 시간이동의 영향은 위상이동에서 변환, 즉 w의 선형함수인 $-wt_0$로 도입된다.

4.4.3 공액쌍과 공액쌍 대칭

공액특성은 만약

$$x(t) \overset{F}{\longleftrightarrow} X(jw)$$

이면

$$x^*(t) \overset{F}{\longleftrightarrow} X^*(-jw) \tag{4.22}$$

이다. 이 특성은 복소 공액의 계산 값을 따른다.

$$\begin{aligned} X^*(jw) &= \left[\int_{-\infty}^{\infty} x(t)\exp(-jwt)dt\right]^* \\ &= \int_{-\infty}^{\infty} x^*(t)\exp(jwt)dt \end{aligned}$$

w를 $-w$로 대치해서 넣으면

$$X^*(-jw) = \int_{-\infty}^{\infty} x^*(t)\exp(-jwt)dt \tag{4.23}$$

식 4.23의 오른쪽 부분이 $x^*(t)$의 푸리에 변환 분석식이라는 것을 인식하면 식 4.22에서 주어진 다음과 같은 관계를 얻는다.

공액 특성은 다음을 허락하는데 $x(t)$가 실수이면 $X(jw)$가 공액 대칭을 갖는다 말하자면

$$X^*(-jw) = X^*(jw) \qquad [x(t) = real] \tag{4.24}$$

특별히 $x(t)$가 실수이고 $x^*(t)=x(t)$이면 다음을 얻는다.

$$X^*(-jw)=\int_{-\infty}^{\infty}x(t)\exp(-jwt)dt=X(jw) \tag{4.25}$$

그리고 식 4.27은 w를 $-w$로 대치한다.

푸리에 변환의 실수부분이 주파수의 우함수이고 허수부분은 주파수의 기함수이다. 유사하게 $X(jw)$를 극형식으로 다음과 같이 표현하면

$$X(jw)=|X(jw)|e^{j\measuredangle X(jw)} \tag{4.26}$$

식 4.24으로부터 크기는 w의 우함수이고 위상은 w의 기함수가 된다. 따라서 실수값 신호의 푸리에 변환을 계산하거나 표현해줄 때는 실수와 허수부분이나 변환의 크기와 위상 부분을 양의 주파수 값에만 특정화하는 것이 필요하다. 음의 주파수에 대한 값은 방금 유도된 관계를 통해 $w>0$ 일 때의 값으로부터 직접 구해질 수 있다. $x(t)$가 실수이면서 우함수이면 $X(jw)$역시 실수이면서 우함수가 된다. 이것을 알아보기 위해 다음을 쓸 수 있다.

$$X(-jw)=\int_{-\infty}^{\infty}x(t)\exp(jwt)dt \tag{4.27}$$

또는 $\tau=-t$를 대입하면

$$X(-jw)=\int_{-\infty}^{\infty}x(-\tau)\exp(-jw\tau)d\tau$$

$x(-\tau)=x(\tau)$이므로

$$X(-jw)=\int_{-\infty}^{\infty}x(\tau)\exp(-jw\tau)d\tau=X(jw) \tag{4.28}$$

따라서 $X(jw)$는 우함수이다. 이것은 $X^*(-jw)=X(jw)$ (예를 들어 $X(jw)$는 실수값)를 요구한다.

4.4.4 미분과 적분

$x(t)$를 푸리에 변환 $X(jw)$이라하자. 푸리에 변환 종합 식의 양쪽을 미분함으로써 다음과 같은 식을 얻을 수 있다.

$$\frac{dx(t)}{dt} = \frac{1}{2\pi}\int_{-\infty}^{\infty} jwX(jw)\exp(jwt)dw$$

따라서

$$\frac{dx(t)}{dt} \overset{F}{\longleftrightarrow} jwX(jw) \tag{4.28}$$

이것은 매우 중요한 성질이다. 시간영역에서의 미분 계산을 주파수 영역에서의 계산으로 바꾸어 준다. 미분방정식에 의해 기술된 LTI 시스템의 분석을 위해 푸리에 변환의 이용에 있어서 매우 중요하다. 시간영역에서의 미분이 주파수 영역에서의 jw의 계산과 같으므로 주파수 영역에서 jw에 의해 적분이 관련될 수 있다고 결론을 내릴 수 있다.

$$\int_{-\infty}^{t} x(\tau)d\tau \overset{F}{\longleftrightarrow} \frac{1}{jw}X(jw) + \pi X(0)\delta(0) \tag{4.29}$$

식 4.29의 오른쪽 임펄스 부분은 적분으로부터 얻을 수 있는 dc나 평균 값을 의미한다.

4.4.5 시간과 주파수 스케일링

만약

$$x(t) \overset{F}{\longleftrightarrow} X(jw)$$

이면

$$x(at) \overset{F}{\longleftrightarrow} \frac{1}{|a|} X(\frac{jw}{a}) \tag{4.30}$$

여기서 a는 실수 상수 이다. 이 성질은 푸리에 변환의 정의로부터 직접 얻는 것이다.

$$F\{x(at)\} = \int_{-\infty}^{\infty} x(at)\exp(-jwt)dt$$

$\tau = at$를 위 식에 대입하면 다음을 얻을 수 있다.

$$F\{x(at)\} = \begin{cases} \frac{1}{a}\int_{-\infty}^{\infty} x(\tau)\exp(-j\frac{w}{a}\tau)d\tau, & a > 0 \\ -\frac{1}{a}\int_{-\infty}^{\infty} x(\tau)\exp(-j\frac{w}{a}\tau)d\tau, & a < 0 \end{cases}$$

이것은 식 4.30과 일치한다. 따라서 크기요소 $1/|a|$의 크기는 별도로 하고 요소 a에 의한 시간에 있어서 스케일링은 요소 $1/a$에 의한 주파수에 있어서 선형적 스케일링에 일치하고 역도 성립한다. $a = -1$이라 했을 때 우리는 식 4.30으로부터 다음을 얻는다.

$$x(-t) \overset{F}{\longleftrightarrow} X(-jw) \tag{4.31}$$

즉 시간에서 신호를 바꾸는 것은 푸리에 변환도 바꾸게 된다. 식 4.31의 설명은 오디오 테이프가 일정한 속도로 녹음되고 또 재생이 될 때는 다른 속도로 되는 경우에 발생하는 주파수 충돌 효과가 있다. 재생하는 속도가 녹음하는 속도보다 더 빠른 경우 시간(예를 들어 $a < 1$)에서 압축에 따르고 스펙트럼은 주파수에서 확장된다(예를 들어 음성효과는 다시 감은 주파수가 더 큰 경우). 역으로 되감는 속도가 녹음하는 속도보다 더 느리다면 주파수에서 되감긴 신호가 스케일된다. 예를 들어 조그만 벨소리의 녹음이 감소된 속도에서 수행된다면 결과는 더 크고 깊은 소리의 벨처럼 들릴 것이다.

스케일링 성질은 우리가 이미 마주친 몇 가지 경우에 있어서 시간과 주파수간의 역관계의 또 다른 예이다.

4.4.6 쌍대성

주어진 변환과 역변환의 관계를 비교할 때, 이러한 식들이 유사하지만, 그 형식에서 완전히 같지는 않다는 것을 알 수 있다. 이 대칭성은 쌍대성이라 불리우는 푸리에 변환의 성질로 유도 된다. 푸리에 변환 쌍 간에 존재하는 관계들을 주목하면, 쌍대성을 언급할 수 있다.

$$x_1(t) = \begin{cases} 1, |t| < T_1 \\ 0, |t| > T_1 \end{cases} \overset{F}{\longleftrightarrow} X_1(jw) = \frac{2\sin wT_1}{w} \tag{4.32}$$

$$x_2(t) = \frac{2\sin wt}{\pi t} \overset{F}{\longleftrightarrow} X_2(jw) = \begin{cases} 1, |w| < W \\ 0, |w| > W \end{cases} \tag{4.33}$$

둘 사이의 관계와 두 개의 푸리에 변환의 대칭성은 일반적으로 푸리에 변환에 연장된다. 특히 대칭성에 따라 어떤 변환쌍에도 상호 교환되는 시간되 주파수 변수를 갖는 쌍대페어(dual fair)가 존재한다.

쌍대성은 푸리에 변환의 다른 성질을 제안하거나 결정하는데 또한 이용될 수 있다. 특히, 푸리에 변환과 관련하여 밀접한 관계를 갖는 시간 함수의 특성이 있다면, 주파수 함수에 관련된 같은 특성도 시간 영역에서 쌍대 관계를 갖게 된다. 예를 들어 4.4.4절에서 시간 영역에서의 미분은 주파수 영역에서 jw를 곱하는 것과 일치한다. 앞선 논의에서 시간영역에서 jt를 곱하는 것이 주파수영역에서의 미분에 어느정도 일치하는지를 의심할 수도 있다.

이 쌍대성의 정확한 형식을 결정하기 위해서 4.4.4절에 이용된 것과 유사하게 진행할 수 있다. 따라서 우리가 w와 관련하여 미분하면 다음을 얻을 수 있다.

$$\frac{dX(jw)}{dw} = \int_{-\infty}^{\infty} -jtx(t)\exp(-jwt)dt \tag{4.34}$$

$$-jtx(t) \overset{F}{\longleftrightarrow} \frac{dX(jw)}{dw} \tag{4.35}$$

유사하게 쌍대성을 유도할 수 있다.

$$\exp[jwt_0]x(t) \overset{F}{\longleftrightarrow} X(j(w-w_0)) \tag{4.36}$$

$$-\frac{1}{jt}x(t)+\pi x(0)\delta(0) \overset{F}{\longleftrightarrow} \int_{-\infty}^{w} X(\eta)d\eta \tag{4.37}$$

4.4.7 Parseval's 관계

만약

$$x(t) \overset{F}{\longleftrightarrow} X(jw)$$

이면

$$\int_{-\infty}^{\infty} |x(t)|^2 dt = \frac{1}{2\pi}\int_{-\infty}^{\infty} |X(jw)|^2 dw \tag{4.38}$$

파시발의 관계에 따라, 이 표현은 푸리에 변환의 응용으로부터 직접 나온다. 특히.

$$\begin{aligned}\int_{-\infty}^{\infty} |x(t)|^2 dt &= \int_{-\infty}^{\infty} x(t)x^*(t)dt \\ &= \int_{-\infty}^{\infty} x(t)\left\{\frac{1}{2\pi}\int_{-\infty}^{\infty} X^*(jw)\exp[-jwt]\,dw\right\}dt\end{aligned}$$

적분의 순서를 바꾸면 다음과 같이 된다.

$$\int_{-\infty}^{\infty} |x(t)|^2 dt = \frac{1}{2\pi}\int_{-\infty}^{\infty} X^*(jw)\left\{\int_{-\infty}^{\infty} x(t)\exp[-jwt]\,dt\right\}dw$$

괄호 안은 $x(t)$의 푸리에 변환이다. 따라서

$$\int_{-\infty}^{\infty}|x(t)|^2dt = \frac{1}{2\pi}\int_{-\infty}^{\infty}X^*(jw)X(jw)dw = \frac{1}{2\pi}\int_{-\infty}^{\infty}|X(jw)|^2dw$$

위 식의 왼쪽 부분은 신호 $x(t)$의 전체 에너지이다. 파시발 관계는 전체에너지가 단위 시간당 $(|x(t)^2|)$의 에너지를 계산하고, 모든 시간에 대한 적분하거나 단위 주파수당 $(|X(jw)|^2/2\pi)$를 계산하고, 모든 주파수에 대해 적분하는 것에 의해 결정되어질 수 있다. 이러한 이유로 해서 $|X(jw)|^2$는 신호 $x(t)$의 에너지 밀도 스펙드럼이라 불린다. 한정적인 에너지의 파시발 관계는 주기적 신호 식 요소들의 평균파워의 합과 같다는 것을 말하고, 또한 푸리에 변환계수의 제곱의 평균과 같다. 파시발의 관계와 다른 푸리에 변환 특성들이 푸리에 변환으로부터 직접 신호의 시간 영역 특성을 결정하는데 종종 효과가 있다.

앞에서 언급한 것에 덧붙여, 푸리에 변환은 더 많은 성질들을 가지고 있을 수 있다. 다음 두 절에서 우리는 LTI 시스템과 그것의 응용에서 특별히 중요한 역할을 하는 두 가지 구체적인 성질들을 말하려고 한다. 먼저 4.5절에서 논의된 대로, 컨볼루션 성질이다. 이것은 많은 신호와 필터링을 포함한 시스템 응용에서 중심이 되고 있다.

두 번째는 4.5절에서 논의되는 곱셈의 성질이다. 4.7절에서는 푸리에 변환의 성질을 정리 요약한다.

〈표 4.1〉 푸리에 변환 및 역변환

신호	푸리에 변환
1	$2\pi\delta(w)$
e^{jw_0t}	$2\pi\delta(w-w_0)$
$\sin w_0 t$	$\frac{\pi}{j}\{\delta(w-w_0)+\delta(w+w_0)\}$
$\cos w_0 t$	$\pi\{\delta(w-w_0)+\delta(w+w_0)\}$
$\frac{\sin Wt}{\pi t}$	$X(jw)=\begin{cases}1, & \lvert w\rvert < W \\ 0, & \lvert w\rvert > W\end{cases}$
$\delta(t)$	1

4.5 컨볼루션 성질

앞 절에서 보았듯이, 푸리에 급수에서 주기적 신호가 나타나면 (예를 들어 복소 지수함수에 관련된 선형성으로) 이 입력으로의 LTI 시스템의 응답이 또한 푸리에 급수로 나타날 수 있다. 복소 지수 함수가 LTI 시스템의 고유함수이기 때문에 출력의 푸리에 급수의 계수는 고조파 주파수에서 계산된 시스템의 응답 주파수에 의해 곱해진 입력의 식이 된다. 이 절에서 이 결과를 비주기 신호에 까지 확장한다. 우리는 다소 비공식적으로 주기신호에서 발달시켰던 직관을 얻기 위해 이 성질을 유도한다. 그리고 정상적인 유도는 컨볼루션 적분으로부터 직접 얻어진다. 복소 지수함수의 선형적 결합으로써 $x(t)$를 표현하는데 푸리에 변환 식의 적분을 이용한다. 특별히 돌아가서 $x(t)$는 합계의 한계로써 다음과 같이 표현된다.

$$x(t) = \frac{1}{2\pi}\int_{-\infty}^{\infty} X(jw)\exp[jwt]\,dw = \lim_{w_0 \to \infty}\frac{1}{2\pi}\sum_{k=-\infty}^{\infty} X(jkw_0)\exp[jkw_0 t]\,w_0 \tag{4.39}$$

복소지수 함수 $\exp[jkw_0 t]$의 임펄스 반응 $h(t)$를 가진 선형 시스템의 반응은 $H(jkw_0)\exp[jkw_0 t]$ 이다.

$$H(jkw_0) = \int_{-\infty}^{\infty} h(t)\exp[jkw_0 t]\,dt \tag{4.40}$$

우리는 주파수 반응 $H(jw)$를 인식할 수 있고, 이는 시스템 임펄스 반응의 푸리에 변환이다. 다른 말로 하면 임펄스 반응 $(w = kw_0)$의 푸리에 변환은 고유함수 $\exp[jkw_0 t]$에 적용되는 LTI 시스템의 복소 스케일링 요소이다. 중첩원리(superposition)로부터 다음을 얻는다.

$$\frac{1}{2\pi}\sum_{-\infty}^{\infty}X(jkw_0)\exp[jkw_0t]w_0 \rightarrow \frac{1}{2\pi}\sum_{-\infty}^{\infty}X(jkw_0)H(jkw_0)\exp[jkw_0t]w_0$$

그리고 $x(t)$에 개한 선형 시스템의 반응은

$$\begin{aligned} y(t) &= \lim_{w_0\rightarrow\infty}\frac{1}{2\pi}\sum_{k=-\infty}^{\infty}X(jkw_0)H(jkw_0)\exp[jkw_0t]w_0 \\ &= \frac{1}{2\pi}\int_{-\infty}^{\infty}X(jw)H(jw)\exp[jwt]\,dw \end{aligned} \tag{4.41}$$

$y(t)$와 푸리에 변환 $Y(jw)$가 다음 식에 의해 연결되어 있음으로

$$y(t) = \frac{1}{2\pi}\int_{-\infty}^{\infty}Y(jw)\exp[jwt]\,dw \tag{4.42}$$

식 4.41로부터 $Y(jw)$를 확인할 수 있고 다음을 얻는다.

$$Y(jw) = X(jw)H(jw) \tag{4.43}$$

더 일반적인 유도로써, 컨볼루션 적분을 고려하자.

$$y(t) = \int_{-\infty}^{\infty}x(\tau)h(t-\tau)d\tau$$

$Y(jw)$를 다음과 같이 얻을 수 있다.

$$Y(jw) = F\{y(t)\} = \int_{-\infty}^{\infty}\left\{\int_{-\infty}^{\infty}x(\tau)h(t-\tau)d\tau\right\}\exp[jwt]\,dt \tag{4.44}$$

적분의 순서를 바꾸고 $x(\tau)$가 시간 t에 무관하므로 다음을 갖는다.

$$Y(jw) = \int_{-\infty}^{\infty}x(\tau)\left\{\int_{-\infty}^{\infty}h(t-\tau)\exp[jwt]\,dt\right\}d\tau \tag{4.45}$$

시간이동 성질에 의해 식 4.45의 괄호 영역은 $\exp[jw\tau]H(jw)$이다. 이것을 대입하면,

$$Y(jw) = \int_{-\infty}^{\infty} x(\tau)\exp[jw\tau]H(jw)d\tau = H(jw)\int_{-\infty}^{\infty} x(\tau)\exp[jw\tau]d\tau \qquad (4.46)$$

따라서 다음과 같이 된다.

$$Y(jw) = H(jw)X(jw)$$

따라서

$$y(t) = x(t)*h(t) \overset{F}{\longleftrightarrow} Y(jw) = H(jw)X(jw) \qquad (4.47)$$

식 4.47은 신호와 시스템 분석에서 매우 중요한 위치를 차지한다. 이 방정식에서 나타난 대로 푸리에 변환은 두 신호의 컨볼루션을 푸리에 변환의 산물로 맵핑시킨다. $H(jw)$(임펄스 응답의 푸리에 변환)은 시스템의 주파수 응답이다. 각 주파수 w에서 입력의 푸리에 변환의 복소 크기에서 변화를 잡는가. 예를 들어 주파수 선택적인 필터링에서 하나이— 범위의 주파수에 대해 $H(jw) \approx 1$ 를 갖기를 원할 지도 모른다. 이 영역에서는 주파수 요소들이 시스템 때문에 적거나 가늘어짐이 없고 변화가 없음을 얻는다. 반면에 다른 주파수의 영역에서는 $H(jw) \approx 0$ 을 갖기를 원할지도 모른다.

$h(t)$완전히 LTI 시스템을 특성화 하면 $H(jw)$도 마찬가지이다. 또한 LTI 시스템의 많은 특성들이 $H(jw)$에 의해 설명되어질 수 있다. 예를 들면 두 개의 LTI 시스템의 캐스케이드의 임펄스응답이 각각의 시스템의 임펄스 응답과 시스템의 캐스케이드된 순서에 의존하지 않는 임펄스 응답에 의한 컨볼루션이다.

4.2.2절에서 논의된 바와 같이 푸리에 변환의 수렴은 어떤 조건에서만 보장된다. 결과적으로 주파수 응답은 모든 LTI 시스템에서 정의될 수 없다. 그러나 만약 LTI 시스템이 안정적이고 임펄스 응답이 절대적으로 적분 가능하다면 다음과 같다.

$$\int_{-\infty}^{\infty} |h(t)|^2 dt < \infty \qquad (4.48)$$

식 4.48은 세가지 $h(t)$의 퓨리에 변환인 $H(jw)$의 존재를 같이 보장해 주는 세가지 디히리트(Dirichlet) 조건 중의 하나이다. 따라서 $h(t)$가 다른 두 가지 조건을 만족한다고 할 때 실용적인 중요성이나 모든 물리적인 신호듯이 그러하듯이, 안정적인 LTI 시스템이 주파수 응답 $H(jw)$을 가지고 있다는 것을 알 수 있다. LTI 시스템을 연구하기 위해 푸리에 변환을 사용함으로써, 푸리에 변환을 갖는 임펄스 응답의 시스템에 대해 우리 자신을 제한한 것이다. 불안정한 LTI 시스템을 검사하는 변환 기술을 사용하기 위해, 연속시간 푸리에 변환을 일반화 시킬 수 있다. 이것은 뒷 절에서 논의될 것이다. 우리는 그때까지 푸리에 변화를 사용하여 분석할 수 있는 실용적인 응용들과 문제들을 고려할 것이다.

4.6 곱셈 성질

컨볼루션 성질은 시간영역에서의 컨볼루션이 주파수 영역에서의 곱셈이 일치한다고 한다. 시간과 주파수 영역에서의 쌍대성 때문에 다음을 유지하는 쌍대성을 예상할 수 있다.

$$y(t) = x(t)h(t) \overset{F}{\longleftrightarrow} Y(jw) = \frac{1}{2\pi} H(jw) * X(jw) \tag{4.49}$$

이것은 4.4.6절에서 논의된 대로 컨볼루션 성질을 유도하는 것과 비슷한 방법으로 푸리에 관계를 직젖 이용하는 것에 쌍대성을 연구하는 것으로 보여질 수 있다.

또 다른 것에 의해 하나의 신호를 곱하는 것은 스케일하거나, 다른 것을 크기를 조율하는 것에 이 신호를 이용하는 것으로 생각될 수 있다. 결과 적으로 두 신호의 곱셈이 크기 조율로 언급될 수 있다. 이러한 이유로 때때로 조율 성질이라 불리운다.

4.6.1 변수중심주파수를 갖는 주파수 선택적 필터링

곱셈성질의 중요한 응용 중의 하나는 통신시스템에서 크기를 변조하는 것이다. 또 다른 중요한 응용은 단순한 다이얼의 횟수에 의해 조정될 수 있는 중심주파수를 갖는 선택적인 대역통과필터의 이용에 있다. 저항 동작 증폭기, 그리고 커패시터에 의한 주파수 선택 대역통과필터에서 중심주파수는 요소들의 값의 숫자에 의존하고 모든 값들은 중심주파수가 직접 조정될 수 있다면 동시에 변해야 한다. 이것은 일반적으로 어렵고 특징이 결정된 필터를 만드는 것보다 더 까다롭다. 필터특성을 바꾸는 것에 대한 것은 고정도, 주파수 선택 필터를 이용하거나, 사인 크기 조율의 원칙을 이용하여 대략적으로 신호의 스펙트럼을 이동시킨다.

곱셈법칙이나 주파수 이동 성질로부터 $y(t) = \exp[jw_c t]x(t)$의 푸리에 변환이 다음과 같다는 것을 보여준다.

$$Y(jw) = \int_{-\infty}^{\infty} \delta(\theta - w_c)X(w-\theta)d\theta$$

그래서 $Y(jw)$는 $X(jw)$가 w_c에 의해 오른쪽으로 이동한 것과 같다.

$w = w_c$ 근처의 $X(jw)$에서 주파수들은 저역통과필터의 밴드패스로 이동된다. 유사하게 $f(t) = \exp[jw_c t]w(t)$의 푸리에 변환은

$$F(jw) = W(j(w+w_c))$$

$W(jw)$의 푸리에 변환은 w_c에 의해 왼쪽으로 이동한 $F(jw)$이다. $x(t)$ 실수 값을 갖는 시스템에서 신호 $y(t)$, $w(t)$ 그리고 $f(t)$는 모두 복소수이다. $f(t)$의 실수부분만을 갖고 있다면 결과 스펙트럼은 w_c와 $-w_c$ 주변의 중심의 밴드를 동형 밴드패스필터가 지나간다. 어떤 조건에서는 시스템을 실행시키는데 복소 지수 조율보다 사인함수형을 이용하는 것이 더 낫다.

4.7 MATLAB 응용

이 절에서는 MATLAB을 이용하여 위에서 설명한 푸리에 변환에 대해 나타내어보겠다. 샘플링 주파수는 1[kHz]이고 중심 주파수가 10[Hz]일 때, 다음을 MATLAB을 이용하여 Fourier 변환하고 plot 해보자.

① $x(t) = rect(t/2)$

② $x(t) = \cos(2\pi f_c t)$

③ $x(t) = \sin(2\pi f_c t)$

④ $x(t) = \cos(2\pi f_c t) \times rect(t/2)$

Matlab Source

```
%% MATLAB을 이용한 신호및시스템 4.1%%
%% Fourier series & Fourier transform parameters.
fs=1000;                                  % sampling frequency
t=-1:1/fs:1;                                   % sampling period
f=linspace(-fs/2, fs/2, length(t));
fc=10;                                        % center frequency
tau = 1;      % rect 함수 폭의 반
%% 1. rect function Fourier series.
x_rect=abs(t)<tau/2; % rect 함수
T= 1;
for l=1:length(t)
   temp=sum(x_rect.*exp(-1*2*pi*i*f(l).*t)/fs);
   X_rect(l)=1/T*temp;
end
%% 2. cos function Fourier transform.
x_cos=cos(2*pi*fc*t);
X_cos=fftshift(abs(fft(x_cos))/fs);
%% 3. sin function Fourier transform.
```

```
x_sin=sin(2*pi*fc*t);


X_sin=fftshift(abs(fft(x_sin))/fs);
%% 4. cos x rect function Fourier transform.
rect_f = abs(t)<tau/2; % rect 함수
cos_f = cos(2*pi*fc*t); % cos 함수
x1 = rect_f.*cos_f;
X1 = fftshift(abs(fft(x1))*2/fs);
```

■ **MATLAB source**

```
%% figure part
figure                                   % figure of x_rect, X_rect
subplot(2,1,1);plot(t,x_rect)                % Plot both signals.
title('x(t)=rect(\tau/2)')
xlabel('t(sec)')
ylabel('Amplitude');
ylim([-0.5 1.2]);
subplot(2,1,2);plot(t,X_rect)
xlabel('f[Hz]')
ylabel('|X(f)|');
title('|X(f)| = A*\tau/T Sa(f)')
xlim([-0.05 0.05]);
ylim([-0.5 1.2]);
figure                                   % figure of x_cos, X_cos
subplot(2,1,1);plot(t,x_cos)               % Plot both signals.
title('x(t)=cos(2*\pi*fc*t)')
xlabel('t(sec)')
ylabel('Amplitude');
subplot(2,1,2);stem(t,X_cos)
xlabel('f[Hz]')
ylabel('|X(f)|');
```

```
title('|X(f)|=\pi(\delta (f-fc) + \delta (f+fc))')
xlim([-0.05 0.05]);
ylim([-0.1 1.2]);
figure                                             % figure of x_sin, X_sin
subplot(2,1,1);plot(t,x_sin)                           % Plot both signals.
xlabel('t(sec)')
ylabel('Amplitude');
title('x(t)=sin(2*\pi*fc*t)');
subplot(2,1,2);stem(t,X_sin)
xlabel('f[Hz]')
ylabel('|X(f)|');
title('|X(f)|=\pi(\delta (f-fc) + \delta (f+fc))')
xlim([-0.05 0.05]);
ylim([-0.1 1.2]);
figure                                                 % figure of cos*rect,
FT(cos*rect)
subplot(2,1,1);plot(t,x1)                          % Plot both signals.
xlabel('t(sec)')
ylabel('Amplitude');
title('x(t)=cos(2*\pi*fc*t) x rect(\tau/2)');
ylim([-1.2 1.2]);
subplot(2,1,2);plot(f,X1)
xlabel('f[Hz]')
ylim([-0.1 1.2]);
```

■ **MATLAB figure**

rect(t/2) Fourier Seriescos (2*pi*fc*t) Fourier Transform

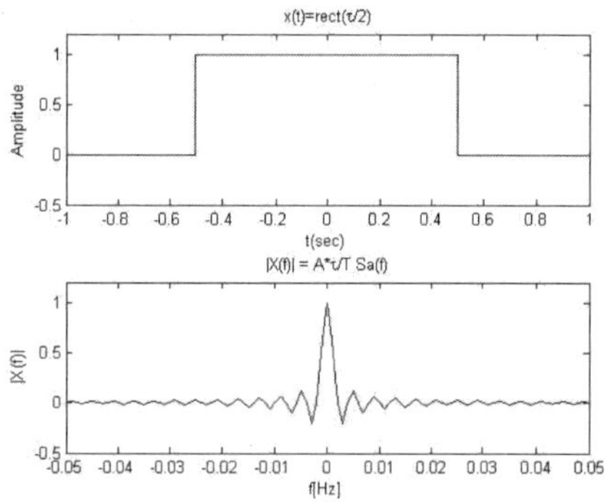

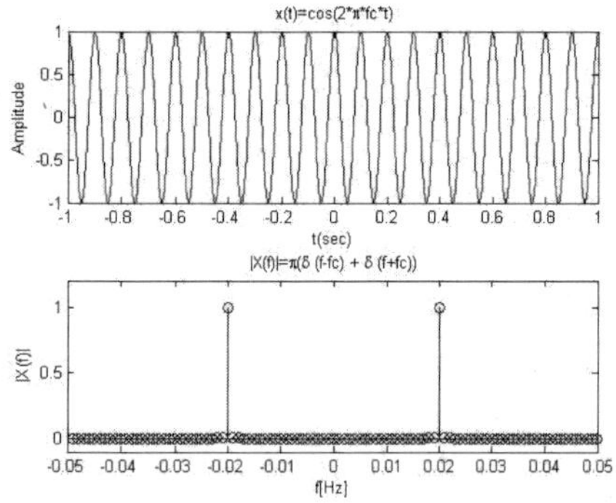

sin(2*pi*fc*t) Fourier Transform cos(2*pi*fc*t)*rect(t/2) Fourier Transform

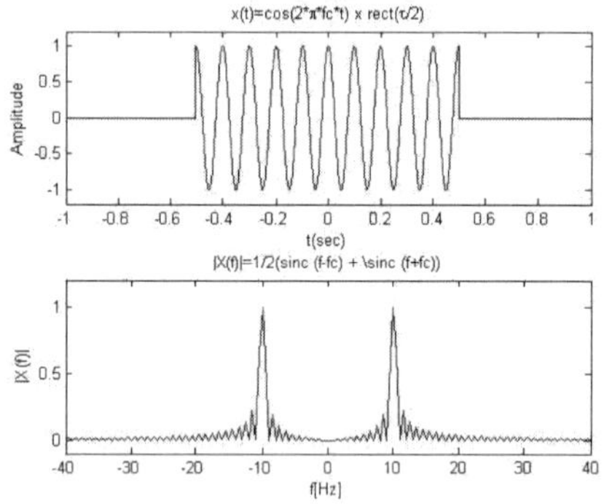

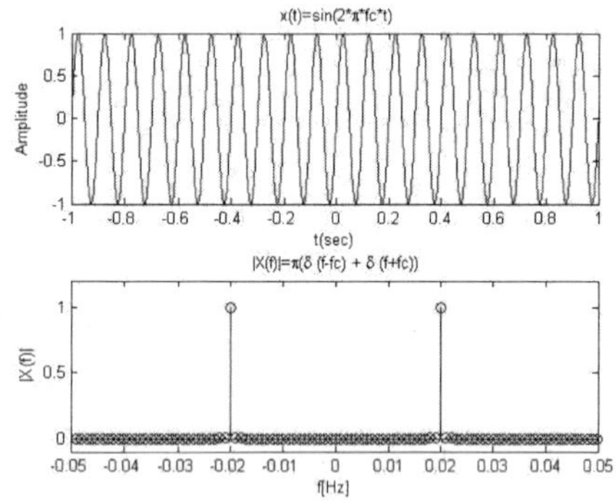

4.8 중요 용어

Paeseval 정리 (Parseval's Theorem)	대역통과필터 (Band-pass filter)
사각파 (Rectangular Pulse)	선형성 (Linear property)
시간 스케일링 (Time Scaling)	쌍대성 (Duality)
저역통과필터 (Low-pass filter)	주파수 스케일링 (Frequency Scaling)
푸리에 변환 (Fourier Transformation)	컨볼루션 성질 (Convolution property)

4.9 연습문제

4.1 임펄스 응답 $h(t)=\exp[-at]u(t)$을 갖는 LTI 시스템의 출력이 $y(t)=[\exp[-bt]-\exp[-ct]]u(t)$ 일 때, 입력 $x(t)$를 구하라.

4.2 다음과 같이 $x(t)$의 퓨리에 변환이 될 수 있음을 보여라.

$$X(w)=\sum_{n=0}^{\infty}(-j)^n m_n \frac{w^n}{n!}$$

여기서, $$m_n=\int_{-\infty}^{\infty} t^n x(t)dt, \qquad n=0,1,2,\ldots$$

4.3 다음과 같은 삼각 펄스르 생각해 보자

$$\triangle(t/\tau)=\begin{cases} 1-\left|\dfrac{t}{\tau}\right|, & |t|\le\tau \\ 0. & |t|>\tau \end{cases}$$

이 펄스는 $t=0$ 근처에 집중되어 있는 단위 높이와 2τ의 폭을 가지고 있다. 이 펄스의 퓨리에 변환을 보여라.

4.4 다음 식에 적분을 취해 그것이 단위 임펄스 함수같이 행동함을 증명하여라.

$$\frac{1}{2\pi}\int_{-\infty}^{\infty}\exp[jwt]dw$$

4.5 그림 1.에 그려져 있는 $s(t)$의 Fourier의 변환을 구하시오.

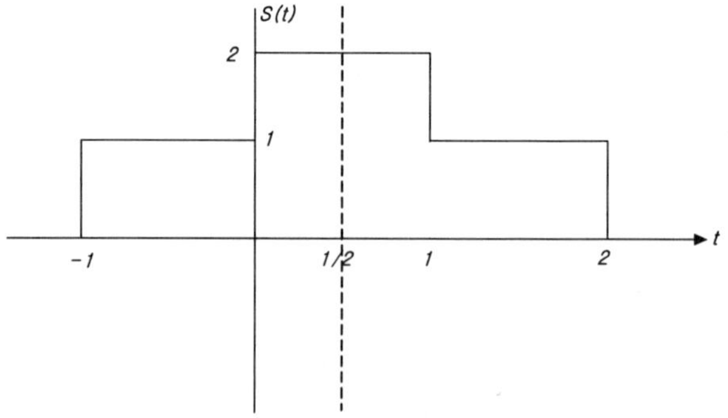

그림 1. $s(t)$

$$\begin{cases} 1, & -1 < t < 0 \\ 2, & 0 < t < 1 \\ 1, & 1 < t < 2 \\ 0, & etc. \end{cases}$$

4.6 대칭형 지수함수 e(t)의 푸리에 변환을 구하시오.

$$e(t)=\frac{1}{2T}e^{-|t|/T}, \quad T>0$$

4.7 푸리에 변환 특성을 이용하여 다음의 푸리에 변환을 증명하시오.

$$x(t)=\frac{t^{n-1}}{(n-1)!}e^{-at}u(t),\ a>0 \quad \Leftrightarrow \quad X(\omega)=\frac{1}{(a+j\omega)^n}$$

4.8 시구간 $(-\infty, \infty)$에서 정의된 신호 $x(t)=1$의 푸리에 변환을 구하시오.

4.9 아래 각 신호에 대해 푸리에 변환을 계산하시오.

(a) $[e^{-\alpha t}\cos w_0 t]u(t), \alpha > 0$ (b) $e^{2+t}u(-t+1)$

(c) $e^{-3|t|}\sin 2t$ (d) $e^{-3t}[u(t+2)-u(t-3)]$

(e) 아래 그림과 같은 $x(t)$

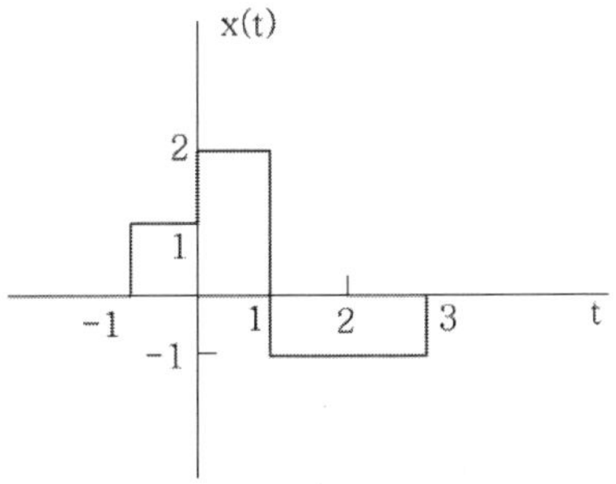

(f) $u_1(t)+2\delta(3-2t)$ (g) $x(t)=\begin{cases}1+\cos\pi t, & |t|\le 1\\ 0, & |t|>1\end{cases}$

(h) $\sum_{k=0}^{\infty}\alpha^k\delta(t-kT),\ |\alpha|<1$ (i) $[te^{-2t}\sin 4t]u(t)$

4.10 (a) 만약 $x(t)$가 제한된 대역, 다시 말해서, $X(w)=0$, for $|w|>w_c$ 이면, $x(t)*\dfrac{\sin\alpha t}{\pi t}=x(t)$, $\alpha > w_c$ 임을 보여라.

(b) (a) 부분을 사용하여 다음을 보여라

$$\frac{1}{\pi}\int_{-\infty}^{\infty}\frac{\sin\alpha\tau}{\tau}\frac{\sin(t-\tau)}{t-\tau}d\tau=\begin{cases}\dfrac{\sin t}{t}, & \alpha\ge 1\\ \dfrac{\sin t}{t}, & |\alpha|\le 1\end{cases}$$

제 5 장

라플라스 변환

CHAPTER **05** 라플라스 변환

5.1 라플라스 변환

라플라스 변환(Laplace Transformation)은 선형 상미분방정식의 해를 구하거나 시스템의 전달함수를 구하는 데에 쓰이는 수학적 방법이다. 이 방법을 쓰면 미분방정식이 대수방정식으로 바뀌어 쉽게 풀릴 뿐만 아니라, 시스템의 특성을 분수함수 형태의 전달함수로 나타낼 수 있어서 수학적으로 처리하기가 쉬워지기 때문에 제어 시스템의 해석과 설계에 매우 많이 쓰이는 방법이다. 여기에서는 라플라스 변환을 수학적으로 엄밀하게 다루기보다는 이 변환의 활용에 초점을 맞추어 이 변환의 몇 가지 기본성질들만을 정리한 뒤에 이 성질들을 활용하는 방법을 예시할 것이다.

정의 5.1 : 어떤 시간함수 $f(t)$에 대한 라플라스 변환함수는 다음과 같이 정의 된다.

$$F(s) = \mathcal{L} f(t) = \int_0^{\infty} f(t) e^{-st} dt, \ Rs \geq R_c \tag{5.1}$$

여기서 s는 복소변수, $\mathcal{L}$는 라플라스 변환을, $F(s)$는 라플라스 변환함수를 나타낸 것이다. Rs는 s의 실수부를 뜻하며, R_c는 라플라스 적분이 존재하는 수렴경계(Boundary of convergence)이다. 그리고 시간함수 $f(t)$는 시점 $t=0$이후에만 정의되는 준연속(Piecewise continuous)함수로서, $t<0$에서는 값이 0인 것으로 가정한다.

위의 정의에서 시간함수에 대한 조건 가운데 준연속함수란 불연속점의 수가 유한한 함수를 뜻하며, 모든 연속함수들은 여기에 속한다. 그리고 식 5.1에서 시간함수 $f(t)$에 대한 라플라스 변환은 적분핵 (Kernel) e^{-st}의 두 변수 s와 t가운데 시간에 t대한 정적분으로 정의되어 s의 함수가 되기 때문에 $F(s)$로 표기한 것이다. 변환변수 s의 단위는 시간의 역수가 되어 주파수 단위와 같기 때문에 s영역을 주파수영역(Frequency domain)이라고도 부른다.

라플라스 변환은 임의의 시간함수에 대해서 모두 존재하는 것은 아니며 식 5.1의 라플라스 적분이 수렴하는 경우에만 존재한다. 즉, 수렴영역 (Region of convergence) $Rs \geq R_c$에서 수렴경계 R_c가 유한한 경우에만 존재한다고 할 수 있다. 시간함수 $f(t)$가 $0 \leq t \leq \infty$ 구간에서 유한한 경우에는 $R_c = 0$이 되고, $e^{\alpha t}$의 지수함수 항을 포함하는 경우에는 $R_c = \alpha$가 되어 수렴경계가 항상 존재하기 때문에 라플라스 변환을 구할 수 있다. 따라서 공학 분야에서 자주 다루는 거의 모든 함수들에 대해서는 라플라스 변환이 존재한다. 그러나 $e^{\alpha t}$항을 포함하는 특수한 함수의 경우에는 $R_c = \infty$가 되어 수렴영역이 존재하지 않으므로 라플라스 변환은 존재하지 않는다.

5.2 라플라스 변환의 성질

정의 5.1에서 식 5.1로 정의한 라플라스 변환은 지수함수 e^{-st}를 핵 (Kernel)으로 하는 적분연산이기 때문에 다음과 같은 성질들을 지닌다. 이 절에서 다루는 식들에서 $f(t)$, $g(t)$는 $t \geq 0$에서 정의되는 시간함수들이고 각각에 대응되는 라플라스 변환함수들은 $F(s)$, $G(s)$로 나타내기로 한다.

성질 5.1 : [함수의 상수곱]

어떤 시간함수에 상수를 곱한 함수의 라플라스 변환은 그 함수의 라플라스 변환에 상수를 곱한 것과 같다.

$$\mathcal{L}\,(kf(t)) = kF(s) \tag{5.2}$$

여기에서 k는 상수이다.

성질 5.2 : [함수간의 덧뺄셈]

두 시간함수 사이의 덧셈이나 뺄셈의 라플라스 변환은 각각의 라플라스 변환의 덧셈이나 뺄셈과 같다.

$$\mathcal{L}\,(f(t) + g(t)) = F(s) + G(s) \tag{5.3}$$

식 5.2, 5.3의 성질은 라플라스 변환이 식5.1에서 보듯이 적분연산으로 정의되기 때문에 적분연산의 성질로부터 유도되는 것이다. 이 두 식은 통합하여 다음과 같이 한 식으로 나타낼 수 있다.

$$\mathcal{L}\,(af(t) + bg(t)) = aF(s) + bG(s) \tag{5.4}$$

여기에서 a와 b는 임의의 상수들이다. 식 5.4과 같은 성질을 선형성(Linearity)이라 부르며, 이러한 성질을 갖는 변환이나 연산을 선형변환(Linear transformation), 또는 선형연산(Linear operation)이라고 부른다. 미분, 적분 연산과 라플라스 변환은 이러한 선형변환의 대표적인 예들이다. 또한 입출력신호들 사이의 전달특성이 이러한 선형연산들의 합으로 표시되는 시스템을 선형시스템 (Linear System)이라고 부른다.

성질 5.3 : [미분]

시간함수의 1차 도함수에 대한 라플라스 변환은 다음과 같다.

$$\mathcal{L}\left\{\frac{d}{dt}f(t)\right\} = sF(s) - f(0) \tag{5.5}$$

여기에서 $f(0)$는 함수 $f(t)$의 초기시점 $t=0$에서의 함수값으로서 흔히, 초기값이라 부른다.

증명 : 위의 성질은 라플라스 변의 정의와 부분적분법을 이용하면 유도할 수 있다.

$$\begin{aligned}\int_0^{\infty}\left\{\frac{d}{dt}f(t)\right\}e^{-st}dt &= \left[f(t)e^{-st}\right]_0^{\infty} - \int_0^{\infty} f(t)\frac{d}{dt}e^{-st}dt \\ &= -f(0) - \int_0^{\infty} f(t)(-s)e^{-st}dt \\ &= s\int_0^{\infty} f(t)e^{-st}dt - f(0) \\ &= sF(s) - f(0)\end{aligned}$$

이 성질은 시간영역 t에서의 미분연산이 라플라스 변환영역에서는 s를 곱하고 초기값을 빼는 대수연산으로 바뀐다는 것을 뜻한다. 만일 초기조건이 0이면, 즉 $f(0)=0$이면 식 5.5은 다음과 같이 더 간단하게 표시된다.

$$\mathcal{L}\left\{\frac{d}{dt}f(t)\right\} = sF(s)$$

이 경우에는 시간영역 t에서의 시간함수에 대한 미분연산이 라플라스 변환영역에서는 변환함수에 s를 곱하는 간단한 대수연산으로 바뀌게 된다.

시간함수의 2차 도함수에 대한 라플라스 변환은 다음과 같다.

$$\mathcal{L}\left\{\frac{d^2}{dt^2 f(t)}\right\} = s^2F(s) - sf(0) - f'(0)$$

여기에서 $f(0), f'(0)$는 각각 함수 $f(t)$와 도함수 $f'(t)$의 시점 $t=0$에서의 함수값(초기조건이다.

도함수에 대한 라플라스 변환의 성질을 다시 한번 요약하면, 시간영역 t에서의 함수의 미분연산이 라플라스 변환영역에서는 s를 곱하고 초기값을 빼는 간단한 연산으로 바뀐다는 것이다. 이러한 성질은 라플라스 변환의 큰 장점으로서, 이 성질을 이용하면 복잡한 미분방정식을 간단한 대수연산으로 풀 수 있기 때문에 제어시스템이나 회로이론 분야는 물론이고 대부분의 공학분야에서 매우 유용하게 활용되고 있다.

성질 5.4 : [적분]

시간함수의 1차 적분함수에 대한 라플라스 변환은 다음과 같다.

$$\mathcal{L}\left\{\int_0^t f(\tau)d\tau\right\}=\frac{1}{s}F(s) \tag{5.6}$$

증명 : 이 성질은 라플라스 변환의 정의와 같이 이중적분에서 적분경로를 바꾸는 방법을 써서 다음과 같이 유도할 수 있다.

$$\begin{aligned}\mathcal{L}\left\{\int_0^t f(\tau)d\tau\right\}&=\int_0^\infty \int_0^t f(\tau)d\tau e^{-st}dt=\int_0^\infty f(\tau)\int_\tau^\infty e^{-st}dtd\tau\\&=\int_0^\infty f(\tau)\left[-\frac{1}{s}e^{-st}\right]_\tau^\infty d\tau=\frac{1}{s}\int_0^\infty f(\tau)e^{-st}d\tau\\&=\frac{1}{s}F(s)\end{aligned}$$

이 성질은 시간영역에서의 적분연산이 라플라스 변환영역에서는 변환변수 로 나누는 간단한 연산으로 바뀐다는 것을 뜻한다. 식 5.5, 5.6을 비교해보면 라플라스 변환의 성질에 재미있는 규칙이 나타남을 알 수 있다. 시간영역에서 미분연산과 적분연산이 서로 역의 연산인데, 이에 대한 라플라스 변환도 각각 s를 곱하는 연산과 s로 나누는 연산으로서 서로 역의 연산관계를 유지하고 있는 것이다.

성질 5.5 : [중합적분, Convolution integral]

두 개의 시간함수들 사이의 중합적분에 대한 라플라스 변환은 각 시간함수의 라플라스 변환의 곱과 같다.

$$\mathcal{L}\left\{\int_0^t f(t-\tau)g(\tau)\right\}=F(s)G(s) \tag{5.7}$$

증명 : 이 성질은 이중적분에서 적분경로를 바꾸고 적분변수치환을 하면 다음과 같이 유도된다.

$$\begin{aligned}\mathcal{L}\left\{\int_0^t f(t-\tau)g(\tau)\right\} &= \int_0^\infty \int_0^t f(t-\tau)g(\tau)d\tau e^{-st}dt \\ &= \int_0^\infty \int_\tau^\infty f(t-\tau)e^{-st}dtg(\tau)d\tau \\ &= \int_0^\infty \int_0^\infty f(\rho)e^{-s(t+\rho)}d\rho g(\tau)d\tau \\ &= \int_0^\infty f(\rho)e^{-s\rho}d\rho \int_0^\infty g(\tau)e^{-s\tau}d\tau \\ &= F(s)G(s)\end{aligned}$$

식 5.5의 좌변에 나오는 적분을 중합적분(Convolution integral)이라고 부른다. 이 적분은 선형시스템의 입력신호와 출력신호 사이의 전달특성을 나타낼 때 자주 쓰이는 표현으로서 비교적 복잡한 연산에 속한다. 그런데 이러한 시간함수들 사이의 복잡한 연산인 중합적분이 라플라스 변환에 의해 주파수영역에서는 두 함수들 사이의 간단한 곱연산으로 바뀌게 된다. 이 성질은 라플라스 변환의 주요장점 가운데 하나로서 이러한 장점 때문에 라플라스 변환이 제어시스템 해석 및 설계뿐만 아니라 회로망, 전력계통, 통신, 유도제어 등의 공학분야 다방면에서 편리하게 활용되고 있다.

성질 5.6 : [**지수가중**, Exponential weighting]

시간함수에 지수함수가 곱해진 꼴의 함수에 대한 라플라스 변환은 주파수 영역에서 평행이동으로 바뀐다.

$$\mathcal{L}\{e^{at}f(t)\} = F(s-a) \tag{5.8}$$

성질 5.7 : [**시간지연**, Time delay]

시간지연이 있는 시간함수에 대한 라플라스 변환은 주파수 영역에서 지수가중 함수가 곱해진 꼴로 바뀐다.

식 5.8의 성질은 라플라스 변환의 정의와 적분의 성질을 이용하여 쉽게 유도할 수 있다. 시간지연도 평행이동의 한 가지로 볼 수 있으므로 위의 두 성질은 시간영역과 주파수영역에서 지수가중 연산이 평행이동 연산으로 바뀐다는 점에서 서로 대응되는 성질들이다. 다만 두 식에서 평행이동의 부호와 지수가중 함수 지수의 부호에 대해서는 혼동이 되지 않도록 유의해야 한다.

성질 5.8 : [**복소미분**, **Complex differentiation**]

시간함수에 t^{η}을 곱한 함수에 대한 라플라스 변환은 변환함수의 복소변수 s에 대한 미분과 같다.

$$\mathcal{L}\{t^{\eta}f(t)\}=(-1)^{\eta}\frac{d^{\eta}}{ds^{\eta}}F(s) \tag{5.9}$$

여기서 η은 자연수이다.

식 5.9로 표시되는 라플라스 변환의 복소미분에 대한 성질은 주파수 영역에서 s에 대한 미분연산이 시간영역에서는 시간변수 t를 곱하는 연산으로 바뀐다는 것을 보여주고 있다. 이 성질은 미분함수에 대한 라플라스 변환과 대응되는 성질이다. 시간영역에서의 미분연산이 주파수영역에서는 주파수변수 s를 곱하는 연산으로 바뀌기 때문이다.

성질 5.9 : [**초기값 정리**]

시간함수 $f(t)$의 초기값과 변환함수 $F(s)$는 다음과 같은 관계를 갖는다.

$$f(0+)=\lim_{s\to\infty}sF(s) \tag{5.10}$$

여기에서 $f(0+)=\lim_{t\to 0+}f(t)$이다.

성질 5.10 : [**최종값 정리**]

시간함수 $f(t)$의 최종값 $\lim_{t\to\infty} f(t)$이 존재할 때, 이 최종값과 변환함수 $F(s)$는 다음과 같은 관계를 갖는다.

$$\lim_{t\to\infty} f(t) = \lim_{s\to 0} sF(s) \tag{5.11}$$

이 성질에서 주의할 점은 극한값 $\lim_{t\to\infty} f(t)$이 존재할 때에만 성립한다는 것이다. 따라서 $f(t)$가 삼각함수인 경우에는 함수값이 계속 진동하여 극한값이 존재하지 않으므로 이 최종값 정리는 성립하지 않는다.

5.3 라플라스 역변환

라플라스 역변환은 앞절에서 다룬 라플라스 변환의 역연산으로서 라플라스 변환함수 $F(s)$로부터 시간함수 $f(t)$를 구하는 과정을 말한다.

정의 5.2 : 어떤 주파수함수 $F(s)$에 대한 라플라스 역변환은 다음과 같이 정의된다.

$$f(t) = \mathcal{L}^{-1}\{f(t)\} = \frac{1}{2\pi j}\int_{c-j\infty}^{c+j\infty} F(s)e^{st}ds,\ c > R(p) \tag{5.12}$$

여기서 $\mathcal{L}^{-1}\{\bullet\}$는 라플라스 역변환, j는 허수단위, p는 $F(s)$의 분모인수 가운데 실수부가 가장 큰 인수, $R(p)$는 p의 실수부를 나타낸 것이다. 그리고 $c > R(p)$조건은 라플라스 역변환을 정의하는 적분이 존재하는 범위인 수렴영역을 나타낸다.

〈표 5.1〉 라플라스 변환 및 역변환

함수이름	시간함수 $f(t)$, $t \ge 0$	변환함수 $F(s)$
단위계단함수	$u_s(t)$	$\frac{1}{s}$
기울기함수	t	$\frac{1}{s^2}$
지수함수	e^{at}	$\frac{1}{s-a}$
삼각함수	$\sin \omega t$	$\frac{\omega}{s^2+\omega^2}$
	$\cos \omega t$	$\frac{s}{s^2+\omega^2}$
지수가중 삼각함수	$e^{-at}\sin \omega t$	$\frac{\omega}{(s+a)^2+\omega^2}$
	$e^{-at}\cos \omega t$	$\frac{s+a}{(s+a)^2+\omega^2}$
델타함수	$\delta(t)$	1

라플라스 역변환은 복소적분으로 정의되기 때문에 이 연산을 직접 계산할 경우에는 복소함수 적분법을 써야 하는데, 간단한 함수인 경우에는 쉽게 처리될 수 있지만 대부분의 경우는 그렇지 못하다. 그러나 라플라스 변환과 역변환 쌍은 서로 1:1 대응을 이루고 있으므로 〈표 5.1〉에 나오는 변환쌍을 이용하고 라플라스 변환의 성질들을 활용하면 복소함수 적분과정을 거치지 않고서도 비교적 쉽게 역변환 함수를 구할 수 있다. 그러면 변환표를 이용하여 라플라스 역변환을 구하는 방법을 살펴보기로 한다.

부분분수 전개법

〈표 5.1〉에서는 자주 등장하는 몇 가지 기본적인 함수들만을 다루고 있기 때문에 이 표에 나타나지 않는 일반함수들에 대한 역변환을 구하기 위해서는 이 함수들을 기본형의 꼴로 짜 맞추는 분해과정이 필요하다. 그런데 〈표 5.1〉에 나오는 변환함수들은 분모부가 일차나 이차인수들로 이루어진 분수함수의 꼴을 갖고 있다. 따라서 기본형에 속하지 않는 어떤 변환함수의 라플라스 역변환을 구하기 위해서는 주어진 변환함수를 일차나 이차 인수의 분모를 갖는 부분분수 함수들의 합으로 분해해야 한다. 이러한 분해과정을 부분분수전개 (Partial fraction expansion)라고 하는데, 여기에서 이 전개법에 대해 정리해보고 이것을 라플라스 역변환에 활용하는 예를 살펴보기로 한다. 먼저 부분분수 전개에 관

한 이론을 정리하기로 한다. 이 이론에서 다루는 변환함수들은 다음과 같은 형태를 갖는 분수함수들이다.

$$F(s)=\frac{N(s)}{D(s)}$$

여기에서 $N(s), D(s)$는 각각 s에 관한 m, n차 다항식이며, 분모다항식 $N(s)$의 차수 n이 분자다항식의 차수 m보다 더 크다고 가정한다.

정리 5.1 : [**1차인수 부분분수 전개**]

분수함수 $F(s)$의 분모가 다음과 같이 서로 다른 실계수 $\{p_i\}_1^n$들로 이루어지는 1차인수들로 분해될 때,

$$F(s)=\frac{N(s)}{D(s)}=\frac{N(s)}{(s+p_1)(s+p_2)......(s+p_n)}, \qquad p_i \neq p_j \tag{5.13}$$

이 함수를 부분분수로 전개하면 다음과 같다.

$$F(s)=\frac{N(s)}{D(s)}=\frac{a_1}{s+p_1}+\frac{a_2}{s+p_2}+....+\frac{a_n}{s+p_n} \tag{5.14}$$
$$a_i=[(s+p_i)F(s)]_{s=p_i}, \quad i=1,2,........,n$$

식 5.14의 계수 a_i는 부분분수의 i번째 계수로서 함수 $F(s)$에서 i번째 분모인수 $s+p_i$를 제외한 나머지 부분에 $s=-p_i$를 대입하여 계산되기 때문에 인수 $s+p_i$에 대응하는 나머지수(Residue)라고 부른다. 이 정리5.1을 활용하면 분모다항식이 1차인수들로 이루어지는 분수함수 $F(s)$의 라플라스 역변환을 쉽게 계산할 수 있게 된다. 즉, $F(s)$가 나머지수를 계수로 갖는 부분분수로 전개되면 이 전개식에 라플라스 역변환을 적용하여 $F(s)$의 역변환을 쉽게 구할 수 있다. 그 까닭은 식 5.14우변의 각항은 앞에서 이미 다루었던 지수함수에 대응하는 변환함수들로서 다음과 같이 역변환되기 때문이다.

정리 5.2 : [2차인수 부분분수 전개]

다음과 같이 분수함수 $F(s)$의 분모다항식의 인수 가운데 2차인수 $(s+a)^2+w^2$이 있을 때,

$$F(s)=\frac{N(s)}{D(s)}=\frac{N(s)}{(s+p_1)(s+p_2)....[(s+a)^2+w^2]......(s+p_{n-2})}, p_i \neq p_j \quad (5.15)$$

이 함수를 부분분수로 전개하면 다음과 같다.

$$\begin{aligned} F(s)=\frac{N(s)}{D(s)}&=\frac{a_1}{s+p_1}+\frac{a_2}{s+p_2}+.....+\frac{a_{n-2}}{s+p_{n-2}} \\ &+\frac{c_1 w}{(s+a)^2+w^2}+\frac{c_2(s+a)}{(s+a)^2+w^2} \end{aligned} \quad (5.16)$$

여기에서 2차인수의 나머지수 c_1, c_2는 다음과 같이 계산된다.

$$\begin{aligned} c_1 &= \frac{1}{2w}(F_r+F_r^*)=\frac{1}{w}R\{F_r\} \\ c_2 &= \frac{1}{j2w}(F_r-F_r^*)=\frac{1}{w}\Im\{F_r\} \\ F_r &= \{[(s+a)^2+w^2]F(s)\}_{s=-a+jw} \end{aligned} \quad (5.17)$$

여기서 $R, \Im$는 각각 실수부와 허수부를, 윗첨자 *는 켤레복소수를 나타낸다. $F(s)$의 1차인수들의 나머지수 $a_i, i=1,2,......,n-2$들은 식 5.13과 같이 구해진다.

$F(s)$에 대한 부분분수 전개식 2차인수 부분의 라플라스 역변환은 <표 5.1>에서 알 수 있듯이 지수가중 삼각함수에 대응된다.

$$\mathcal{L}^{-1}\left\{\frac{c_1 w}{(s+a)^2+w^2}+\frac{c_2(s+a)}{(s+a)^2+w^2}\right\}=e^{-at}(c_1\sin wt+c_2\cos wt)$$

정리 5.3 : [다중인수 부분분수 전개]

다음과 같이 분수함수 $F(s)$의 분모다항식의 인수 가운데 i번째 인수가 M중인수일 때,

$$F(s)=\frac{N(s)}{D(s)}=\frac{N(s)}{(s+p_1)(s+p_2)......(s+p_i)^M....(s+p_{n-M})}, \quad p_i \neq p_j \tag{5.18}$$

이 함수를 부분분수로 전개하면 다음과 같다.

$$\begin{aligned}F(s)=\frac{N(s)}{D(s)}&=\frac{a_1}{s+p_1}+\frac{a_2}{s+p_2}+.....+\frac{a_{n-M}}{s+p_{n-M}} \\ &+\frac{b_1}{(s+p_i)^M}+\frac{b_2}{(s+p_i)^{M-1}}+....+\frac{b_M}{s+p_i}\end{aligned} \tag{5.19}$$

여기에서 M차인수의 나머지수 $b_k, k=1,2,....,M$는 다음과 같이 계산된다.

$$b_k=\frac{1}{(k-1)!}\left[\frac{d^{k-1}}{ds^{k-1}}(s+p_i)^M F(s)\right]_{s=-p_i}, \quad k=1,2,....,M \tag{5.20}$$

다중인수에 대한 부분분수 전개식에서 다중인수에 대한 라플라스 역변환은 복소미분 성질 이용하면 구할 수 있다.

5.4 라플라스 변환의 응용

5.4.1 미분 방정식의 해

라플라스 변환은 시스템 분석 및 설계의 많은 문제에 응용된다. 라플라스 변환이 가지고 있는 성질에 의해 이러한 응용을 할 수 있는 것이며, 미분, 적분, 컨볼루션에 관련된 것들이 많다. 그 중에서 라플라스 변환 영역에서 미분방정식을 표현하기 위해서는 각 항들에 라플라스 변환의 미분특성을 적용하여 선형 상계수 미분 방정식의 해를 구하는 것이다. 미분 방정식의 해를 구하는 단계를 요약해보면,

① 주어진 초기 조건에서 미분 방정식의 양변에 라플라스 변환을 취하여 $Y(s)$의 대수 방정식을 만든다.
② 대수 방정식을 $Y(s)$에 대하여 푼다.
③ $Y(s)$에 라플라스 역변환을 취하여 $y(t)$를 얻는다.

5.4.2 RLC 회로 해석

RLC 회로 해석에 있어서 라플라스 변환을 사용하면 저항, 인덕터, 캐패시터에 인가된 전류와 전압의 관계를 체계적이고 편리하게 해석할 수 있다. 라플라스 변환 영역에서 임의의 RLC에 대한 전류-전압 관계를 다음과 같이 나타낼 수 있다.

① 라플라스 변환 영역에서 저항값이 R인 저항의 전류-전압 특성은 시간영역에서의 전류-전압 관계식인 $Ri_R(t) = v_R(t)$에 라플라스 변환을 취함으로써 나타낼 수 있다.

$$V_R(s) = RI_R(s) \tag{5.21}$$

② 인덕턴스 L값을 갖는 인덕터의 시간영역에서의 관계식 $Rdi_L(t)/dt = v_L(t)$에 대한 라플라스 변환 특성은

$$V_L(s) = sLI_L(s) - Li_L(0^-) \tag{5.22}$$

으로 나타낼 수 있다. 즉, 시간 $t=0^-$에서 여기된 인덕터는 $t=0^-$에서 초기 조건이 0인 인덕터와 세기가 $Li_L(0^-)$인 임펄스 전압원과의 직렬 연결로 볼 수 있다. 임펄스 전압원을 초기 조건 발생기라 한다. 식 5.22는

$$I_L(s) = \frac{1}{sL}V_L(s) + \frac{i_L(0^-)}{s} \tag{5.23}$$

으로 다시 쓸 수 있다. 즉, 시간 $t=0^-$에서 여기된 인덕터는 $t=0^-$에서 여기되지 않은인덕터와 계단 함수 전류원과의 병렬 연결로 볼 수 있다.

③ 캐패시턴스 C값을 갖는 캐패시터의 시간 영역에서의 전류-전압 관계인 식 5.24에 대한 라플라스 변환 영역에서의 특성은 식5.25로 나타낼 수 있다.

$$Cdv_c(t)/dt = i_C(t) \tag{5.24}$$

$$I_C(s) = sCV_C(s) - Cv_C(0^-) \tag{5.25}$$

즉, 시간 $t=0^-$에서 충전된 캐패시터는 $t=0^-$에서 초기 조건이 0인 캐패시터와 세기가 $Cv(0^-)$인 임펄스 전류원과의 병렬 연결로 볼 수 있다. 이 전류원을 초기 조건 발생기라 한다. 식 5.25는 다음과 같이 다시 나타낼 수 있다.

$$V_C(s) = \frac{1}{sC}I_C(s) + \frac{v_c(0^-)}{s} \tag{5.26}$$

따라서, 충전된 캐패시터는 계단 함수 전압원과의 직렬 연결된 충전되지 않은 캐패시터로 대치될 수 있다. 계단 함수의 크기는 $v_C(0^-)$이며, 라플라스 변환영역에서

Kirchhoff의 법칙을 적용 할 수 있다. 전류 법칙은 등가 회로의 어떤 노드에서도 라플라스 변환영역에서의 전류의 대수적 합은 0이다. 이를 다시 나타내면

$$\sum_k I_k(s) = 0 \tag{5.27}$$

으로 다시 쓸 수 있으며, 전압 법칙은 등가 회로의 어떤 루프에서도 라플라스 변환영역에서의 전압의 대수적 합은 0이다. 즉,

$$\sum_k V_k(s) = 0 \tag{5.28}$$

이다. 등가 회로 구성시 초기 조건 발생기의 극성 부여에 주의를 기울여야 한다.

5.5 상태방정식과 라플라스 변환

라플라스 변환이 미분 방정식의 해를 구함에 있어 효과적이며 편리한 도구임을 알고 있다. 또한 어떤 LTI 시스템이라도 여러 개의 1차 미분방정식들로 표현할 수 있고, 이 미분방정식을 상태방정식이라고 하는 것을 알고 있다. 라플라스 변환의 시간영역 미분 성질을 상태방정식에 적용하면 상태방정식이 라플라스 변환 영역에서 대수방정식으로 표현된다.

라플라스 변환의 시간영역 미분 성질을 이용하여 한 세트의 1차 미분 방정식을 한 세트의 대수 방정식으로 줄일 수 있다. 다음과 같은 상태방정식으로 표현된 선형시불변 시스템을 고려하자.

$$v'(t) = Av(t) + bx(t) \tag{5.29}$$

$$y(t) = cv(t) + dx(t) \tag{5.30}$$

식 5.29의 양변을 라플라스 변환하면

$$sV(s)-v(0^-)=AV(s)+bX(s) \tag{5.31}$$

가 되며, 이것을 다시 정리하면

$$(sI-A)V(s)=v(0^-)+bX(s) \tag{5.32}$$

와 같이 쓸 수 있다. 여기서 양변 좌측에 $(sI-A)$의 역을 곱하면

$$V(s)=(sI-A)^{-1}v(0^-)+(sI-A)^{-1}bX(s) \tag{5.33}$$

가 된다. 출력 방정식에 대한 라플라스 변환은

$$Y(s)=cV(s)+dX(s) \tag{5.34}$$

가 되며, 식 5.33의 $V(s)$를 대입하면

$$Y(s)=c(sI-A)^{-1}v(0^-)+[c(sI-A)^{-1}b+d]X(s) \tag{5.35}$$

가 된다. 여기에서 우변의 첫항은 입력이 없을 때의 무상태응답 성분을 나타내고, 두 번째 항은 초기상태가 없을 때의 무입력응답 성분을 나타낸다. 여기서 식 5.29의 해는

$$v(t)=\exp[At]v(0^-)+\int_0^t \exp[A(t-\tau)]bx(\tau)d\tau \tag{5.36}$$

임을 알고 있다. 식 5.36에서 우변의 적분은 신호 $\exp[At]$와 $bx(t)$의 컨벌루션을 나타내고 있다. 이와 같이 식 5.36의 라플라스 변환은

$$V(s)=L\{\exp[At]\}v(0^-)+L\{\exp[At]\}bX(s) \tag{5.37}$$

가 된다. 식 5.33, 5.37를 비교하면

$$L\{\exp[At]\}=(sI-A)^{-1}=\Phi(s) \tag{5.38}$$

가 성립한다. 여기서 $\Phi(s)$는 상태 천이 행렬 $\exp[At]$의 라플라스 변환이며 분해행렬이라 한다. 식 5.38은 $\exp[At]$를 계산하는 또 다른 편리한 방법을 보여주고 있다. 즉, 우

선 행렬 $(sI-A)$를 구한 후에 $(sI-A)$의 역행렬에 대하여 라플라스 역변환을 취한다. 초기 조건이 0이라면, 식 5.35은

$$Y(s)=[c(sI-A)^{-1}b+d]X(s) \tag{5.39}$$

이 될 것이다. 따라서, 시스템의 전달함수는

$$H(s)=c(sI-A)^{-1}b+d=c\Phi(s)b+d \tag{5.40}$$

와 같이 표현된다.

5.6 MATLAB 응용

이 절에서는 MATLAB을 이용하여 위에서 설명한 라플라스 변환에 대해 나타내어보겠다.

① 다음 두 다항식의 비를 MATLAB의 residue 함수를 이용하여 부분분수 분해를 해 보자.

$$\frac{b(s)}{a(s)}=\frac{2s^2+s+5}{s^3+6s^2+11s+4}$$

Matlab Source

```
%% MATLAB을 이용한 신호및시스템 5.1%%
b = [2 1 5]; % b(s)의 다항식 계수
a = [1 6 11 4]; % a(s)의 다항식 계수
[r, p, k] = residue(b,a); % r:분자인수, p:분모 인수, k:분자 차수
[b, a] = residue(r,p,k); % 부분 분수의 결과를 다항식으로 다시 돌려줌
```

Matlab Result

```
r =                        p =                        k =
  -2.7607 + 0.8579i        0.5811 + 4.3074i                 []
  -2.7607 - 0.8579i        0.5811 - 4.3074i
  -0.4786                  0.8378
b =
   2.0000    1.0000    5.0000
a =
   1.0000    6.0000   11.0000    4.0000
```

② 위에서 사용한

$$\frac{b(s)}{a(s)} = \frac{2s^2+s+5}{s^3+6s^2+11s+4}$$

를 전달 함수로 갖는 시스템이 있다고 하자. 이때 시간 영역에서 임펄스 응답을 구해보자.

Matlab Source

```
%% MATLAB을 이용한 신호및시스템 5.2%%
b = [2 1 5]; % b(s)의 다항식 계수
a = [1 6 11 4]; % a(s)의 다항식 계수
dsize = size(d,2) - 1 % 근의 갯수 구하기 2차면 근이 두개인데 계수는 3개이므로
-1 해준다.
y=zeros % y 초기와
[R,P,K] = residue(b,a) % 부분분수 전개
t=0 : 0.01 :10; % 시간 t 초기화
for(x=1:1:dsize) % Impulse 응답을 구하기 위한 제어문
y = y + R(x)*exp(P(x)*t); %역 라플라스 구현
end
size(t) % 단순히 크기를 보기위함
```

```
size(y)
plot(t,y) % 그래프 출력
grid % 이하 기타 라벨링
title('전달함수 G(s)의 Impulse 응답 구하기')
xlabel('time(sec)')
ylabel('Displacement(m)')
```

Matlab Figure

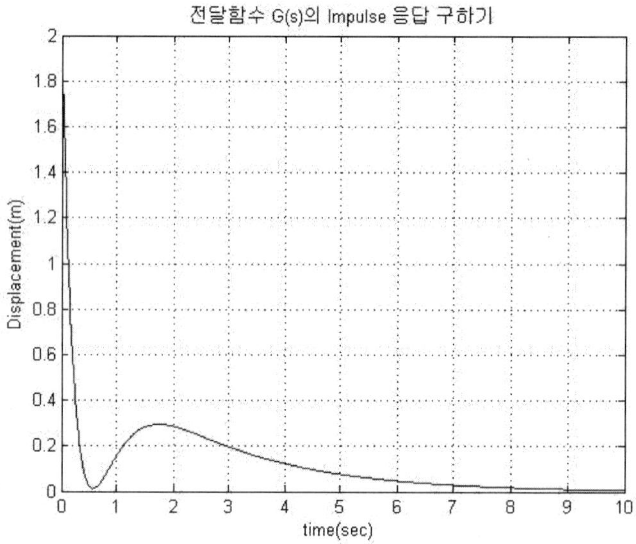

③ 다음 다항식의 라플라스 변환을 MATLAB을 이용하여 구하여보자.

$$h(t) = t^3 + \sin(at) - tcos(bt)$$

위식에서 t, a, b는 MATLAB에서 symbolic을 이용하여 나타낸다.

Matlab Source

```
%% MATLAB을 이용한 신호및시스템 5.3%%
syms t a b
```

```
h=t^3+sin(a*t)-t*cos(b*t);
L=laplace(h);
pretty(L);
```

Matlab Results

```
pretty(L);

                          2    2
        6        a       s  - b
      ---- + ------- - ----------
        4     2    2     2    2 2
       s     s  + a    (s  + b )
```

④ 위에서 구한 L을 다시 역변환을 취해 $h(t)$를 구해보자.

Matlab Source

```
%% MATLAB을 이용한 신호및시스템 5.4%%
syms t a b
h=t^3+sin(a*t)-t*cos(b*t);
L=laplace(h);
pretty(L);
h_i=ilaplace(L);
```

Matlab Results

```
h_i =

t^3+sin(a*t)-t*cos(b*t)
```

5.7 중요 용어

Kirchhoff의 법칙 (Kirchhoff's Law)	s 영역 (s domain)
라플라스 변환 (Laplace Transformation)	라플라스 역변환 (Laplace Inverse Transformation)
무상태응답 (Zero-state response)	무입력응답 (Zero-input response)
부분분수전개 (Partial fraction expansion)	복소미분 (Complex differentiation)
선형연산(Linear operation)	수렴경계(Boundary of convergence)
지수가중 (Exponential weighting)	초기값 정리 (Initial value theorem)
최종값 정리 (Final value theorem)	컨벌루션 적분(Convolution integral)

5.8 연습 문제

5.1 다음 식의 라플라스 변환을 구하고, s-평면에서 ROC와 극점, 영점의 위치를 그려라. (a는 실수라고 가정한다.)

$x(t) = e^{at}u(t)$

5.2 반인과성 신호는 $t > 0$일 때 0이다.

반인과성 신호

$$y(t) = -e^{at}u(-t)$$

일 때, 라플라스 변환과 ROC를 구하여라.

5.3 다음 식을 라플라스 변환하여라.

$e^{-(t-1)}u(t-1)$

5.4 다음의 두 신호

$x_1(t) = e^{-2t}u(t) + e^{-t}u(-t)$와 $x_2(t) = e^{-t}u(t) + e^{-2t}u(-t)$를

고려해 보자. 각 신호의 라플라스 변환에 관한 ROC를 확인하여라.

5.5 다음 식의 양측 역라플라스 변환을 구하여라

$$X(s) = \frac{-5s-7}{(s+1)(s-1)(s+2),} \quad (ROC \ -1 < Re(s) < 1)$$

5.6 다음 식의 라플라스 변환을 구하여라.

$$x(t) = \frac{d^2}{dt^2}(e^{-3(t-2)}u(t-s))$$

5.7 $H(s)$는 인과, 안정 시스템을 위한 시스템 함수를 나타낸다. 시스템의 입력이 임펄스 $\delta(t)$와 일정한 복소수 s_0를 갖는 $e^{s_0 t}$로 구성되어 있을 때 출력은 다음과 같다.

$$y(t) = -6e^{-t}u(t) + \frac{4}{34}e^{4t}\cos 3t + \frac{18}{34}e^{4t}\sin 3t + \delta(t)$$

이 정보에서 $H(s)$가 일정함을 보이시오.

5.8 다음 라플라스 역환을 나타내시오.

$$X(s) = \frac{S^2 - 2}{(s+1)(s+2)^3}, \quad -2 < Re\{s\} < -1$$

5.9 $X(s)=\dfrac{2s^2+9s+11}{s^2+4s+4}$, $Re\{s\}>-2$의 라플라스 역변환을 구하여 보자.

5.10 전달 함수 $H(s)=\dfrac{s+2}{s^2+s-1}$를 가지는 시스템의 입출력 관계를 미분 방정식으로 표현하고 전체 시스템 동작을 블록도로 그려보자.

제 6 장

이산 시간 신호와 푸리에 해석

CHAPTER 06 이산 시간 신호와 푸리에 해석

6.1 이산 시간 신호

신호는 대체로 연속(analog) 및 이산(discrete) 신호로 분류된다. 연속 신호는 로 표시될 것이다. 여기서 독립 변수 는 어떤 물리량을 나타낼 수도 있으나 초단위의 시간을 나타낸다고 가정한다. 이산 신호는 로 표시하는데, 독립 변수 n은 정수 값을 갖고 시간에서 이산 순간(instance)을 나타낸다. 이산신호 는 정수의 값을 갖는 독립변수에 의해서만 정의된다는 것에 주의해야 한다. 이를 강조하기 위해서 경우에 따라서 이산 시간 신호(discrete-time sequence)이라고도 한다. 이산신호 는 독립변수가 본질적으로 이산적인 현상일 때의 값을 나타내기도 한다. 이것의 예로는 종과 개체수의 관계와 같은 신호나 인구통계학 자료와 같은 것들이 있다. 또는, 이산 신호 는 독립변수가 연속인 연속변수를 연속적으로 샘플링한 값을 나타내기도 한다.

6.2 신호의 종류

이산시간에서 신호와 시스템을 해석하는데 중요한 역할을 하는 몇 가지 기본신호가 있다. 이 신호들은 연속 신호와 대응되며 이산 신호의 많은 특성이 연속 신호의 특성과 유사하나 몇 가지 면에서는 차이점이 있을 수 있다. 디지털 신호 처리에서 다루는 기초적인 이산 신호로는 다음과 같은 여러 신호가 사용되고 있다.

6.2.1 단위 계단 신호(Unit step sequence)

단위 계단 신호은 다음과 같이 $u(n)$으로 표현된다.

$$u(n) = \begin{cases} 1, & n \geq 0 \\ 0, & n < 0 \end{cases} = \{\cdots, 0, 0, \underset{\uparrow}{1}, 1, 1, \cdots\} \qquad (6.1)$$

6.2.2 단위 임펄스 신호(Unit impulse sequence)

단위 임펄스 신호은 다음과 같이 $\delta(n)$으로 표현된다.

$$\delta(n) = \begin{cases} 1, & n = 0 \\ 0, & n \neq 0 \end{cases} = \{\cdots, 0, 0, \underset{\uparrow}{1}, 0, 0, \cdots\} \qquad (6.2)$$

단위 임펄스 신호은 n=0인 순간을 제외한 다른 모든 시간에는 0의 값을 갖는다. 시간 t=0를 제외한 모든 곳에서 값이 0이고 단위 면적을 갖는 연속 시간에서의 단위 임펄스 $\delta(t)$보다 이산 단위 임펄스 $\delta(n)$은 수학적으로 훨씬 간단하다.

단위 임펄스 신호은 다음과 같이 단위 계단 신호의 일차 미분으로 표현된다.

$$\delta(n) = u(n) - u(n-1) \qquad (6.3)$$

따라서 단위 계단 신호은 다음과 같이 단위 임펄스 신호의 연속합으로 나타낼 수 있다.

$$u(n) = \sum_{m=-\infty}^{\infty} \delta(m) \qquad (6.4)$$

단위 임펄스 신호의 유일한 0이 아닌 값은 그 변수가 0인 점만이므로, 연속합은 $n < 0$ 에서는 0이고 $n > 0$ 에서는 1임을 알 수 있다.

6.2.3 실수 지수 신호(Real-valued exponential sequence)

$$x(n) = C\alpha^n,\ \forall n;\ C, \alpha \in R \tag{6.5}$$

기본적으로 $|\alpha| > 1$이면 신호는 n에 따라서 지수적으로 증가하며, $|\alpha| < 1$이면 지수적으로 감소한다. 또한 α가 양수이면 α^n의 값이 같은 부호를 갖지만 α가 음수이면 $x(n)$의 부호는 변하게 된다. 실수 지수 신호는 인구 증가를 묘사하거나 투자에 대한 수익을 기술하는데 사용한다.

6.2.4 정현파 신호(Sinusoidal sequence)

$$x(n) = \cos(\omega_0 n + \theta),\ \forall n \tag{6.6}$$

여기서 θ는 라디안 단위의 위상이다.

6.2.5 복소수 지수 신호(Complex-valued exponential sequence)

$$\alpha = e^{(\sigma + j\omega_0)} \text{이면}$$

$$\begin{aligned} x(n) &= Ce^{(\sigma + j\omega_0)n},\ \forall n \\ &= Ce^{\sigma n}e^{j\omega_0 n} \\ &= Ce^{\sigma n}\{\cos\omega_0 n + j\sin\omega_0 n\} \end{aligned} \tag{6.7}$$

여기서 σ는 감쇠(attenuation)라고 불리고 ω_0는 라디안 단위의 주파수이다. 또 다른 복소수 지수 신호의 형태로서 $C = |C|e^{j\theta}$이고 $\alpha = |\alpha|e^{j\omega_0}$ 이면

$$\begin{aligned} x(n) &= |C||\alpha|^n e^{j(\theta + \omega_0 n)},\ \forall n \\ &= |C||\alpha|^n(\cos(\omega_0 n + \theta) + j\sin(\omega_0 n + \theta)) \end{aligned} \tag{6.8}$$

이다. $|\alpha|=1$에 대해 복소수 지수 신호의 실수와 허수부분은 정현파이다. $|\alpha|<1$에 대해서는 감소하는 지수함수로 곱해진 정현파 신호에 해당하고 $|\alpha|>1$에 대해서는 증가하는 지수함수로 곱해진 정현파 신호에 해당한다.

6.2.6 불규칙 신호(Random sequence)

많은 실제의 신호들은 위처럼 수학적 표현으로 기술될 수 없다. 이 신호들은 불규칙(혹은 확률, stochastic) 신호로 불리고 관련된 확률 밀도 함수 (probability density function)나 통계적 모멘트 (statistical moment)에 의해 특징 지워진다.

6.2.7 주기 신호(Periodic Sequence)

신호 x(n)이 만약 x(n)=x(n+N), ∀(n) 을 만족하면 신호 x(n) 은 주기적이라고 한다. 위의 관계를 만족하는 가장 작은 정수 N을 기본(fundamental) 주기라고 부른다. 우리는 주기 신호을 표시하기 위해 $\tilde{x}(n)$을 사용한다. 한 주기 $\{x(n), 0 \le n \le N-1\}$로부터 P 주기의 $\tilde{x}(n)$을 만들기 위해 x(n)을 P번 복사한다.

6.3 신호에 대한 연산

① 신호 덧셈(Signal addition): 이것은 샘플과 샘플의 덧셈으로 다음과 같이 주어진다.

$$\{x_1(n)\}+\{x_2(n)\}=\{x_1(n)+x_2(n)\} \tag{6.9}$$

② 신호 곱셈(Signal multiplication): 곱셈(혹은 "dot" 곱셈)으로 다음과 같이 주어진다.

$$\{x_1(n)\}\cdot\{x_2(n)\}=\{x_1(n)x_2(n)\} \tag{6.10}$$

③ 스케일링(Scaling): 이 연산에서 각 샘플값은 스칼라값 α만큼 곱해진다.

$$\alpha\{x(n)\} = \{\alpha x(n)\} \tag{6.11}$$

④ 자리 이동(Shifting): 이 연산에서 x(n)의 각 샘플은 이동된 신호 y(n)을 구하기 위해 k 만큼 이동된다.

$$y(n) = \{x(n-k)\} \tag{6.12}$$

만약 m=n-k라 하면, n=m+k이고 위의 연산은 다음과 같이 주어진다.

$$y(m+k) = \{x(m)\} \tag{6.13}$$

따라서 이 연산은 벡터 x에 아무런 영향이 없으나 벡터 n은 각 원소에 k만큼 더해지는 변화가 있다.

⑤ 반전(Folding): 이 연산에서 x(n)의 값은 반전된 신호 y(n)을 구하기 위해 n=0을 중심으로 뒤집혀진다.

$$y(n) = \{x(-n)\} \tag{6.14}$$

⑥ 샘플 합(Sample summation): 이 연산은 신호 덧셈 연산과 다르다. 이것은 과 사이의 모든 값들을 더한다.

$$\sum_{k=1}^{K} x(n_k) = x(n_1) + \cdots + x(n_K) \tag{6.15}$$

⑦ 샘플 곱(Sample products): 이 연산은 또한 신호 곱셈 연산과 다르다. 이것은 과 사이의 모든 값들을 곱한다.

$$\prod_{k=1}^{K} x(n_k) = x(n_1) \times \cdots \times x(n_K) \tag{6.16}$$

⑧ 신호 에너지: 신호 의 에너지는 다음과 같이 주어진다.

$$E_x = \sum_{-\infty}^{\infty} x(n)x^*(n) = \sum_{-\infty}^{\infty} |x(n)|^2 \tag{6.17}$$

여기서 첨자 * 은 켤레 복소수 연산을 표시한다.

⑨ 신호의 전력: 기본주기 N인 주기 신호의 평균 전력은 다음과 같이 주어진다.

$$P_x = \frac{1}{N}\sum_{0}^{N-1} |x(n)|^2 \tag{6.18}$$

6.4 이산 시스템

시스템은 신호를 전달하는 어떤 과정이라고 볼 수 있다. 따라서 시스템은 입력신호와 시스템변형을 통해 입력에 관계되는 출력신호를 갖는다. 따라서 이산 입력 신호를 이산 출력 신호로 바꾸는 이산 시스템은 신호 x(n)을 입력으로하여, 그것을 변환응답(response)이라고 불림하는 연산자 T[·]로 기술된다. 즉, 다음과 같다.

$$y(n) = T[x(n)] \tag{6.19}$$

디지털 신호 처리에서 시스템은 입력신호를 출력신호로 처리한다고 생각한다. 이산 시스템은 넓게 선형과 비선형 시스템으로 분류된다. 이 책에서 우리는 대부분 선형 시스템을 다룰 것이다.

6.4.1 선형 시스템

선형시스템은 중요한 중첩(superposition) 특성을 갖는 시스템이다. 만약 입력이 몇 개의 신호의 가중된 합으로 구성되어 있다면, 출력은, 그 신호 각각에 대한 시스템응답의 가중된 합이다. 수학적으로 $y_1(n)$과 $y_2(n)$을 각각 $x_1(n)$과 $x_2(n)$에 대한 이산 시스템의 응답이라 할 때 다음 두 조건을 만족하면 그 시스템은 선형이다.

· $x_1(n)+x_2(n)$의 응답이 $y_1(n)+y_2(n)$이다.
· α가 임의의 복소상수일 때, $\alpha x_1(n)$의 응답이 $\alpha y_1(n)$ 이다.

다시 말해서, 만약 T[·]가 중첩(superposition) 원리를 만족하면 이산 시스템 T[·]은 선형 연산자 L[·]이다. 즉,

$$L[\alpha_1 x_1(n)+\alpha_2 x_2(n)] = \alpha_1 L[x_1(n)] + \alpha_2 L[x_2(n)],\ \forall\, \alpha_1, \alpha_2, x_1(n), x_2(n) \tag{6.20}$$

임의의 입력 x(n)에 대한 선형 시스템의 출력 y(n)은 다음과 같이 주어진다.

$$y(n) = L[x(n)] = L[\sum_{k=-\infty}^{\infty} x(k)\delta(n-k)] = \sum_{k=-\infty}^{\infty} x(k)L[\delta(n-k)] \tag{6.21}$$

응답 $L[\delta(n-k)]$은 로 시간 k인 단위 샘플(잘 알려진 신호)에 의한 시간 n에서의 선형 시스템 응답으로 해석될 수 있다. 이것은 임펄스 응답이라고 불리고 $h(n,k)$로 표시된다. 그러면 출력은 중첩 가산에 의해 주어진다.

$$y(n) = \sum_{k=-\infty}^{\infty} x(k)h(n,k) \tag{6.22}$$

단위 임펄스 신호의 선형시스템에 대한 응답을 안다면, 임의의 입력에 대한 응답을 구할 수 있다. 선형시스템의 시간 일때의 응답은 계속적인 입력값에 대한 응답의 단순한 중첩이다. 시변(time-varying) 임펄스 응답 $h(n,k)$을 필요로 하는데, 이는 실제 별로 편리하지 않다. 따라서 시불변 시스템이 디지털 신호 처리 에서 널리 사용된다.

6.4.2 선형 시불변(Linear Time-Invariant) 시스템

입출력 쌍, x(n)과 y(n)이 시간의 이동 n에 대해 불변인 선형 시스템이 선형 시불변 시

스템이라고 불린다. 선형시불변 시스템의 경우 L[·]와 이동 연산자는 아래에 보여진 것처럼 순서를 바꿀 수 있다.

$$x(n) \rightarrow L[\bullet] \rightarrow y(n) \rightarrow k\text{만큼이동} \rightarrow y(n-k)$$
$$x(n) \rightarrow k\text{만큼이동} \rightarrow x(n-k) \rightarrow L[\bullet] \rightarrow y(n-k)$$

선형시불변 시스템을 연산자 선형시불변[·]로 표시한다. x(n)과 y(n)이 선형시불변 시스템의 입출력 쌍이라 하자. 그러면 시변 함수 h(n, k)는 시불변 함수 $h(n-k)$가 되고 (2.9)에서 출력은 다음과 같이 주어진다.

$$y(n) = LTI[x(n)] = \sum_{k=-\infty}^{\infty} x(k)h(n-k) \tag{6.23}$$

선형시불변 시스템의 임펄스 응답은 h(n)으로 주어진다. 수학적 연산은 선형 콘벌루션 합이라 불리고 다음과 같이 표시된다.

$$y(n) \triangleq x(n)*h(n) \tag{6.24}$$

따라서 선형시불변 시스템은 아래에 보여진 것처럼 시간 영역에서 임펄스 응답 h(n)에 의해 완전히 표현된다.

$$x(n) \rightarrow h(n) \rightarrow y(n) = x(n)*h(n) \tag{6.25}$$

6.4.3 안정성(Stability)

이것은 선형 시스템 이론에서 매우 중요한 개념이다. 또한 시스템의 안정성은 아주 복잡한 개념으로 이 책에서는 안정성의 여러 가지 정의 중 한가지 만을 다룬다. 직관적으로, 안정된 시스템은 작은 입력에 대해 출력이 발산 하지 않는다. 다시 말해서, 안정성을 고려하는 주요 원인은 위험한 시스템을 만드는 것을 피하거나 시스템 동작이 불가능해지거나 포화되는 것을 피하기 위해서이다. 시스템에서 만약 모든 유계의(bound) 입력이 유계의 출력을 만들어내면 유계입력 유계출력(Bounded-input bounded-output. BIBO) 안정하다고 말한다. 즉,

$$|x(n)| < \infty \Rightarrow |y(n)| < \infty, \ \forall x, y \tag{6.26}$$

표기를 간단히 하기 위해서 다음과 같이 정의되는 신호의 노름(norm)을 도입하기로 한다. 즉 이산 신호 x(n)의 p-노름 $\| x \|_p$는 아래와 같이 정의된다.

$$\| x \|_p = \begin{cases} \left(\sum_{n=-\infty}^{\infty} |x(n)|^p \right)^{\frac{1}{p}}, & 1 \le p < \infty \\ \max_n |x(n)|, & p = \infty \end{cases} \tag{6.27}$$

신호의 노름을 사용하면 BIBO 안정성은 다음과 같이 표시될 수 있다.

$$\| x \|_\infty < \infty \ \Rightarrow \ \| y \|_\infty < \infty \tag{6.28}$$

다음에서 선형시불변 시스템의 BIBO 안정도를 정리한다.

정리 2.1 선형시불변 시스템은 임펄스 응답에 의해서 완전히 표시되므로, BIBO 안정성도의 성질에 의해서 완전히 표시되어질 수 있다. 만약 임펄스 응답이 절대 가합(absolutely summable)이면, 선형시불변 시스템은 BIBO 안정하다.

$$\text{BIBO 안정성} \ \Leftrightarrow \sum_{-\infty}^{\infty} |h(n)| < \infty \ \Leftrightarrow \ \| h \|_\infty < \infty \tag{6.29}$$

위의 정리는 다음 증명으로 설명할 수 있다.

충분조건:

선형시불변 시스템의 응답 는 다음과 같이 구할 수 있다.

$$y(n) = \sum_{k=-\infty}^{\infty} h(n-k)x(k) \tag{6.30}$$

복소수의 삼각 부등식 성질에 의해서

$$|y(n)| = \left| \sum_{k=-\infty}^{\infty} h(n-k)x(k) \right| \le \sum_{k=-\infty}^{\infty} |h(n-k)x(k)| \le \left(\sum_{k=-\infty}^{\infty} |h(n-k)| \right) \| x \|_{\infty}$$

위의 마지막 부등식에서 다음 성질을 이용했다.

$$|x(k)| \le \max_k |x(k)| = \| x \|_{\infty} \tag{6.31}$$

n-k를 m으로 치환하면

$$|y(n)| \le \left(\sum_{m=-\infty}^{\infty} |h(m)| \right) \| x \|_{\infty} = \| h \|_1 \cdot \| x \|_{\infty} \tag{6.32}$$

신호의 무한대 노름 $\| \cdot \|_{\infty}$의 성질을 이용하면 위의 부등식은 아래와 같이 다시 쓸 수 있다.

$$\| y \|_{\infty} \le \| h \|_1 \cdot \| x \|_{\infty} \tag{6.33}$$

그러므로 $\| h \|_1$의 값이 유한하면 (즉, 임펄스 응답이 절대가합이면) 출력의 크기도 유한하다.

필요조건:

만약 임펄스 응답이 절대가합이 아니면 (즉, $\| h \|_1 = \infty$)출력이 발산하도록 하는 유계 입력을 찾을 수 있다는 것을 보인다. 유계 입력으로 아래의 입력을 정한다.

$$x(n) = \begin{cases} \dfrac{h^*(n)}{|h(n)|}, & h(n) \ne 0 \\ 0, & h(n) = 0 \end{cases} \tag{6.34}$$

위의 식에서 $h^*(n)$은 h(n)의 켤레 복소수이다. 증명을 하기 위해서는 y(n)이 발산하는 n을 찾으면 된다. n=0일 때,

$$y(0) = \sum_{k=-\infty}^{\infty} x(-k)h(k) = \sum_{k=-\infty}^{\infty} \frac{|h(k)|^2}{|h(k)|} = \| h \|_1 \quad (6.35)$$

6.4.4 무기억(memoryless)

독립변수의 각 값에 대한 출력이 단지 그 당시의 입력에만 의해 결정된다면 그 시스템은 "기억이 없다(memoryless)"라고 한다. 예를 들어 입력이 전류이고 출력이 전압인 저항소자는 메모리가 없는 시스템이다. 즉 전압이 그 당시 시간의 전류에만 의존한다. 반면에 캐패시터는 메모리를 갖는 시스템이다. 왜냐하면 출력인 전압이 과거 시간부터 현재 시간까지의 입력인 전류에 의해 구해지기 때문이다.

6.4.5 인과성(causality)

이 중요한 개념은 시스템이 만들어질 수 있는 것을 보장하기 위해 필요하다. 어떤 시점에서의 출력이 현재와 과거의 입력값에 의해서만 결정된다면, 그 시스템은 인과관계가 있다고 한다. 이런 시스템은 시스템출력이 입력의 미래값을 예상하지 않았기 때문에 예측불가능하다고 한다. 만약 지표 n_0의 출력이 단지 지표 n_0까지의 입력에 의존하면 시스템은 인과적이라고 말해진다. 즉, 출력은 미래의 입력값들에 의존하지 않는다. 선형시불변 시스템이 인과적이면 임펄스 응답이 다음을 만족한다.

$$h(n) = 0, \quad n < 0 \quad (6.36)$$

이런 신호는 인과적 신호라고 불린다. 인과성 시스템이 매우 중요하기는 해도, 실제적으로 인과적이 아닌 시스템도 사용되고 있다. 예를 들어, 독립변수가 시간이 아닌 영상처리와 같은 응용에서는 인과성이 기본적인 중요성을 갖는 것은 아니다. 하지만, 신호 처리에서 특별한 언급이 없으면, 우리는 항상 시스템이 인과적이라고 가정할 것이다.

6.4.6 가역성과 역시스템

시스템이 상이한 입력에 대해 상이한 출력이 나오게 된다면 가역적이라고 한다. 달리 표현하면 출력을 관찰해서 입력을 결정할 수 있으면 그 시스템은 가역적이다. 이때 가해진 입력과 똑같은 출력을 발생시키는 역시스템을 구성할 수 있다.

6.5 콘벌루션

선형시불변 시스템의 응답을 기술하기 위해 콘벌루션 연산을 도입했다. 디지털 신호처리에서 이것은 중요한 연산이고 이 책의 전체에 걸쳐 많은 다른 이용예를 가지고 있다. 콘벌루션은 여러 방법으로 계산될 수 있다. 만약 신호가 (유한이나 무한이거나) 수학적 함수이면 함수 형태의 y(n)을 얻기 위해 모든 n에 대해 값을 해석적인 방법으로 구할 수 있다. 여러 경우에 유용하게 쓰이는 콘벌루션의 특징을 살펴보도록 하겠다.

첫 번째 콘벌루션의 기본적인 특징은 교환성 (Commutative) 이다. 즉,

$$x(n)*h(n)=h(n)*x(n) \tag{6.37}$$

이것이 변수를 치환함으로써 곧바로 증명될 수 있다. r=n-k로 놓으면

$$y(n)=x(n)*h(n)=\sum_{k=-\infty}^{\infty}x(k)h(n-k)=\sum_{k=-\infty}^{\infty}x(n-r)h(r)=h(n)*x(n) \tag{6.38}$$

이 된다. 그러므로 변수의 치환으로 x(n)과 h(n)의 역할이 바뀌어짐을 알 수 있다. 입력 x(n)과 단위 샘플 응답 h(n)을 갖는 선형시불변 시스템의 출력은 입력 h(n)과 단위 샘플 응답 x(n)을 갖는 선형시불변 시스템의 출력과 동일하다.

두번째로 유용한 성질은 결합성(associative) 이다. 즉,

$$x(n)*(h_1(n)*h_2(n)) = (x(n)*h_1(n))*h_2(n) \tag{6.39}$$

이 성질은 포함된 합산 과정을 변형하여 직접 증명할 수 있다.

세 번째 유용한 성질은 분배성 (additive)이다. 즉 다음과 같이 합에 대해서 콘벌루션이 나누어 진다는 것이다.

$$x(n)*(h_1(n)+h_2(n)) = x(n)*h_1(n)+x(n)*h_2(n) \tag{6.40}$$

여기서 알아두어야 할 사실은 이 같은 콘벌루션의 성질들은 오직 선형시불변시스템에만 적용된다는 것이다. 특히, 비선형 시스템의 단위 샘플 응답은 시스템의 특성을 완전히 나타내지를 못한다.

6.6 이산시간 푸리에 해석

우리는 어떻게 선형 시불변 시스템이 단위 임펄스 신호의 응답을 이용하여 표현될 수 있는지 보았다. 이 응답을 이용하여 아래에 보여진 선형 컨벌루션을 이용하여 임의의 입력 $x(n)$에 대한 시스템 응답을 계산할 수 있다.

$$x(n) \rightarrow h(n) \rightarrow y(n) = x(n) * h(n)$$

이 컨벌루션 표현은 어떤 신호라도 크기가 다르고 시간지연된 단위 임펄스 신호의 선형 조합에 의해 표현될 수 있다는 사실에 기초하고 있다. 마찬가지로 어떤 임의의 이산 신호도 2장에서 소개된 기초 신호들의 선형 조합으로 나타낼 수 있다. 각각의 기초 신호의 집합으로 새로운 신호를 표현 할 수 있다. 각각의 표현 방식은 시스템의 종류에 따라 몇 가지 장점 및 단점을 가지고 있다. 그러나 시스템이 선형이고 시불변일 때는 단지 한 가지 표현이 가장 유용하다. 이것은 복소 지수 신호의 집합 $\{e^{jwn}\}$에 기초하고 있는 이산시간 푸리에 변환일 것이다.

만약 $x(n)$이 절대 가합(absolutely summable)이면, 즉 $\sum_{-\infty}^{\infty}|x(n)|<\infty$이면, 이산시간 푸리에 변환은 다음과 같다.

$$X(e^{jw})=F[x(n))]=\sum_{n=-\infty}^{\infty}x(n)e^{-jwn} \tag{6.41}$$

$X(e^{jw})$의 역(inverse) 이산시간 푸리에 변환(IDTFT)은 다음과 같다.

$$x(n)=F^{-1}\left[X(e^{jw})\right]=\frac{1}{2\pi}\int_{-\pi}^{\pi}X(e^{jw})e^{jwn}dw \tag{6.42}$$

이것은 식 6.40의 양변에 e^{jwn}을 곱하고 [π,π]구간에서 적분을하면 복소지수함수 e^{jwn}의 직교성 때문에 식 6.41가 성립함을 보여줄 수 있다. 상세한 설명은 생략한다. 식 6.41는 대단히 중요한 뜻이 담겨져 있다. 대략 설명을 하면 임의의 신호 $x(n)$가 복수지수신호 e^{jwn}의 무한 합으로 표시될 수 있음을 보여주고 있다. 이 때 $X(e^{jw})$ 가 주파수 ω에서의 신호 크기를 나타내고 있다는 점이다. 한 가지 주의 할 점은 이산시간 푸리에 해석시에는 신호가 주기성이 없이 임의의 신호로도 가능하다는 점이다. 주기성이 있을때는 중요한 성질이 있으며 뒤에서 설명될 것이다.

연산자 F[·]은 이산 신호 $x(n)$을, 라디안 단위로 측정하고 디지털 주파수라고 불리는 실변수 ω을 가진 복소수 연속 함수 $X(e^{jw})$로 변환한다.

일반적으로 이산시간 푸리에 변환은 ω의 복소함수이다. $X(e^{jw})$를 직각좌표 형식으로 쓰면,

$$X(e^{jw})=Re\left[X(e^{jw})\right]+jIm\left[X(e^{jw})\right]$$

극좌표 형식으로 쓰면,

$$X(e^{jw})=|X(e^{jw})|e^{j\angle X(e^{jw})}$$

$|X(e^{jw})|$를 푸리에 변환의 크기(magnitude), $\angle X(e^{jw})$를 위상(phase)이라 부른다. 푸

리에 변환은 또 푸리에 스펙트럼 (Fourier spectrum), 또는 간단히 스펙트럼이라 부르기도 한다.

두 가지 중요한 성질

1. 주기성: 이산시간 푸리에 변환 $X(e^{jw})$은 주기 2π로 ω에 대해 주기적이다.

$$X(e^{jw}) = X(e^{j[w+2\pi]})$$

위의 결과는 다음 증명으로 설명된다.

$$\begin{aligned} X(e^{j[w+2\pi]}) &= \sum_{n=-\infty}^{\infty} x(n)e^{-j[w+2\pi]n} \\ &= \sum_{n=-\infty}^{\infty} x(n)e^{-jwn}e^{-j2\pi n} \\ &= \sum_{n=-\infty}^{\infty} x(n)e^{-jwn} = X(e^{jw}) \end{aligned}$$

의미: 해석을 위해 전체 영역 $-\infty < \omega < \infty$이 아닌 $X(e^{jw})$의 단지 한 주기만(예를 들어, $\omega \in [0, 2\pi]$ 또는 $[\pi, \pi]$)필요하다.

2. 대칭성 : 실수 $x(n)$에 대해, $X(e^{jw})$은 켤레 대칭적이다.

$$X(e^{-jw}) = X^{*}(e^{jw})$$

위의 결과는 다음 증명으로 설명된다.

복소수의 성질에 이용하면

$$X(e^{-jw}) = \sum_{n=-\infty}^{\infty} x(n)e^{jwn}$$

$$= \sum_{n=-\infty}^{\infty} x(n)e^{\overline{(-jwn)}}$$

$$= \sum_{n=-\infty}^{\infty} x(n)\overline{e^{(-jwn)}}$$

$$= \sum_{n=-\infty}^{\infty} \overline{x(n)e^{(-jwn)}}$$

$$= \overline{\left(\sum_{n=-\infty}^{\infty} x(n)e^{(-jwn)}\right)}$$

$$= X^{*}(e^{jw})$$

(주의 : 위의 증명에서는 정확성을 위해서 복소수 X의 켤레 복소수를 $\overline{X}$로 나타내었다.)

이러한 성질을 이용하면 아래의 결과를 얻을 수 있다.

$$Re[X(e^{-jw})] = Re[X(e^{jw})] \quad \Rightarrow \text{ 우함수 신호}$$

$$Im[X(e^{-jw})] = -Im[X(e^{jw})] \quad \Rightarrow \text{ 기함수 신호}$$

$$|X(e^{-jw})| = |X(e^{jw})| \quad \Rightarrow \text{ 우함수 신호}$$

$$\angle X(e^{-jw}) = -\angle X(e^{jw}) \quad \Rightarrow \text{ 기함수 신호}$$

$X(e^{jw})$를 다음과 같이 실수부와 허수부로 나타낼 수 있다.

$$X(e^{jw}) = Re[X(e^{jw})] + jIm[X(e^{jw})]$$

그러면 $X(e^{jw}) = X^*(e^{-jw})$로부터 다음과 같은 식이 성립한다.

$$Re\left[X(e^{jw})\right] + jIm\left[X(e^{jw})\right] = Re\left[X(e^{-jw})\right] - jIm\left[X(e^{-jw})\right]$$

따라서

$$Re\left[X(e^{jw})\right] = Re\left[X(e^{-jw})\right]$$

$$Im\left[X(e^{jw})\right] = -Im\left[X(e^{-jw})\right]$$

다시말하면, 실수 신호일 경우 그 푸리에 변환의 실수부는 우함수 이고 허수부는 기함수이다.

$$|X(e^{jw})| = |X(e^{-jw})|$$

$$\angle X(e^{jw}) = -\angle X(e^{-jw})$$

이는 크기 $|X(e^{jw})|$는 ω의 우함수 이고 $\angle X(e^{jw})$는 ω의 위상 기함수 이다.

의미: $X(e^{jw})$을 그리기 위해, 이제 단지 $X(e^{jw})$의 반주기만을 고려하면 된다. 일반적으로 이 주기는 $\omega \in [0, \pi]$로 선택한다.

만약 $x(n)$이 무한수열이라면, $x(n)$으로부터 $X(e^{jw})$를 계산하는 것이 어렵다. 그러나 $[0, \pi]$주파수 범위내에서는 $X(e^{jw})$를 그리는 것이 용이하다.

만약 $x(n)$이 유한신호이면 어떤 주파수 ω에 대해서도 수치적으로 $X(e^{jw})$를 계산하기가 쉽다. 만약 $[0, \pi]$사이의 등간격 주파수에서 $X(e^{jw})$를 구현한다면 (식 6.41)은 행렬-벡터 곱셈 연산으로 구현될 수 있다. 이것을 이해하기 위해 유한신호 $x(n)$이 $n_1 \leq n \leq n_N$사이에서(즉 반드시 [0,N-1]사이일 필요는 없다.) N개의 샘플값을 가지고 있고 $X(e^{jw})$을 다음 주파수에서 계산하기를 원한다고 가정하자.

$$w_k = \frac{\pi}{M}k, \quad k = 0,1,\cdots,M.$$

이 주파수는 [0,π]사이의의 M+1개의 등간격 주파수들이다. 그러면 (식 6.41)은 다음과 같다.

$$X(e^{jw_k}) = \sum_{l=1}^{N} e^{-j(\pi/M)kn_l} x(n_l),\ k = 0,1,\cdots,M$$

$\{x(n_l)\}$와 $\{x(e^{jw_k})\}$가 각각 열벡터 x와 X로 배열될 때, 다음을 얻는다.

$$X=Wx \tag{6.43}$$

여기서 W는 다음과 같이 주어지는 (M+1)×N행렬이다.

$$W = \left\{ e^{-j(\pi/M)kn_1}, n_1 \le n \le n_N, k = 0,1,\cdots,M \right\}$$

거기다가, 만약 {k}와 {n1}을 각각 행벡터 k와 n으로 배열하면, 다음과 같이 된다.

$$W = \left[\exp(-j\frac{\pi}{M}k^T n) \right]$$

(식 6.41)의 전치행렬을 취하면, 다음을 얻는다.

$$X^T = x^T \left[\exp\left(-j\frac{\pi}{M}n^T k \right) \right] \tag{6.44}$$

$n^T k$가 N×(M+1)행렬임에 주목하라.

6.7 DTFT의 성질

앞 절에서 두 가지 중요한 성질을 논하였다. 이제 나머지 유용한 성질에 대해 논하겠다. $X(e^{jw})$가 $x(n)$의 이산시간 푸리에 변환이라고 하자. 증명이 주어지지 않은 성질은 각자 확인해 보고 넘어가기 바란다.

1. 선형성: 이산시간 푸리에 변환은 선형 변환이다. 즉 모든 $a_1, a_2, x_1(n), x_2(n)$에 대하여 다음을 만족한다. 두 개의 신호 $x_1(n)$과 $x_2(n)$을 선형 결합한 이산시간 푸리에 변환은 각각의 이산시간 푸리에 변환의 선형결합과 같다.

$$F[a_1x_1(n)+a_2x_2(n)]=a_1F[x_1(n)]+a_2F[x_2(n)] \tag{6.45}$$

위의 결과는 다음 증명으로 설명된다.

$$\begin{aligned}F[a_1x_1(n)+a_2x_2(n)] &= \sum_{n=-\infty}^{\infty}[a_1x_1(n)+a_2x_2(n)]e^{-jwn} \\ &= a_1\sum_{n=-\infty}^{\infty}x_1(n)e^{-jwn}+a_2\sum_{n=-\infty}^{\infty}x_2(n)e^{-jwn} \\ &= a_1F[x_1(n)]+a_2F[x_2(n)]\end{aligned}$$

2. 시간 이동(shift): 시간 영역에서의 이동은위상의 이동에 대응한다.

$$F[x(n-k)] = X(e^{jw})e^{-jwk} \tag{6.46}$$

위의 결과는 다음 증명으로 설명된다.

$$F[x(n-k)] = \sum_{n=-\infty}^{\infty}x(n-k)e^{-jwn}$$

에서 m=n-k로 치환하면

$$= \sum_{m=-\infty}^{\infty} x(m)e^{-jw(m+k)}$$

$$= \sum_{m=-\infty}^{\infty} x(m)e^{-jwm}e^{-jwk}$$

$$= X(e^{jw})e^{-jwk}$$

3. 주파수 이동: 복소 지수 만큼의 곱셈은 주파수 영역에서의 이동에 해당한다.

$$F[x(n)e^{jnw_0}] = X(e^{j(w-w_0)}) \tag{6.47}$$

위의 결과는 다음 증명으로 설명된다.

$$F[x(n)e^{jnw_0}] = \sum_{n=-\infty}^{\infty} [x(n)e^{jnw_0}]e^{-jwn}$$

$$= \sum_{n=-\infty}^{\infty} x(n)e^{j(w-w_0)n}$$

$$= X(e^{j(w-w_0)})$$

4. 반전: 시간 영역에서의 반전은 주파수 영역에서의 반전에 해당한다.

$$F[x(-n)] = X(e^{-jw}) \tag{6.48}$$

위의 결과는 다음 증명으로 설명된다.

$$F[x(n)] = \sum_{n=-\infty}^{\infty} x(-n)e^{-jwn}$$

$$= \sum_{m=-\infty}^{\infty} x(m)e^{-(-jw)m} \quad (m=-n\text{으로 치환})$$

$$= X(e^{-jw})$$

5. 켤레(conjugation): 시간 영역에서의 켤레는 주파수 영역에서 반전과 켤레에 해당한다.

$$F[x^*(n)] = X^*(e^{-jw}) \tag{6.49}$$

위의 결과는 다음 증명으로 설명된다.

$$F[x^*(n)] = \sum_{n=-\infty}^{\infty} \overline{x(n)}e^{-jwn}$$

$$= \sum_{n=-\infty}^{\infty} \overline{x(n)e^{jwn}}$$

$$= \overline{\sum_{n=-\infty}^{\infty} x(n)e^{jwn}}$$

$$= X^*(e^{-jw})$$

이 성질로부터 다음과 같은 두 가지 식을 유도할 수 있다.

$$F[Re\{x(n)\}] = \frac{1}{2}[X(e^{jw}) + X^*(e^{-jw})]$$

$$F[jIm\{x(n)\}] = \frac{1}{2}[X(e^{jw}) - X^*(e^{-jw})]$$

6. 실수 신호의 대칭성 우리는 이미 실수 신호의 켤레 대칭성에 대해 공부하였다. 의 켤레 대칭성에 대해 공부하였다. 또한 실수 신호은 2장에서 논한 것처럼 다음과 같이 우함수 부분과 기함수 부분으로 분해될 수 있다.

$$x(n) = x_e(n) + x_o(n)$$

여기에서

$$x_e(n) = \frac{1}{2}[x(n) + x^*(-n)]$$

$$x_o(n) = \frac{1}{2}[x(n) - x^*(-n)]$$

그러면, 다음의 푸리에 변환식이 성립한다.

$$F[x_e(n)] = Re[X(e^{jw})]$$

$$F[x_o(n)] = jIm[X(e^{jw})]$$

위 변환식은 실수 신호 $x(n)$에 대한 DTFT, $X(e^{jw})$가 켤레 대칭적이라는 사실로부터 쉽게 증명된다.

의미: 만약 신호 $x(n)$이 실수이고 우함수이면, $X(e^{jw})$ 또한 실수이고 우함수이다. 따라서 완전한 표현을 위해 단지 [0,π]구간에서의 하나의 그림만 필요하다.

7. 주파수 영역에서의 미분:

$$F[nx(n)] = j\frac{dX(e^{jw})}{dw} \tag{6.50}$$

위의 결과는 다음 증명으로 설명된다.

(식 6.41)의 양변을 ω에 대해 미분하면

$$\frac{dX(e^{jw})}{dw} = -jn\sum_{n=-\infty}^{\infty}(-n)x(n)e^{-jwn}$$

$$= \frac{1}{j}\sum_{n=-\infty}^{\infty} nx(n)e^{-jwn}$$

$$= \frac{1}{j}F[nx(n)]$$

8. 컨벌루션: 이는 주파수 영역에서의 시스템 해석을 편리하게 하는 가장 유용한 성질 중의 하나이다.

$$F[x_1(n) * x_2(n)] = F[x_1(n)]F[x_2(n)] = X_1(e^{jw})X_2(e^{jw})$$

위의 결과는 다음 증명으로 설명된다.

$$F[x_1(n) * x_2(n)] = \sum_{n=-\infty}^{\infty}\left[\sum_{k=-\infty}^{\infty} x_1(k)x_2(n-k)\right]e^{-jwn}$$

에서 q=n-k로 치환하면

$$= \sum_{q=-\infty}^{\infty}\left[\sum_{k=-\infty}^{\infty} x_1(k)x_2(q)\right]e^{-jw(q+k)}$$

$$= \sum_{k=-\infty}^{\infty} x_1(k)e^{-jwk}\sum_{q=-\infty}^{\infty} x_2(q)e^{-jwq}$$

$$= X_1(e^{jw})X_2(e^{jw})$$

9. 곱셈: 이는 컨벌루션 성질의 듀얼(dual)이다.

$$F[x_1(n)x_2(n)] = F[x_1(n)] \otimes F[x_2(n)] = \frac{1}{2\pi}\int X_1(e^{j\theta})X_2(e^{j(w-\theta)})d\theta$$

위의 컨벌루션과 비슷한 연산은 주기적 컨벌루션이라 불리고 따라서 ⊗로 표시된다.

10. 파시발(Parseval)의 정리 : 신호 $x(n)$의 에너지는 다음과 같다.

$$E_x = \sum_{-\infty}^{\infty}|x(n)|^2 = \frac{1}{2\pi}\int_{-\pi}^{\pi}|X(e^{jw})|^2 dw$$

$$= \int_0^{\pi}\frac{|X(e^{jw})|^2}{\pi}dw \text{ (실수신호의 경우 우대칭을 이용하여)}$$

$x(n)$의 에너지 밀도 스펙트럼은 다음과 같이 정의된다.

$$\Phi_x(w) = \frac{|X(e^{jw})|^2}{\pi} \tag{6.51}$$

그러면 $[\omega_1, \omega_2]$ 대역에서 의 에너지는 다음과 같이 주어진다.

$$\int_{w_1}^{w_2}\Phi_x(w)dw, \quad 0 \le w_1 < w_2 \le \pi$$

다음의 몇 예제에서 유한 신호 을 사용하여 이 성질 중 몇 가지를 확인할 것이다. 각각의 경우에 이산시간 푸리에 변환을 계산하기 위해 수치적 과정을 따를 것이다. 비록 이것이 각각의 성질의 타당성을 해석적으로 증명하지는 못하지만 우리에게 실제로 필요한 경험을 제공한다.

6.8 선형시불변 시스템의 주파수 영역 표시

전에 푸리에 변환 표현은 선형시불변 시스템에서 가장 유용한 신호 표현이라고 말하였다. 이는 다음 결과에 기인한다.

복소 지수 신호 e^{jw_0n}의 응답

$x(n)=e^{jw_0n}$이 임펄스 응답 h(n)으로 표시되는 선형시불변 시스템의 입력이라고 하자.

$e^{jw_0n} \rightarrow h(n) \rightarrow h(n) * e^{jw_0n}$

그러면

$$y(n)=h(n) * e^{jw_0n}=\sum_{-\infty}^{\infty} h(k) e^{jw_0(n-k)}$$

$$=\left[\sum_{-\infty}^{\infty} h(k) e^{-jw_0k}\right] e^{jw_0n}$$

$$=[F[h(n)]|_{w=w_0}] e^{jw_0n}$$

정의 1. 주파수 응답

임펄스 응답의 이산시간 푸리에 변환은 선형시불변 시스템의 주파수 응답(또는 전달함수)이라고 불리며 다음과 같이 정의된다.

$$H(e^{jwn})=\sum_{-\infty}^{\infty} h(n) e^{-jwn} \tag{6.52}$$

그러면 시스템을 다음과 같이 표시할 수 있다.

$$x(n) = e^{jw_0 n} \rightarrow H(e^{jw}) \rightarrow y(n) = H(e^{jw_0 n}) \times e^{jw_0 n}$$

따라서 출력 신호은 주파수 w_0에서 시스템의 응답에 의해 수정된 입력 지수 신호이다. 이것을 볼 때 주파수 응답이 출력 y(n)을 구하기 위해 복소 지수함수에 곱해지는 것이기 때문에 $H(e^{jw})$을 주파수 응답이라 정의한 것은 타당하다. 이 강력한 결과는 선형시불변 시스템의 선형성을 이용하여 복소 지수함수의 선형 조합에 확장될 수 있다.

$$\sum_k A_k e^{kw_k n} \rightarrow h(n) \rightarrow \sum_k A_k H(e^{jw_k n}) e^{jw_k n}$$

일반적으로, 주파수 응답 은 ω의 복소 함수이다. 아래에서 볼 것처럼 $H(e^{jw})$의 크기는 크기 $|H(e^{jw})|$(또는 이득) 응답 함수라 불리고 각도 $\angle H(e^{jw})$는 위상 응답 함수라고 불린다.

◉ 정현파 신호의 응답

$x(n) = Acos(w_0 n + \theta_0)$가 선형시불변 시스템 h(n)의 입력이라 하자. 그러면 응답 y(n)은 크기가 $|H(e^{jw})|$만큼 커지고 위상이 $\angle H(e^{jw})$만큼 이동된, 같은 주파수 w_0의 또 다른 정현파임을 보일 수 있다.

$$y(n) = A|H(e^{jw_0})| \cos(w_o n + \theta_0 + \angle H(e^{jw_0}))$$

이 응답은 $y_{ss}(n)$로 표시되는 정상상태 응답이라 불린다. 이는 정현파 신호의 선형 조합으로 확장될 수 있다.

$$\sum_k A_k \cos(w_k n + \theta_k) \rightarrow H(e^{jw}) \rightarrow \sum_k A_k |H(e^{jw_k})| \cos(w_k n + \theta_k + \angle H(e^{jw_k}))$$

◉ 임의의 신호의 응답

마지막으로 임의의 절대 가합 신호로 일반화될 수 있다. $X(e^{jw}) = F[x(n)]$와 $Y(e^{jw}) = F[y(n)]$을 가정하자. 그러면 컨벌루션 성질을 이용하여 다음을 얻는다.

$$Y(e^{jw}) = H(e^{jw})X(e^{jw})$$

그러므로 선형시불변 시스템은 주파수 영역에서 다음과 같이 표시한다.

$$X(e^{jw}) \rightarrow H(e^{jw}) \rightarrow Y(e^{jw}) = H(e^{jw})X(e^{jw})$$

출력 y(n)은 그러면 역 이산시간 푸리에 변환을 이용하여 $Y(e^{jw})$로부터 계산된다. 4장에서 볼 것처럼 z-변환과 부분 분수 전개법을 이용하여 임의의 입력에 대한 출력을 계산하는 다른 접근방법이 있다. 이 장에서는 정상상태 응답을 계산하는 것에 주안점을 두겠다.

차분 방정식으로부터 구한 주파수 응답 함수

선형시불변 시스템이 다음의 차분 방정식에 의해 표현되면

$$y(n) + \sum_{l=1}^{N} a_l y(n-l) = \sum_{m=0}^{M} b_m x(n-m)$$

주파수 응답을 구하기 위해, 임펄스 응답 h(n)이 필요할 것이다. 그러나 쉽게 $H(e^{jw})$을 얻을 수 있다. $x(n) = e^{jwn}$일 때 y(n)이 $H(e^{jw})e^{jwn}$이어야 함을 알고 있다.

$$H(e^{jw})e^{jwn} + \sum_{l=1}^{N} a_l H(e^{jw}) e^{jw(n-l)} = \sum_{m=0}^{M} b_m e^{jw(n-m)}$$

공통요소 항을 없애고 다시 정리한 후 다음을 얻는다.

6.9 연속시간(아날로그) 신호의 샘플링과 복원(reconstruction)

이산 시간 신호는 여러 가지 상황에서 발생하지만 연속 시간 신호를 샘플링하여 생기는 이산 시간 신호일 경우가 가장 보편적이다. 연속 시간 신호를 처리하는데 있어, 이를 직접 처리하지 않고 먼저 샘플링하여 이산 시간 신호를 얻은 다음, 이를 이산 시간 처리하는 경우가 많이 있다. 어떤 제약조건만 성립하면 연속 시간 신호는 그의 샘플에 의해서 이산 시간 신호로 완전하게 표현할 수 있다.

여러 응용에서, 예컨대 디지털 통신에서, 실제 세계의 아날로그 신호는 샘플링과 양자화(quantization) 연산(종합해서 아날로그-디지털 전환 또는 ADC 라고 불린다)을 이용하여 이산 신호로 바뀐다. 이 이산 신호는 디지털 신호 처리기에 의해 처리되고 처리된 신호는 복원 연산(디지털-아날로그 전환 또는 DAC 라고 불린다)을 이용하여 아날로그 신호로 바뀐다. 푸리에 해석을 이용하여 주파수 영역의 관점으로부터 샘플링 연산을 기술하고 그 영향을 해석하고 복원 연산에 대해도 해석할 수 있다. 또한 양자화로 인한 이산 신호에 대한 영향이 무시할 수 있을 정도로 양자화 단계의 수가 충분히 크다고 가정한다.

◉ 샘플링

$x_a(t)$가 아날로그(절대적으로 적분가능, absolutely integrable) 신호라 하자. 이의 연속시간 푸리에 변환(CTFT)은 다음과 같다.

$$X_a(j\Omega) = \int_{-\infty}^{\infty} x_a(t) e^{-j\Omega t} dt$$

여기서 Ω은 radian/sec 단위의 아날로그 주파수이다. 역 연속시간 푸리에 변환은 다음과 같다.

$$X_a(t) = \frac{1}{2\pi}\int_{-\infty}^{\infty} X_a(j\Omega)e^{-j\Omega t}d\Omega$$

이제 이산시간 신호 $x(n)$을 구하기 위해 $x_a(t)$을 샘플링 간격 T_s초 만큼 떨어져서 샘플링한다.

$$x(n) = x_a(nT_s)$$

$X(e^{jw})$가 $x(n)$의 이산시간 푸리에 변환이라 하자. 그러면 $X(e^{jw})$가 푸리에 변환 $X_a(j\Omega)$의 크기가 스케일되고 주파수가 스케일되고 평행이동된 변형의 가산 합임을 보일 수 있다.

$$X(e^{jw}) = \frac{1}{T_s}\sum_{t=-\infty}^{\infty} X_a[j(\frac{w}{T_s} - \frac{2\pi}{T_s}l]$$

위 관계는 에일리어싱(aliasing) 공식으로 알려져 있다. 아날로그와 디지털 주파수는 T_s을 통하여 관계된다.

$$w = \Omega T_s$$

반면에 샘플링 주파수 F_s는 다음과 같다.

$$F_s = \frac{1}{T_s},\ sam/\sec$$

여기서 일반적으로, 만약 겹침이 있으면 높은 주파수는 낮은 주파수로 에일리어스 되기 때문에 이산 신호는 대응하는 아날로그 신호의 에일리어싱된 변형임을 알 수 있다. 그러나, 만약 $X_a(j\Omega)$의 무한 "복제(replica)"가 $X(e^{jw})$을 만들기 위해 서로 겹치지 않는다면, $X(e^{jw})$로부터 푸리에 변환 $X_a(j\Omega)$을(또는 대등하게 아날로그 신호 $x_a(t)$을 이의 신호 $x(n)$로부터) 복원하는 것이 가능하다. 대역이 제한된 아날로그 신호의 경우 $X_a(j\Omega)$의 무한 "복제(replica)"가 $X(e^{jw})$을 만들기 위해 서로 겹치지 않는다.

정의 2 대역제한(band-limited) 신호

신호는 만약 $|\Omega|>\Omega_0$에 대해 $X_a(j\Omega)$가 0인 유한의 라디안 주파수 Ω_0가 존재하면 대역제한이다. 주파수 $F_0=\Omega_0/2\pi$는 Hz 단위의 신호 대역폭이라 불린다.

만약, $\pi>\Omega_0 T_s$ 또는 이와 대등하게 $F_s/2>F_0$이면, 다음이 성립한다.

$$X(e^{jw})=\frac{1}{T_s}X(j\frac{w}{T_s});\quad -\frac{\pi}{T_s}<\frac{w}{T_s}\le\frac{\pi}{T_s}$$

이는 대역제한 신호에 대해 샘플링 정리로 이어진다.

정리 3 샘플링 정리

대역폭이 F_0인 대역제한 신호 $x_a(t)$는 만약 샘플링 주파수 $F_s=1/T_s$가 $x_a(t)$의 대역폭 F_0의 2배보다 크면 샘플 값 $x(n)=x_a(nT_s)$로부터 복원될 수 있다.

$$F_s>2F_0$$

만약 그렇지 않으면 에일리어싱이 $x(n)$에 일어날 것이다. 아날로그 대역제한 신호의 샘플링 속도 $2F_0$가 나이키스트 속도(Nyquist rate)라 불린다.

위의 결과는 다음 증명으로 설명된다.

이외의 구간, 즉, $-\frac{\pi}{T_s}<\frac{w}{T_s}<\frac{\pi}{T_s}$ 이외의 구간에서는 $X_a(j\Omega)=0$이기 때문에 다음과 같은 관계가 성립한다.

$$x_a(t) = \frac{1}{2\pi}\int_{-\infty}^{\infty} X_a(j\Omega)e^{j\Omega t}d\Omega$$

$$= \frac{1}{2\pi}\int_{-\frac{n}{T_s}}^{\frac{n}{T_s}} X_a(j\Omega)e^{j\Omega t}d\Omega$$

$X_a(j\Omega)$와 $X(e^{j\Omega T_s})$의 관계로부터 위 식은 다음과 같이 된다.

$$x_a(t) = \frac{T_s}{2\pi}\int_{-\frac{\pi}{T_s}}^{\frac{\pi}{T_s}} X(e^{j\Omega T_s})e^{j\Omega t}d\Omega$$

여기서 $w = \Omega T_s$이고 $x(n) = x_a(nT_s)$일 때 $X(e^{j\Omega T}) = \sum_{k=-\infty}^{\infty} x_a(kT_s)e^{-j\Omega T_s k}$이므로

$$x_a(t) = \frac{T_s}{2\pi}\int_{-\frac{\pi}{T_s}}^{\frac{\pi}{T_s}} [\sum_{k=-\infty}^{\infty} x_a(kT_s)e^{-j\Omega T_s k}]e^{j\Omega t}d\Omega$$

$$= \sum_{k=-\infty}^{\infty} x_a(kT_s)\left[\frac{T_s}{2\pi}\int_{-\frac{\pi}{T_s}}^{\frac{\pi}{T_s}} e^{j\Omega(t-kT_s)}d\Omega\right]$$

$$x_a(t) = \frac{T_s}{2\pi}\int_{-\frac{\pi}{T_s}}^{\frac{\pi}{T_s}} \left[\sum_{k=-\infty}^{\infty} x_a(kT_s)e^{-j\Omega T_s k}\right]e^{j\Omega t}d\Omega$$

$$= \sum_{k=-\infty}^{\infty} x_a(kT_s)\left[\frac{T_s}{2\pi}\int_{-\frac{\pi}{T_s}}^{\frac{\pi}{T_s}} e^{j\Omega(t-kT_s)}d\Omega\right]$$

을 얻게 되며, 윗식에서 적분항을 수행하면 다음과 같이 된다.

$$x_a(t) = \sum_{k=-\infty}^{\infty} x_a(kT_s)\frac{T_s}{\pi}\frac{1}{t-kT_s}\left[\frac{e^{j\frac{\pi}{T_s}(t-kT_s)} - e^{-j\frac{\pi}{T_s}(t-kT_s)}}{2j}\right]$$

$$= \sum_{k=-\infty}^{\infty} x_a(kT_s)\frac{\sin(\frac{\pi}{T_s})(t-kT_s)}{\frac{\pi}{T_s}(t-kT_s)}$$

다음에 정의 되는 sinc 함수

$$\text{sinc}u = \frac{\sin\pi u}{\pi u}$$

를 사용하면 $x_a(t)$는 다음과 같이 표현될 수 있다.

$$x_a(t) = \sum_{k=-\infty}^{\infty} x_z(kT_x)\text{sinc}(\frac{1}{T_s})(t-kT_s)$$

따라서, 만약 신호 $x_a(t)$가 $\Omega \geq \Omega_0\,(\Omega_0 = 2\pi F_0,\ F_0$는 대역폭$)$일 때 $X_a(j\Omega)=0$인 대역제한된 주파수 응답 $X_a(j\Omega)$를 갖는다면, $\frac{1}{T_s} \geq 2(\frac{\Omega_0}{2\pi}) = \frac{\Omega_0}{\pi}$일 때 $x_a(t)$는 균등하게 간격 지어진 샘플, $x_a(nT_s)$, $-\infty \leq n \leq \infty$로부터 유일하게 복원되어질 수 있다. 즉, 샘플링 주파수 $\Omega_s = 2\pi F_s$는 $\Omega_0 = 2\pi F_0$보다 적어도 두 배가 되어야 한다.

$x_a(t)$가 샘플링된 후 $x(n)$이 표시하는 가장 높은 아날로그 주파수는 $F_s/2H_z$ (또는 ω=π)임을 주목해야 한다. 이는 이 장의 첫 번째 절에서 이산시간 푸리에 변환의 성질 2에서 말한 의미와 일치한다.

만약 매끄러운 그림을 만들 정도로 충분히 작은 시간 증가와 모든 모드(mode)를 보일 정도로 충분히 큰 최대 시간을 갖는 세밀한 격자에서 $x_a(t)$을 샘플링한다면, 이의 해석을 근사할 수 있다. Δt가 $\Delta t \ll T_s$를 만족하는 격자 간격이라 하자. 그러면 다음은

$$x_G(m) = x_a(m\Delta t) \tag{6.53}$$

아날로그 신호를 흉내내는(simulate) 행렬로 사용될 수 있다. 다음과 같이 근사되어야 한다.

$$X_a(j\Omega) \approx \sum_m x_G(m) e^{-j\Omega m \Delta t} \Delta t = \Delta t \sum_m x_G(m) e^{-j\Omega m \Delta t}$$

◉ 복원

샘플링 정리와 위의 예제로부터 만약 대역제한인 $x_a(t)$를 나이키스트 속도 위로 샘플링한다면, 이의 샘플 $x(n)$로부터 $x_a(t)$를 복원할 수 있다. 이 복원은 두 단계 과정으로 생각할 수 있다.

먼저 샘플은 가중 임펄스 열(train)로 전환된다.

$$\sum_{n=-\infty}^{\infty} x(n)\delta(t-nT_s) = \cdots + x(-1)\delta(n+T_s) + x(0)\delta(t) + x(1)\delta(n-T_s)$$

그리고 나서 임펄스열은 $[-F_s/2, F_s/2]$ 대역으로 대역제한된 이상 아날로그 저역통과 필터를 통해 여파된다.

$x(n)$→임펄스열전환 →이상저역통과필터→$x_a(t)$

이 두 단계 과정은 보간(interpolating) 공식을 사용하여 수학적으로 기술된다.

$$x_a(t) = \sum_{n=-\infty}^{\infty} x(n)\mathrm{sinc}[F_s(t-nT_s)]$$

여기서 $\operatorname{sin}c(x)=\dfrac{\sin\pi x}{\pi x}$은 보간 함수이다. 우리는 전체 시스템이 인과적이지 않고 따라서 실현가능하지 않으므로 이 이상 보간은 실제 실현가능하지 않다는 것을 관찰할 수 있다.

실용적 D/A 전환기: 두 단계 과정은 여전히 실현가능하지만 이제 우리는 이상 저역통과 필터를 실용적 아날로그 저역통과 필터로 바꾼다. 또 다른 해석은 이것이 무한 차수의 보간이다는 것이다. 우리는 유한 차수의(그리고 사실은 낮은 차수의) 보간을 원한다. 이를 행하는 여러 가지 접근방식이 있다.

$$\hat{x_a}(t)=x(n),\ \ nT_s\le n<(n+1)T_s$$

이는 임펄스열을 다음과 같은 형태의 보간 필터를 통해 여파함으로써 구해질 수 있다.

$$h_0(t)=\begin{cases}1, & 0\le t\le T_s\\ 0, & \text{다른경우}\end{cases}$$

이는 사각 펄스이다. 결과로 나오는 신호는 정확한 파형 복원을 위해 적절히 설계된 아날로그 후(post)필터를 필요로 하는 불연속(piecewise)-상수 (계단) 파형이다.

$$x(n)\to ZOH\to\hat{x_a}(t)\to\text{후필터}\to x_a(t)$$

$$h_1(t)=\begin{cases}1+\dfrac{t}{T}, & 0\le t\le T_s\\ 1-\dfrac{t}{T}, & T_s\le t\le 2T_s\\ 0 & \text{다른경우}\end{cases}$$

다시 한 번 적절히 설계된 아날로그 후필터가 정확한 복원을 위해 필요하다. 이 보간은 높은 차수까지 확장될 수 있다.

$$x_a(t)=a_0(n)+a_1(n)(t-nT_s)+a_2(t-nT_s)^2+a_3(n)(t-nT_s)^3,\ \ nT_s\le n\le(n+1)T_s$$

여기서 $\{a_i(n), 0 \le i \le 3\}$은 다항식 계수인데 샘플값의 최소제곱 해석을 이용하여 구한다.

만약 $\{x(n), n_1 \le n \le n_2\}$가 주어지고 격자 간격이 Δt인 매우 세밀한 격자로 $x_a(t)$을 보간하기를 원하다면,

$$x_a(m\Delta t) \approx \sum_{M=n_1}^{n_2} x(n)\mathrm{sinc}\left[F_s(m\Delta t - nT_s)\right],\ t_1 \le m\Delta t \le t_2$$

유한 개의 샘플을 가정한 사실에 비추어 정확한 아날로그 $x_a(t)$을 얻는 것은 불가능함을 주목해야한다.

6.10 MATLAB 응용

이 절에서는 MATLAB을 이용하여 위에서 설명한 이산 신호 및 시스템과 이산 신호의 푸리에 해석에 대해 나타내어 보겠다.

① $\sin\pi ft$ 함수를 1초, 0.5초, 0.25초 간격으로 샘플링한 이산시간 신호를 MATLAB을 이용하여 나타내어보자.

Matlab Source

```
%% MATLAB을 이용한 신호및시스템 6.1%%
% sin pi*t
t=0:0.01:4;     % 시간
y= sin(pi*t);
subplot(3,1,1);plot(t,y);
axis([0,4,-1.5,1.5]);
xlabel('t');
ylabel('y(t)');
grid;
```

```
% sin (pi/2)*n
n=0:12;
y1=sin(pi*n/2);
subplot(3,1,2);stem(n,y1);
axis([0,8,-1.5,1.5]);
xlabel ('n');
ylabel('y[n]');
grid;

% sin (pi/4)*n
y2=sin(pi*n/4);
subplot(3,1,3);stem(n,y2);
axis([0,8,-1.5,1.5]);
xlabel ('n');
ylabel('y[n]');
grid;
```

Matlab Figure

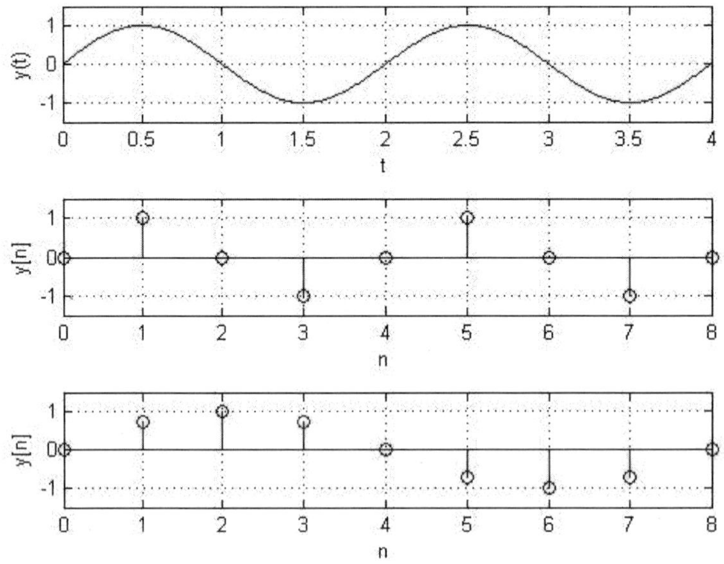

② 어떤 시스템의 주파수 응답이 다음과 같을 때 주파수 응답의 크기와 위상을 MATLAB을 이용하여 나타내어보자.

$$\begin{aligned} H(e^{jw}) &= \frac{1}{12} + \frac{1}{6}e^{-jw} + \frac{1}{12}e^{-j2w} \\ &= \frac{1}{3}e^{-jw}\left(\frac{1}{4}e^{jw} + \frac{1}{2} + \frac{1}{4}e^{-jw}\right) \\ &= \frac{1}{3}e^{-jw}\left(\frac{1}{2} + \frac{1}{2}cosw\right) \end{aligned}$$

Matlab Source

```
%% MATLAB을 이용한 신호및시스템 6.2%%
w = 0:pi/300:2*pi;
num = [1/12 1/6 1/12]; % 주파수 응답 계수
```

```
den = [1];
[H,q] = freqz(num,den,w);
mag_H = abs(H);         % 주파수 응답 크기
phase_H = angle(H);     % 주파수 응답 위상
plot(w,mag_H);
xlabel('주파수[rad]'); ylabel('크기');
axis([0,2*pi,-0.1,0.5])
grid on
figure
plot(w,phase_H);
xlabel('주파수[rad]'); ylabel('위상[rad]');
axis([0,2*pi,-pi,pi])
grid on
```

Matlab Figure

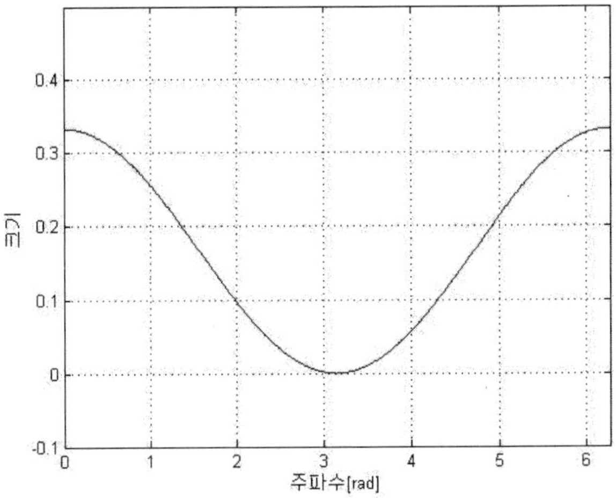

(a) 주파수 응답 크기

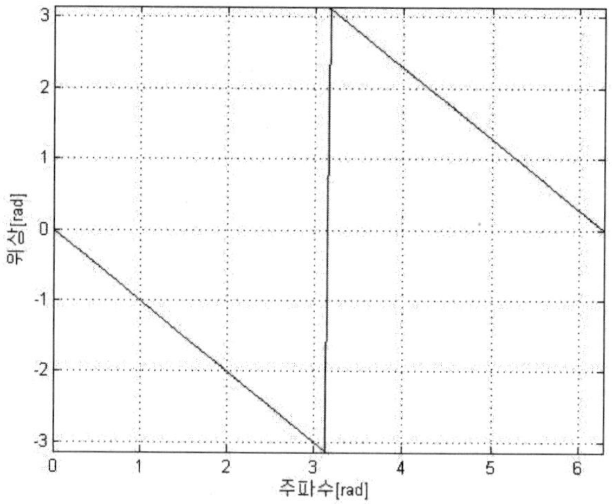

(b) 주파수 응답 위상

③ 다음 신호에서 α가 1/3일 때의 푸리에 변환을 구하고 주파수 응답의 크기와 위상을 MATLAB을 이용하여 plot 해보자.

$$x(n) = \alpha^n u(n), \qquad |\alpha| < 1$$

이 신호의 푸리에 변환은

$$X(e^{jw}) = \sum_{n=0}^{\infty} \alpha^n \exp[-jwn] = \frac{1}{1-\alpha\exp[-jw]}$$

이며 크기와 위상은 다음과 같다.

$$|X(jw)| = \frac{1}{\sqrt{1+\alpha^2 - 2\alpha\cos jw}}$$

$$\angle X(e^{jw}) = -\tan^{-1}\frac{\alpha\sin jw}{1-\alpha\cos jw}$$

Matlab Source

```
%% MATLAB을 이용한 신호및시스템 6.3%%
w = -2*pi:pi/300:2*pi;
num = [1];
den = [1 -1/3];
[H,q] = freqz(num,den,w);
mag_H = abs(H);                    %주파수 응답 크기
phase_H = angle(H);                %주파수 응답 위상
plot(w,mag_H);
axis([-2*pi,2*pi,0.6,1.6])
xlabel('주파수[rad]'); ylabel('크기');
grid on

figure
plot(w,phase_H);
xlabel('주파수[rad]'); ylabel('위상[rad]');
axis([-2*pi,2*pi,-0.2*pi,0.2*pi])
 grid on
```

Matlab Figure

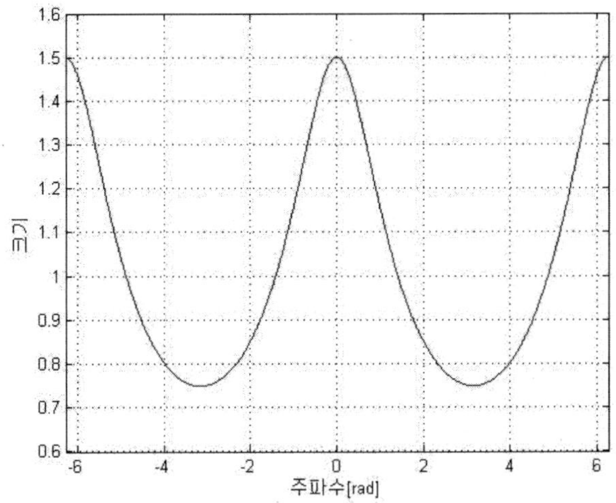

(a) 주파수 응답 크기

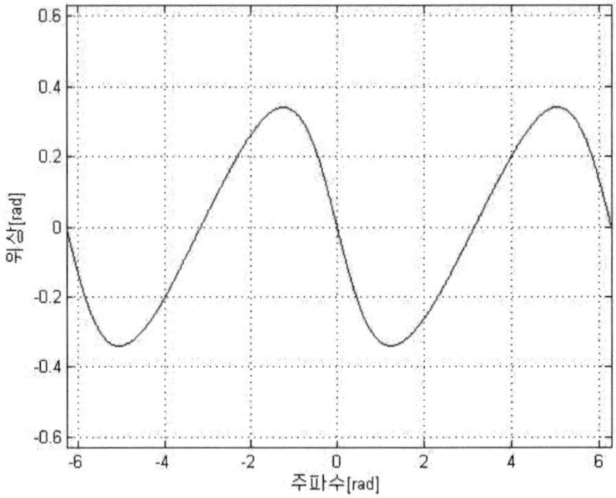

(b) 주파수 응답 위상

④ $h(n)$과 $x(n)$이 아래와 같을 때 $H(jw)X(jw)$를 구하고 MATLAB을 이용하여 plot 하여 보자.

$$x(n) = \left(\frac{1}{3}\right)^n u(n)$$

$$h(n) = \left(\frac{1}{2}\right)^n u(n)$$

이 신호들 푸리에 변환은

$$X(jw) = \frac{1}{1 - \frac{1}{3}exp[-jw]}$$

$$H(jw) = \frac{1}{1 - \frac{1}{2}exp[-jw]}$$

이며, $H(jw)X(jw)$는

$$H(jw)X(jw) = \frac{1}{1-\frac{1}{2}exp[-jw]}\frac{1}{1-\frac{1}{3}exp[-jw]}$$
$$= \frac{3}{1-\frac{1}{2}exp[-jw]} - \frac{2}{1-\frac{1}{3}exp[-jw]}$$

이다.

Matlab Source

```
%% MATLAB을 이용한 신호및시스템 6.4%%
w = -2*pi:pi/300:2*pi;
num_h = [3];
num_x = [2];
den_h = [1 -1/2];
den_x = [1 -1/3];
[H,q_h] = freqz(num_h,den_h,w);
[X,q_x] = freqz(num_h,den_h,w);
Y=H.*X;
mag_H = abs(H);                    % H 주파수 응답 크기
phase_H = angle(H);                 % H 주파수 응답 위상
mag_X = abs(X);                    % X 주파수 응답 크기
phase_X = angle(X);                 % X 주파수 응답 위상
mag_Y = abs(Y);                    % Y 주파수 응답 크기
phase_Y = angle(Y);                 % Y 주파수 응답 위상
figure
subplot(2,1,1);plot(w,mag_H);
%axis([-2*pi,2*pi,0.6,1.6])
xlabel('주파수[rad]'); ylabel('크기');
grid on
subplot(2,1,2);plot(w,phase_H);
xlabel('주파수[rad]'); ylabel('위상[rad]');
%axis([-2*pi,2*pi,-0.2*pi,0.2*pi])
grid on
```

```
figure
subplot(2,1,1);plot(w,mag_X);
%axis([-2*pi,2*pi,0.6,1.6])
xlabel('주파수[rad]'); ylabel('크기');
grid on
subplot(2,1,2);plot(w,phase_X);
xlabel('주파수[rad]'); ylabel('위상[rad]');
%axis([-2*pi,2*pi,-0.2*pi,0.2*pi])
grid on
figure
subplot(2,1,1);plot(w,mag_Y);
%axis([-2*pi,2*pi,0.6,1.6])
xlabel('주파수[rad]'); ylabel('크기');
grid on
subplot(2,1,2);plot(w,phase_Y);
xlabel('주파수[rad]'); ylabel('위상[rad]');
%axis([-2*pi,2*pi,-0.2*pi,0.2*pi])
grid on
```

Matlab Figure

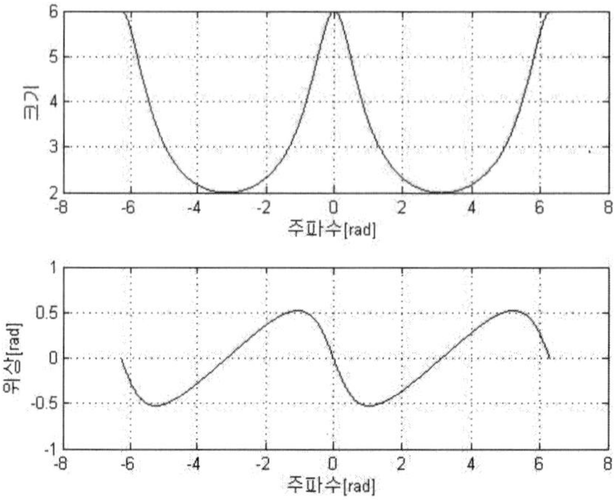

(a) $h(n)$ 주파수 응답 크기와 위상

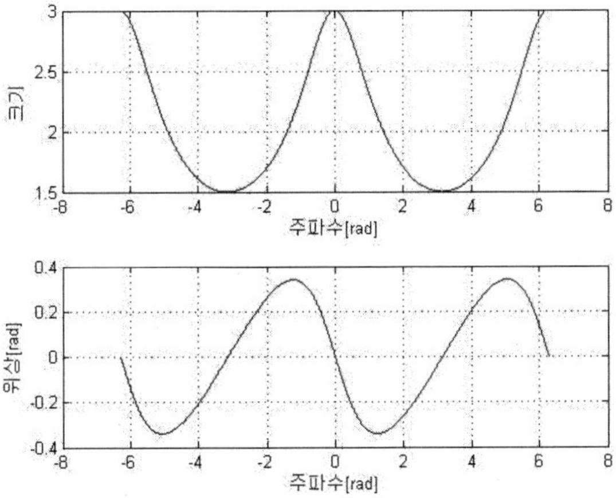

(b) $x(n)$ 주파수 응답 크기와 위상

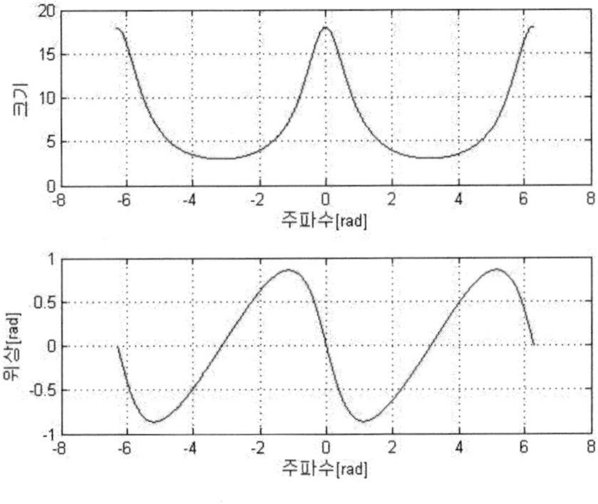

(c) $h(n) \otimes x(n)$ 주파수 응답 크기와 위상

6.11 중요 용어

나이키스트 속도 (Nyquist rate)	단위 계단 신호(Unit step sequence)
단위 임펄스 신호(Unit impulse sequence)	대역제한 신호 (Band-limited signal)
무기억(memoryless)	복소수 지수 신호 (Complex-valued exponential sequence)
불규칙 신호(Random sequence)	보간 (Interpolating)
선형 시불변(Linear Time-Invariant)	실수 지수 신호 (Real-valued exponential sequence)
안정성(Stability)	이산 시간 신호 (discrete-time sequence)
이산시간 푸리에 해석 (Discrete Time Fourier Analysis)	유계입력 유계출력 (Bounded-input bounded-output, BIBO)
인과성(causality)	에일리어싱(Aliasing)
정현파 신호(Sinusoidal sequence)	중첩(superposition)
통계적 모멘트 (statistical moment)	푸리에 스펙트럼 (Fourier spectrum)
확률 밀도 함수 (probability density function)	

6.12 연습문제

6.1 $y[n]+0.5y[n-1]=x[n], x[n]=u[n], y[-1]=-1$ 의 해를 구하라.

6.2 다음의 신호가 주기 신호인지 판별하라. 만일 주기 신호이면 그 신호의 주기를 구하여라

(1) $x(n)=\sin(\frac{\pi n}{4}+\frac{\pi}{8})$

(2) $x(n)=\mathrm{sing}(\frac{3\pi n}{4})+\sin(\frac{\pi}{3}n)$

6.3 신호 $x(t)=5\cos(120t-\pi/3)$가 T초의 간격으로 일정하게 샘플링되었다. 샘플링된 이산 신호가 주기적이기 위한 T를 결정하여라. 주기는 얼마인가?

6.4 $x_1(n)$과 $x_2(n)$이 주기 N인 주기적 이산 신호라 하고 다음을 보여라.

$$\sum_{k=0}^{N-1} x_1(k)x_2(n-k) = \sum_{k=n_0}^{N+n_0-1} x_1(k)x_2(n-k)$$

6.5 부분 인과 선형시불변시스템은 차분방정식에 의해 이산적이다.

$$y[n]-\frac{\sqrt{2}}{2}y[n-1]+\frac{1}{4}y[n-2]=x[n]-x[n-1]$$

(a) 이 시스템의 임펄스 응답을 구하시오.

(b) 이 시스템의 주파수응답의 위상과 log 크기를 그리시오.

6.6 인과 선형시불변시스템이 다음과 같다.

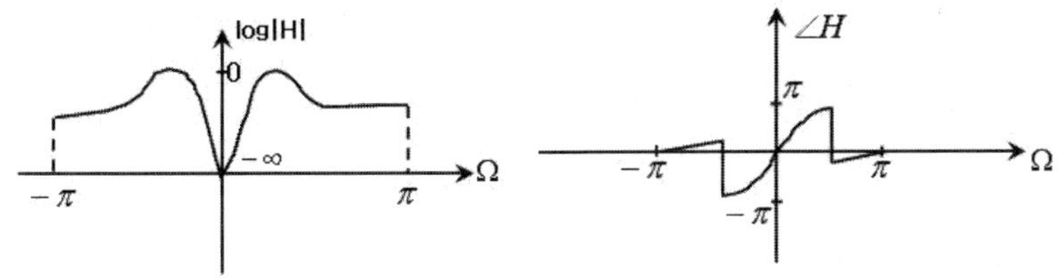

$$y[n]+\frac{1}{2}y[n-1]=x[n]$$

(a) 이 시스템의 주파스 응답 $H(\Omega)$을 구하시오.

(b) 다음과 같이 주어진 입력에 대한 응답을 구하시오.

(i) $x[n]=(\frac{1}{2})^n u[n]$

(ii) $x[n] = (-\frac{1}{2})^n u[n]$

(iii) $x[n] = \delta[n] + \frac{1}{2}\delta[n-1]$

(iv) $x[n] = \delta[n] - \frac{1}{2}\delta[n-1]$

6.7 $y[n] = x[n] + ax[n-1], |a| < 1$로 주어진 시스템에서 Inverse 시스템의 임펄스응답을 구하여라.

6.8 아날로그 신호 $x_a(t) = 5\cos(150\pi t - 60^\circ)$이고, 샘플 주파수 $f_z = 200Hz$ 일 경우

a) Discrete-time sequence를 밝혀내라.

b) 주기를 어떻게 되는가?

c) x(n)의 푸리에 스펙트럼은 어떻게 되는가?

6.9 연속신호 $x_c(t) = s_c(t) + \alpha s_c(t - T_D)$, $x_c(t)$의 푸리에 변환은 $|\omega| > \pi/T$ 일 때 $X_c(\omega) = 0$ 이고 $x_c(t)$는 시퀀스 $x[n] = x_c(nT)$을 얻기 위해 주기 T로 샘플링된다. 다음과 같은 이산시간시스템에서

$$x[n] = \sum_{k=-\infty}^{\infty} s[k]h[n-k], \quad s[n] = s_c(nT)$$

단위 샘플 응답 $h[n]$을 구하시오.

(a) $T_D = T$ 일 때 $h[n]$을 구하시오.

(b) $T_D = T/2$ 일 때 $h[n]$을 구하시오.

6.10 $x(t) = 5cos(120t - \pi/3)$의 신호가 T초 간격으로 샘플링 되었을 때 이산 신호에 대해서도 주기성을 가질 T값을 구하시오.

6.11 다음 주기 신호 x[n]의 이산 시간 푸리에 급수 계수를 구하시오.

(a) $x[n] = \cos[\frac{5\pi}{2}n]$

(b) $x[n] = \sin[\frac{\pi}{2}n + \frac{\pi}{3}]$

(c) $x[n] = 2\cos[\frac{3\pi}{4}n] + \sin[\frac{\pi}{3}n]$

(d) $x[n] = (-1)^n$

6.12 다음의 이산 시간 푸리에 급수 계수 X_k를 가지는 이산 주기신호 x[n]을 구하시오.

(a) X_k=1

(b) X_k=(−1)k

(c) $X_k = \begin{cases} 1 & ,0 \le k \le 3 \\ 0 & ,4 \le k \le 7 \end{cases}$, X_k 는 주기 8로 반복

6.13 주기 신호 x[n]의 이산 시간 푸리에 급수 계수를 X_k라 할 때 다음 신호의 이산 시간 푸리에 급수 계수를 구하시오.

(a) x[n+2]

(b) (−1)kx[n] (단, 주기는 짝수이다)

(c) x[n] + x[−n]

제 7 장

Z-변환

CHAPTER 07

z-변환

6장에서 복소 지수 신호를 이용하여 이산 신호와 이산 시간 시스템을 표현하는데 중요한 역할을 하는 이산시간 푸리에 변환 방식을 공부하였다. 이 표현은 주파수 응답 함수 $H(e^{jw})$을 이용하여 주파수 영역에서 시스템을 기술하기 때문에 확실히 선형시불변 시스템에 대해 장점을 갖고 있다.

정현파 신호의 정상 상태 응답의 계산은 $H(e^{jw})$을 이용함으로써 쉽게 구할 수 있다. 더구나, 어떤 임의의 절대 가합 신호 $x(n)$의 응답도 변환 $X(e^{jw})$와 주파수 응답 $H(e^{jw})$을 곱함으로써 주파수 영역에서 쉽게 계산될 수 있다. 그러나 푸리에 변환 접근방식에 두 가지 단점이 있다. 첫째, 실제 $u(n)$와 $nu(n)$같이 푸리에 변환이 수렴하지 않아서 이산 시간 푸리에 변환이 존재하지 않는 유용한 신호가 많이 있다.

따라서 더 광범위한 신호에 적용될 수 있는 일반화된 푸리에 변환이 필요하다. 둘째, 초기 조건이나 변하는 입력으로 인한 시스템의 과도 응답과 같은 여러 가지 해석적인 문제를 다루는데 있어서 이산 시간 푸리에 변환 방식은 부적절한 경우가 많다.

따라서 위의 두 문제를 해결하기 위해 이산시간 푸리에 변환의 확장을 생각하기로 한다. 이 확장은 z-변환이라 불린다.

z-변환에는 양측형과 편측형이 있는데 양측 (또는 양쪽을 가진) 형은 보다 많은 신호와 시스템의 집합이 해석될 수 있고 편측 (또는 한쪽을 가진) 형은 초기 조건 또는 변하는 입력에 대한 시스템의 응답을 구하는데 사용될 수 있다. 이미 언급한 이산 시간 푸리에 변환의 두 가지 문제점을 해소하는 것 외에도 z-변환은 복소 함수론을 적용할 수 있는 장점이 있다.

7.1 양측 z-변환

7장에서는 $x(n)$의 푸리에 변환 $X(e^{jw})$를 다음과 같이 정의하였다.

$$X(e^{jw}) = F[x(n)] = \sum_{n=-\infty}^{\infty} x(n)e^{-jwn} \tag{7.1}$$

신호 $x(n)$의 z-변환을 다음과 같이 정의한다.

$$X(z) \doteq Z[x(n)] = \sum_{n=-\infty}^{\infty} x(n)z^{-n} \tag{7.2}$$

여기서 z는 복소 변수이다. 이렇게 해석할 경우 z-변환 연산자는 이산 시간 신호 신호 $x(n)$을 연속 복소 변수 z의 함수 $X(z)$로 변환된다. z-변환은 다음과 같은 기호로 나타낸다.

$$x(n) \overset{z}{\leftrightarrow} X(z) \tag{7.3}$$

여기서 정의된 z-변환은 편측 z-변환에 대응되는 개념으로, 시간 축이 $-\infty$에서 $+\infty$까지로 정의된다는 점에서 양측 z-변환이라고 한다. 이 두 변환은 $n<0$에 대하여

$$x(n) = 0 \tag{7.4}$$

일 경우에 서로 동일하다.

일반적으로 복소 변수를 극형식으로 표현하면 다음과 같다.

$$\begin{aligned} X(z) = X(re^{jw}) &= \sum_{n=-\infty}^{\infty} x(n)(re^{jw}) \\ &= \sum_{n=-\infty}^{\infty} x(n)r^{-n}e^{-jwn} \end{aligned} \tag{7.5}$$

z-변환은 원래의 신호$x(n)$ 와 r^{-n}의 곱을 푸리에 변환한 식으로 해석할 수 있다. 푸리에 변환과 z-변환 사이에 밀접한 관계를 확인할 수 있다. 복소 변수 z를 e^{jw}로 치환할 경우 푸리에 변환 $X(e^{jw})$과 동일한 식으로 변환된다. $X(z)$에 대해서, 원래 신호의 푸리에 변환이 존재할 경우 $X(z)$ 에서 z의 크기를 1로 제한($|z|=1$: 단위원)하고 $-\pi \le w \le \pi$에서 정의된 함수를 의미한다. 푸리에 변환을 $X(e^{jw})$으로 쓰는 까닭도 여기에 있다.

푸리에 변환에서와 마찬가지로 z-변환 역시 모든 경우에 수렴하는 것이 아니다. $X(z)$를 $F[x(n)r^{-n}]$으로 생각하면 푸리에 변환의 수렴조건에 따라 다음과 같은 z-변환 수렴조건을 유도할 수 있다.

$$\sum_{n=-\infty}^{\infty} |x(n)r^{-n}| = \sum_{n=-\infty}^{\infty} |x(n)||z|^{-n} < \infty \tag{7.6}$$

위에서 알 수 있는 것처럼 $X(z)$가 존재하는 z 값의 집합은 원점으로부터의 거리로 나타낼 수 있으며 항상 원점에 대하여 띠 모양으로 분포한다. 수렴 조건은 다음과 같은 수식으로 표현할 수 있다. 이 점들의 집합을 수렴 영역(ROC)이라고 하며 어떤 양수 R_{x-}와 R_{x+}에 대해 다음과 같이 주어진다.

$$R_{x-} < |z| < R_{x+} \tag{7.7}$$

위와 같은 수렴 영역이 단위원을 포함하지 않을 경우, 푸리에 변환식으로 표현되는 무한합이 절대 가합 조건을 만족하지 않으므로 푸리에 변환은 수렴하지 않는다.

무한합의 함수 형태로 표현될 때, 즉 절대 가합이고 간단한 수식으로 표현될 수 있을 때, z-변환은 유용한 가치를 지닌다. 가장 중요하며 유용한 z-변환 형태는 다음과 같이 주어진다.

$$X(z) = \frac{P(z)}{Q(z)} \tag{7.8}$$

위 식에서 $P(z)$와 $Q(z)$는 z의 다항식 형태를 가진다. $X(z)=0$의 조건을 만족시키는 z-평면상에서의 점을 영점이라고 하고, $X(z) \to \infty$ 의 조건을 만족시키는 점을 극점이라고 한다. z의 값이 유한인 $X(z)$의 극점은 분모 다항식 $Q(z)$의 근이 된다. 수렴 영역과 극점, 영점의 위치 관계에 따라 시스템 및 신호의 해석이 가능하다.

위의 내용을 다음과 같이 정리할 수 있다.

① 복소 변수 z 는 $z=|z|e^{jw}$에 의해 주어지는 복소 주파수라고 불린다. 여기서 $|z|$은 감쇠이고 w은 실수 주파수이다.

② 주어진 ROC가 크기 $|z|$에 의해 정의되므로 ROC의 모양은 열린 환(ring)모양이다. R_{x-}는 0과 같거나 R_{x+}가 ∞될 수 있음을 주목하라.

③ 만약 $R_{x+} < R_{X-}$ 이면 ROC는 공집합이고 z-변환은 존재하지 않는다.

④ 함수 $|z|=1$(또는 $z=e^{jw}$)는 z-평면에서 반지름이 1인 원이고 단위원이라 불린다. 만약 ROC가 단위원을 포함하면 $X(z)$을 단위원에서 계산할 수 있다.

$$X(z)|_{z=e^{jw}} = X(e^{jw}) = \sum_{n=-\infty}^{\infty} x(n)e^{-jw} = F[x(n)] \tag{7.9}$$

따라서 이산시간 푸리에 변환은 z 변환 특수한 경우로 볼 수 있고, ROC의 성질은 다음과 같다.

① 수렴 조건이 크기 $|z|$에 해당하므로 ROC는 항상 원에 의해 제한된다.

② $X(z)$가 균등하게 수렴하므로 ROC는 극점을 포함할 수 없다.

③ 유리 함수 $X(z)$의 ROC의 경계에 적어도 하나의 극점이 있다.

④ 신호 $x_1(n)=a^n u(n)$은 $n<n_0$에 대해 0인 신호 $x(n)$로 정의된 우측(right-sided) 신호의 특수한 경우이다. 우측 신호의 ROC는 항상 반지름 R_{x-} 인 원의 바깥쪽이다. 만약 $n_0 \geq 0$이면 우측 신호는 항상 인과적 신호로 불린다. (단, 우측 신호인 경우까지 확장하여 생각할 수 있다 ; $x(n)=0,\ n<n_1<\infty$)

⑤ 신호 $x_2(n)=-b^n u(-n-1)$은 $n>n_0$에 대해 0인 신호 $x(n)$로 정의된 좌측 신호의 특수한 경우이다. 만약 $n_0 \leq 0$이면, 결과로 나온 신호는 반인과적(anticausal) 신호라 불린다. 좌측 신호의 ROC는 또한 반지름 R_{x+}인 원의 내부이다. (단, 좌측 신호인 경우까지 확장하여 생각할 수 있다; $x(n)=0,\ n>n_2>-\infty$)

⑥ 신호 $x_3(n)$은 양측 신호다. 양측 신호의 ROC는, 만약 존재한다면, 위의 성질 2, 3에서 확인할 수 있는 것처럼 어떤 극점도 포함하지 않고 극점에 의해 제한되는 항상 열

린 고리모양 $0 \le R_{x-} < |z| < R_{x+} \le \infty$ 이다.

⑦ $n < n_1 < \infty$ 와 $n > n_2 > -\infty$ 에 대해 0인 신호은 유한 신호라 불린다. 이러한 신호의 ROC는 전체 z-평면이다. 만약 $n_1 < 0$이면 $z = \infty$ 은 ROC에 있지 않다. 만약 $n_2 > 0$이면 $z = 0$은 ROC에 있지 않다.

⑧ ROC는 하나의 연속된 영역이다. 즉 ROC는 단편으로 나누어져 있지 않다.

주어진 $x(n)$에 대해 $X(z)$수렴여부는 $|z|$ 에 만 좌우된다는 사실에서 성질1이 유도된다. 성질 3는 $X(z)$가 극점에서 무한대가 되며 정의 의해 수렴하지 않는다는 사실로부터 나온다. 성질 4에서 7까지는 z변환을 원 신호에서 지수를 곱한 것을 푸리에 변환한 것으로 해석하면 직접 전개된다.

성질 8은 공식적으로 전개하기가 다소 어려우나 위의 성질들로 부터의 설명에 의하여 거의 확실해진다. 디지털 신호 처리에서 거의 모든 디지털 자료가 실시간으로 얻어지기 때문에 신호는 인과적(causal)이라고 가정한다. 따라서 우리에게 관심 있는 유일한 ROC는 위의 성질 4에 주어진 것이다.

7.2 z-변환의 중요한 성질

z-변환의 성질은 7장에서 공부한 이산시간 푸리에 변환의 성질을 일반화한 것이다. z-변환의 중요한 성질을 다음에 나열하고 일부는 증명으로 설명한다.

1. **선형성:** z-변환은 선형 변환이다. 즉 모든 a_1, a_2, $x_1(n)$, $x_2(n)$에 대하여 다음을 만족한다. 두 개의 신호 $x_1(n)$과 $x_2(n)$을 선형결합한 z-변환은 각각의 z-변환의 선형결합과 같다.

$$Z[a_1 x_1(n) + a_2 x_2(n)] = a_1 X_1(z) + a_2 X_2(z), \qquad (7.10)$$

$ROC \quad ROC_{x1} \cap ROC_{x2}$ 포함

위의 결과는 다음 증명으로 설명된다.

$$Z[a_1x_1(n)+a_2x_2(n)] = \sum_{n=-\infty}^{\infty}[a_1x_1(n)+a_2x_2(n)]z^{-n} \tag{7.11}$$
$$= a_1\sum_{n=-\infty}^{\infty}x_1(n)z^{-n}+a_2\sum_{n=-\infty}^{\infty}x_2(n)z^{-n}$$
$$= a_1X_1(z)+a_2X_2(z)$$

전체 수렴영역은 적어도 각각의 수렴영역의 공통부분을 포함한다. 유리 z변환의 신호에 있어서는 $a_1X_1(z)+a_2X_2(z)$의 극점들이 $X_1(z)$와 $X_2(z)$의 모든 극점들로 이루어진다면, 즉 극점과 영점의 상쇄가 없다면, 전체 수렴영역은 정확히 각 수렴영역의 공통부분과 일치한다. 만약 선형결합에 의해 극점을 상쇄하는 영점이 생긴다면 수렴영역은 더 넓어진다. 간단한 예가 $x_1(n)$과 $x_2(n)$은 무한 신호인데, 그 선형결합은 유한 신호가 되는 경우이다. 이 경우 ROC는 $z=0$과 $z=\infty$에서 발산할 수도 있지만 나머지 z평면에서는 수렴한다.

2. **샘플 이동:**

$$Z[x(n-n_0)] = z^{-n_0}X(z) \tag{7.12}$$

$ROC \ ROC_x$(단, 0과 ∞가 포함/배제 가능)

위의 결과는 다음 증명으로 설명된다.

$$Z[x(n-n_0)] = \sum_{n=-\infty}^{\infty}x(n-k)z^{-n} \tag{7.13}$$

에서 $m=n-n_0$로 치환하면

$$
\begin{aligned}
&= \sum_{m=-\infty}^{\infty} x(m) z^{-(m+n_0)} &(7.14)\\
&= \sum_{m=-\infty}^{\infty} x(m) z^{-m} z^{-n_0}\\
&= z^{-n_0} X(z)
\end{aligned}
$$

정수 n_0가 양수라면 원래 신호 $x(n)$이 오른쪽으로 이동되고, n_0가 음수라면 원래 신호$x(n)$이 왼쪽으로 이동된다. 선형성의 경우처럼 z^{-n_0}가 $z=0$ 혹은 $z=\infty$에서 극점의 수가 변할 수 있으므로 ROC가 변할 수 있다. 샘플 이동 특성은 다른 성질과 결합하여 역 z변환을 구하는데 유용하다.

3. **주파수 이동:**

$Z[a^n x(n)] = X(\frac{z}{a})$, ROC $|a|$ 만큼 스케일 된 ROC_x

위의 결과는 다음 증명으로 설명된다.

$$
\begin{aligned}
Z[a^n x(n)] &= \sum_{n=-\infty}^{\infty} [a^n x(n)] z^{-n} &(7.15)\\
&= \sum_{n=-\infty}^{\infty} x(n) (\frac{z}{a})^{-n}\\
&= X(\frac{z}{a})
\end{aligned}
$$

이 성질의 결과로 $X(z)$가 $z=z_1$에서 극점을 갖는다면 $X(a^{-1}z)$는 $z=az_1$에서 극점을 가지기 때문에, 모든 극점과 영점의 위치는 a에 의해 스케일된다. a가 양의 실수라면, 이것은 z평면의 확대 혹은 압축으로 해석할 수 있다. 즉 극점과 영점의 위치가 z평면의 방사선을 따라 변한다. 만약 a가 단위 크기의 복소수라면, 즉, $a=e^{jw}$이 된다면, 스케일은 z평면에서 w_0의 각 만큼 회전하는 것에 해당한다. 즉, 극점과 영점의 위치가 원점에 중심을 둔 원을 따라 변한다.

4. **반전:**

$$Z[x(-n)] = X(1/z),\ ROC \text{ 반전된 } ROC_x \tag{7.16}$$

$ROC: \dfrac{1}{r_L} < |z| < \dfrac{1}{r_R} \Leftarrow ROC_x \ \ r_R < |z| < r_L$

위의 결과는 다음 증명으로 설명된다.

$$\begin{aligned} Z[x(-n)] &= \sum_{n=-\infty}^{\infty} x(-n)z^{-n} \\ &= \sum_{m=-\infty}^{\infty} x(m)z^{m} \ (m=-n \text{ 으로 치환}) \\ &= \sum_{m=-\infty}^{\infty} x(m)(\frac{1}{z})^{-m} \\ &= X(\frac{1}{z}) \end{aligned} \tag{7.17}$$

5. **복소 켤레성:**

$$Z[x^*(n)] = X^*(z^*),\ ROC\ ROC_x \tag{7.18}$$

위의 결과는 다음 증명으로 설명된다.

$$\begin{aligned} Z[x^*(n)] &= \sum_{n=-\infty}^{\infty} \overline{x(n)}z^{-n} \\ &= \sum_{n=-\infty}^{\infty} \overline{x(n)z^{-n}} \\ &= \overline{\sum_{n=-\infty}^{\infty} x(n)z^{-n}} \\ &= X^*(z^*) \end{aligned} \tag{7.19}$$

이 성질로부터 다음과 같은 두 가지 식을 유도할 수 있다.

$$Z[Re\{x(n)\}] = \frac{1}{2}[X(z) + X^*(z^*)] \quad ROC\ ROC_x \text{ 포함} \tag{7.20}$$

$$Z[Im\{x(n)\}] = \frac{1}{2}[X(z) - X^*(z^*)] \quad ROC\ ROC_x \text{포함} \tag{7.21}$$

6. z-영역에서 미분:

$$Z[nx(n)] = -z\frac{dX(z)}{dz} \tag{7.22}$$

$ROC\ ROC_x$(단, 0과 ∞가 포함/배제 가능)

위의 결과는 다음 증명으로 설명된다.

z에 대해 미분하면

$$\begin{aligned} -z\frac{dX(z)}{dz} &= -z\sum_{n=-\infty}^{\infty}(-n)x(n)z^{-n-1} \\ &= \sum_{n=-\infty}^{\infty} nx(n)z^{-n} \\ &= Z[nx(n)] \end{aligned} \tag{7.23}$$

이 성립한다. 이 성질은 또한 "램프(ramp) 곱셈" 성질이라고도 불린다.

7. 콘벌루션:

$$Z[x_1(n) * x_2(n)] = X_1(z)X_2(z),\ ROC \quad ROC_{x1} \cap ROC_{x2} \text{ 포함} \tag{7.24}$$

위의 결과는 다음 증명으로 설명된다.

다음과 같은 식을 생각한다.

$$y(n) = \sum_{k=-\infty}^{\infty} x_1(n)x_2(n-k) \tag{7.25}$$

그 z-변환식은 다음과 같다.

$$Y(z) = \sum_{n=-\infty}^{\infty} y(n) z^n$$
$$= \sum_{n=-\infty}^{\infty} \left\{ \sum_{k=-\infty}^{\infty} x_1(k) x_2(n-k) \right\} z^{-n} \tag{7.26}$$

덧셈의 순서를 바꾸면

$$Y(z) = \sum_{k=-\infty}^{\infty} x_1(k) \sum_{m=-\infty}^{\infty} x_2(n-k) z^{-n}, \tag{7.27}$$

$m = n - k$으로 치환하면,

$$Y(z) = \sum_{k=-\infty}^{\infty} x_1(k) \left\{ \sum_{m=-\infty}^{\infty} x_2(m) z^{-m} \right\} z^{-k} \tag{7.28}$$

을 얻는다. 그러므로 위식에서 수렴영역은 $X_1(z)$와 $X_2(z)$의 공통 수렴영역을 포함한다. 만약 두 z변환 중 하나의 수렴영역을 결정하는 극점이 다른 z변환의 영점에 의해 상쇄된다면, 콘벌루션된 것의 수렴영역은 더 커질 수 있다. 이는 z-변환의 많은 성질 중에서 가장 중요한 성질이다.

8. **곱셈:**

$$Z[x_1(n) x_2(n)] = \frac{1}{2\pi j} \oint_C X_1(\nu) X_2(z/\nu) \nu^{-1} d\nu \tag{7.29}$$

$$ROC \quad ROC_{x_1} \cap \text{반전된}\, ROC_{x_2}\, \text{포함}$$

$$ROC \quad r_{R_1} r_{R_2} < |z| < r_{L_1} r_{L_2}\, \text{포함} \Leftarrow \begin{cases} ROC_{x_1} : r_{R_1} < |z| < r_{L_1} \\ ROC_{x_2} : r_{R_2} < |z| < r_{L_2} \end{cases}$$

여기서 C는 원점을 둘러싸고 공통의 ROC에 놓여있는 폐경로이다.

위의 결과는 다음 증명으로 설명된다.

다음과 같은 식을 생각한다.

$$y(n) = x_1(n)x_2(n) \tag{7.30}$$

$$Z[y(n)] = Y(z) = \sum_{n=-\infty}^{\infty} x_1(n)x_2(n)z^{-n},$$

$x_1(n)$의 z변환을 라고 표시하면,

$$x_1(n) = \frac{1}{2\pi j}\oint_C X_1(\nu)\nu^{n-1}d\nu \tag{7.31}$$

윗식에서 c는 $X_1(v)$의 수렴영역 안에 있는 반시계 방향의 경로이다. 이들로부터 다음 식을 얻는다.

$$\begin{aligned} Y(z) &= \frac{1}{2\pi j}\sum_{n=-\infty}^{\infty}\oint_C X_1(\nu)(z/\nu)\nu^{-1}x_2(n)d\nu \\ &= \frac{1}{2\pi j}\oint_C X_1(\nu)\left[\sum_{n=-\infty}^{\infty} x_2(n)(z/\nu)^{-n}x_2(n)\right]\nu^{-1}d\nu \end{aligned} \tag{7.32}$$

혹은

$$Y(z) = \frac{1}{2\pi j}\oint_C X_1(\nu)X_2(z/\nu)\nu^{-1}d\nu \tag{7.33}$$

위 식에서 c는 $X_1(v)$과 $X_2(z/\nu)$의 중첩된 수렴영역 안에 있는 폐경로이다.

9. **초기치 정리:**

$$x(0) = \lim_{z\to\infty} X(z) \tag{7.34}$$

단, $x(n)$은 양의 시간 신호다.

위의 결과는 다음 증명으로 설명된다.

$$\lim_{z\to\infty} X(z) = \lim_{z\to\infty}\left[\sum_{n=-\infty}^{\infty} x(n)z^{-n}\right] \tag{7.35}$$
$$= \lim_{z\to\infty}\left[\sum_{n=0}^{\infty} x(n)z^{-n}\right] \ (x(n)\text{은 양의 신호이므로})$$
$$= \lim_{z\to\infty}\left[x(0) + \frac{x(1)}{z} + \frac{x(2)}{z^2} + \cdots\right]$$
$$= x(0)$$

10. **파시발(Parseval)의 정리:** z-변환에 대한 파시발의 관계는 이미 설명한 두 신호의 곱셈에 대한 z-변환으로부터 얻는다.

$$\sum_{n=-\infty}^{\infty} x_1(n)x_2^*(n) = \frac{1}{2\pi f}\oint_C X_1(\nu)X_2{*}(1/\nu^*)\nu^{-1}d\nu \tag{7.36}$$

여기서, 적분경로는 $X_1(v)$와 $X_2^*(1/\nu^*)$의 수렴영역이 겹치는 곳에 있어야만 한다.

위의 결과는 다음 증명으로 설명된다.

다음과 같은 신호 $y(n)$을

$$y(n) = x_1(n)x_2^*(n), \tag{7.37}$$

로서 정의하고,

$$\sum_{n=-\infty}^{\infty} y(n) = Y(z)|_{z=1} \tag{7.38}$$

을 이용하면 된다. 성질 7의 곱셈에 관한 z-변환을 이용하면 다음식이 성립한다.

$$Y(z) = \sum_{n=-\infty}^{\infty} x_1(n)x_2^*(n)z^{-n} = \frac{1}{2\pi f}\oint_C X_1(\nu)X_2{*}(z^*/\nu^*)\nu^{-1}d\nu \tag{7.39}$$

이 정리는 이산 시간 신호의 에너지가 z-변환된 형태의 에너지와 일치하는 것으로부터 에너지 보존 법칙을 의미한다.

〈표 7.1〉 z-변환의 특성

신호	변환	ROC
$a_1x_1(n)+a_2x_2(n)$	$a_1X_1(z)+a_2X_2(z)$	$ROC_{x_1}\cap ROC_{x_2}$포함
$x(n-n_0)$	$z^{-n_0}X(z)$	ROC_x(0, ∞ 포함/배제 가능)
$a^nx(n)$	$X\left(\frac{z}{a}\right)$	$\|a\|$ 만큼 스케일된ROC_x
$x(-n)$	$X(1/z)$	반전된 ROC_x
$x^*(n)$	$X^*(z^*)$	ROC_x
$Re\{x(n)\}$	$\frac{1}{2}[X(z)+X^*(z^*)]$	ROC_x 포함
$Im\{x(n)\}$	$\frac{1}{2}[X(z)-X^*(z^*)]$	ROC_x 포함
$nx(n)$	$-z\frac{dX(z)}{dz}$	ROC_x(0, ∞ 포함/배제 가능)
$x_1(n)x_2(n)$	$\frac{1}{2\pi f}\oint_C X_1(\nu)X_2(z/\nu)\nu$	$ROC_{x_1}\cap$ 반전된 ROC_{x_2} 포함
$x_1(n)*x_2(n)$	$X_1(z)X_2(z)$	$ROC_{x_1}\cap ROC_{x_2}$포함

초기치 정리 : $x(0)=\lim_{z\to\infty}X(z)$ (단, $x(n)=0,\ n<0$)

파시발의 정리 : $\sum_{n=-\infty}^{\infty}x_1(n)x_2^*(n)=\frac{1}{2\pi f}\oint_C X_1(\nu)X_2{}^*(1/\nu^*)\nu^{-1}d\nu$

단, 위의 표의 수식을 참조하기 위하여 아래의 신호가 정의되어 있다.

신호	변환	ROC
$x(n)$	$X(z)$	ROC_x
$x_1(n)$	$X_1(z)$	ROC_x
$x_2(n)$	$X_2(z)$	ROC_x

〈표 7.2〉 몇 가지 일반적인 -변환 쌍

신호	변환	ROC
$\delta(n)$	1	$\forall z$
$u(n)$	$\frac{1}{1-z^{-1}}$	$\lvert z\rvert > 1$
$-u(-n-1)$	$\frac{1}{1-z^{-1}}$	$\lvert z\rvert < 1$
$a^n u(n)$	$\frac{1}{1-az^{-1}}$	$\lvert z\rvert > \lvert a\rvert$
$-b^n u(-n-1)$	$\frac{1}{1-bz^{-1}}$	$\lvert z\rvert < \lvert b\rvert$
$\left[a^n \mathrm{sin} w_0 n\right] u(n)$	$\frac{(asinw_0)z^{-1}}{1-(2acosw_0)z^{-1}+a^2}$	$\lvert z\rvert > \lvert a\rvert$
$\left[a^n \cos(w_0 n)\right] u(n)$	$\frac{1-(asinw_0)z^{-1}}{1-(2acosw_0)z^{-1}+a^2}$	$\lvert z\rvert > \lvert a\rvert$
$na^n u(n)$	$\frac{az^{-1}}{(1-az^{-1})^2}$	$\lvert z\rvert > \lvert a\rvert$
$-nb^n u(-n-1)$	$\frac{bz^{-1}}{(1-bz^{-1})^2}$	$\lvert z\rvert < \lvert b\rvert$

7.3 역 z-변환

z-변환은 이산 시간 선형 시스템의 해석에 주로 이용되는데, 이 경우 대부분 신호의 z-변환에 대해 수학적 연산을 수행한 후에 역 z-변환을 수행하여 결과 신호를 도출하는 방식을 취한다. 주어진 대수식과 수렴 영역으로부터 역 z-변환을 구하기 위한 공식적 또는 비공식적인 방법이 많이 있다. 공식적인 방법으로서, 역 z-변환은 복소 함수에 대한 Cauchy 적분 정리에 따라 다음과 같이 주어진다.

$$x(n) \doteq Z^{-1}[X(z)] = \frac{1}{2\pi j}\oint_C X(z)z^{n-1}dz \qquad (7.40)$$

여기서 C는 원점을 회전하고 ROC에 있는 반시계방향의 폐경로(contour)이다. 단, 일반적인 경우 역 z-변환 계산은 일반적으로 복잡한 과정인 복소 폐경로 적분의 계산이 필요하므로 실제 적용에 부적합하다.

우리가 선형 시불변 이산 시스템의 해석에서 마주치는 신호와 z변환에 대해서는, 비공식적인 방법으로도 충분하며 더 자주 이용한다. 그중 하나로 직관적인 방법을 들 수 있다. 이 방법은 단순히 특정한 변환쌍을 잘 알거나, 직관적으로 알아내는 것이다. 표 7.1과 같은 z변환쌍은 직관적인 방법을 사용하는데 있어서 아주 중요하다. 표가 충분히 많은 변환쌍을 포함하고 있다면, 주어진 z변환을 표에 주어진 역변환 항들의 합으로 표현할 수 있다. 그 경우, 역변환은 간단히 구할 수 있다. 또 다른 비공식적인 방법으로, 가장 실용적인 접근방식은 부분 분수 전개 방법을 사용하는 것이다. 이는 z-변환 표 7.2 (또는 많은 교과서에 구할 수 있는 유사한 표)을 사용한다. 그러나 z-변환이 유리 함수여야 한다. 이 필요조건은 일반적으로 디지털 신호 처리에서 만족된다.

핵심 개념: $X(z)$가 z-1의 유리 함수일 때, 이는 부분 분수 전개를 사용하여 단순한(1차의) 요소의 합으로 표현할 수 있다. 이 요소에 해당하는 각각의 신호는 z-변환 표를 이용하여 쓸 수 있다.

역 z-변환 과정은 다음과 같이 요약할 수 있다.

방법: 다음이 주어졌을 때

$$X(z) = \frac{b_0 + b_1 z^{-1} + \cdots + b_M z^{-M}}{1 + a_1 z^{-1} + \cdots + a_N z^{-N}}, \quad R_{x-} < |z| < R_{x+} \tag{7.41}$$

이를 다음과 같이 표현할 수 있다.

$$X(z) = \underbrace{\frac{\tilde{b}_0 + \tilde{b}_1 z^{-1} + \cdots + \widetilde{b_{(N-1)}} z^{-(N-1)}}{1 + a_1 z^{-1} + \cdots + a_N z^{-N}}}_{\text{진분수부분}} + \underbrace{\sum_{k=0}^{M-N} C_k z^{-k}}_{\text{다항식 부분 } (M \geq N)} \tag{7.42}$$

여기서 우측의 첫째 항은 진분수 부분이고 둘째 항은 다항식(길이가 유한인) 부분이다. 이는 만약 M≥N 이면 다항식 나눗셈을 함으로써 간단히 계산할 수 있다.

$$X(z) = \sum_{k=1}^{N} \frac{R_k}{1 - p_k z^{-1}} + \sum_{k=0}^{M-N} C_k z^{-k} \quad (M \geq N) \tag{7.43}$$

여기서 pk은 $X(z)$의 k 번째 극점이고 Rk은 pk에서 유수(residue)이다. 유수가 다음과 같이 주어지는 극점은 서로 다르다고 가정한다.

$$R_k = \frac{\tilde{b}_0 + \tilde{b}_1 z^{-1} + \cdots + \widetilde{b_{(N-1)}} z^{-(N-1)}}{1 + a_1 z^{-1} + \cdots + a_N z^{-N}} (1 - p_k z^{-1})\Big|_{z = z_k} \tag{7.44}$$

반복된 극점에 대해 더 일반적인 형태를 가지고 있다. 만약 극점 pk가 다중성 r을 가지고 있다면, 이의 전개는 다음과 같다.

$$\sum_{l=1}^{r} \frac{R_{k,l} z^{-(l-1)}}{(1 - p_k z^{-1})^l} = \frac{R_{k,1}}{1 - p_k z^{-1}} + \frac{R_{k,2} z^{-1}}{(1 - p_k z^{-1})^2} + \cdots + \frac{R_{k,r} z^{-(r-1)}}{(1 - p_k z^{-1})^r} \tag{7.45}$$

$$x(n) = \sum_{k=1}^{N} R_k Z^{-1}\left[\frac{1}{1-p_k z^{-1}}\right] + \sum_{k=0}^{M-N} C_k \delta(n-k) \tag{7.46}$$

$$Z^{-1}\left[\frac{z}{z-p_k}\right] = \begin{cases} p_k^n u(n) & |z_k| \le R_{x-} \\ -p_k^n u(-n-1) & |z_k| \ge R_{x+} \end{cases} \tag{7.47}$$

7.4 z-영역에서 시스템 표현

주파수 응답 함수 $H(e^{jw})$와 비슷하게, 시스템 함수라고 불리는 z-영역 함수 $H(z)$을 정의할 수 있다. 그러나 $H(e^{jw})$와 달리 BIBO 안정적이지 않은 시스템에 대해서도 $H(z)$은 존재한다.

시스템 함수 $H(z)$은 다음과 같이 주어진다.

$$H(z) \doteq Z[h(n)] = \sum_{-\infty}^{\infty} h(n) z^{-n}\ ;\ R_{h-} < |z| < R_{h+} \tag{7.48}$$

z-변환의 콘벌루션 성질 이용하여 출력 변환 $Y(z)$은 만약 ROC_x가 ROC_h와 겹친다면 다음과 같이 주어진다.

$$Y(z) \doteq H(z)X(z)\ :\ ROC_y = ROC_h \cap ROC_x \tag{7.49}$$

그러므로 선형 시불변 시스템은 z-영역에서 다음과 같이 표현할 수 있다.

$$X(z) \rightarrow H(z) \rightarrow Y(z) = H(z)X(z) \tag{7.50}$$

차분 방정식 표현으로부터의 시스템 함수

선형시불변 시스템이 다음 차분 방정식으로 기술될 때

$$y(n)+\sum_{k=1}^{N}a_k y(n-k)=\sum_{l=0}^{M}b_l x(n-l) \tag{7.51}$$

시스템 함수 $H(z)$은 쉽게 계산될 수 있다. 양변 모두에 대해 z-변환을 취하고 z-변환의 성질을 이용하여

$$Y(z)+\sum_{k=1}^{N}a_k z^{-k}Y(z)=\sum_{l=0}^{M}b_l z^{-l}X(z) \tag{7.52}$$

또는

$$H(z)\doteq\frac{Y(z)}{X(z)}=\frac{\sum_{l=0}^{M}b_l z^{-1}}{1+\sum_{l=1}^{N}a_k z^{-k}}=\frac{B(z)}{A(z)}=\frac{b_0 z^{-M}(z^M+\cdots+\frac{b_M}{b_0})}{z^{-N}(z^N+\cdots+a_N)} \tag{7.53}$$

인수분해 후에 다음을 얻는다.

$$H(z)=b_0 z^{N-M}\frac{\prod_{l=1}^{N}(z-z_l)}{\prod_{k=1}^{N}(z-p_k)} \tag{7.54}$$

여기서 z_l은 시스템의 영점이고 pk은 시스템의 극점이다. 그리하여 $H(z)$은 또는 극-영점 그림을 이용하여 z-영역에서 표현할 수 있다. 이 사실은 극점과 영점을 적절히 위치시킴으로써 간단한 필터를 설계하는데 유용하다.

◉ 전달 함수 표현

만약 $H(z)$의 ROC가 단위원 $(z=e^{jw})$을 포함하면, $H(z)$을 단위원 위에서 구할 수 있고 이것이 주파수 응답 함수 또는 전달 함수 $H(e^{jw})$이다 그러면

$$H(e^{jw}) = b_0 e^{j(N-M)w} \frac{\prod_{l}^{M}(e^{jw} - z_l)}{\prod_{l}^{M}(e^{jw} - p_k)} \tag{7.55}$$

인수 $(e^{jw} - z_l)$는 복소 z-평면에서 영점 z_l에서 단위원 $(z = e^{jw})$까지의 벡터로 해석할 수 있는 반면, 인수 $(e^{jw} - p_k)$은 극점 pk에서 단위원 $(z = e^{jw})$까지의 벡터로 해석할 수 있다. 따라서 다음의 크기 응답함수는

$$|H(e^{jw})| = |b_0| \frac{|e^{jw} - z_1| \cdots |e^{jw} - z_M|}{|e^{jw} - p_1| \cdots |e^{jw} - p_M|} \tag{7.56}$$

$|b_0|$만큼 스케일되고, 극점에서 단위원까지의 벡터의 길이로 나누어진, 영점에서 단위원까지의 벡터 길이의 곱으로 해석할 수 있다. 마찬가지로 위상 응답 함수는

$$\angle H(e^{jw}) = [0 \text{ 또는 } \pi] + [(N-M)w] + \left[\sum_{k=1}^{M} \angle (e^{jw} - z_k) - \sum_{k=1}^{M} \angle (e^{jw} - p_k) \right] \tag{7.57}$$

상수 인수, 선형-위상 인수, 비선형-위상 인수("영점 벡터"의 각에서 "극점 벡터"의 각을 뺀 합)의 합으로 해석할 수 있다.

◉ 안정성과 인과성

선형시불변 시스템에 대해 BIBO 안정성은 $\sum_{-\infty}^{\infty} |h(n)| < \infty$와 등가이다. 이산시간 푸리에 변환의 존재로부터 이 안정성은 $H(e^{jw})$가 존재함을 의미하고, 더나가 단위원 $|z| = 1$이 $H(z)$의 ROC에 있어야 함을 의미한다. 이 결과는 z-영역 안정성 정리라 불린다.

정리 2. z-영역 선형시불변 안정성

선형시불변 시스템은 단위원이 $H(z)$의 ROC에 있으면 안정하다.

선형시불변 인과성의 경우 n<0에 대해 h(n)=0가 필요하다. 어떤 우측 신호도 비슷한 ROC를 갖고 있기 때문에 충분 조건이 아니다. 그러나 시스템이 안정할 때 인과성은 검사하기 쉽다.

정리 3 z-영역 인과적 선형시불변 안정성

인과적 선형시불변 시스템은 시스템 함수 $H(z)$가 모든 극점을 단위원 내부에 가지면 안정하다.

위의 결과는 다음 증명으로 설명된다.

우선 시스템이 안정하다고 가정하고 $H(z)$의 극점이 모두 단위원 $|z|=1$의 내부에 존재함을 밝혀 본다. $H(z)$의 정의로부터 인과적 시스템에 대하여 다음의 식을 얻을 수 있다.

$$|H(z)| = \left|\sum_{n=0}^{\infty} h(n) z^{-n}\right| \le \sum_{n=0}^{\infty} |h(n)||z|^{-n} \tag{7.58}$$

윗 식은 $|z| \ge 1$ 일 때 다음 식과 같이 간략화 된다.

$$|H(z)| \le \sum_{n=0}^{\infty} |h(n)|, \quad |z| \ge 1 \tag{7.59}$$

시스템이 안정하다고 가정하였으므로 다음의 관계가 성립한다.

$$|H(z)| \le \sum_{n=0}^{\infty} |h(n)| < \infty, \quad |z| \ge 1 \tag{7.60}$$

$H(z)$가 $|z| \ge 1$에서 유한하므로 이 단위원의 내부에만 $H(z)$의 극점이 존재한다.

$H(z)$가 $|z| \ge 1$의 영역에서 적어도 하나의 극점 z1이 존재한다고 가정하고 시스템이 불안정하다는 것을 밝혀 본다. $z \to z_1$ 일때

$$\lim_{z \to z_1} |H(z)| = \infty \tag{7.61}$$

임을 알수 있으며, 급수 $\sum_{n=0}^{\infty} |h(n)|$는 발산하게 된다. 따라서 시스템은 불안정하다. 따라서 인과적 선형시불변 시스템은 시스템 함수 $H(z)$ 가 모든 극점을 단위원 내부에 가지면 안정하다.

역시스템

시스템 함수가 $H(z)$인 선형시불변 시스템에 대응하는 역시스템(inverse system)은, 시스템 함수 $H_i(z)$가 $H(z)$와 종속접속하면 전체시스템 함수가 1이 되는 즉,

$$G(z) = H(z)H_i(z) = 1 \tag{7.62}$$

이 되는, 시스템 함수 $H_i(z)$를 가진 시스템이다. 이것은 다음 식으로 표현된다.

$$H_i(z) = \frac{1}{H(z)} \tag{7.63}$$

전체 시스템함수와 동일한 시간영역 조건은 다음과 같다.

$$g(n) = h(n) \otimes h_i(n) = \delta(n) \tag{7.64}$$

시스템 함수 $H_i(z)$으로부터, 역시스템의 주파수 응답은

$$H_i(e^{jw}) = \frac{1}{H(e^{jw})} \tag{7.65}$$

이다. 즉, $H(e^{jw})$는 $H_i(e^{jw})$의 역수이다.

7.5 MATLAB 응용

이 절에서는 MATLAB을 이용하여 위에서 설명한 이산 신호의 z 변환에 대해 나타내어 보겠다.

① 다음 신호들을 z 변환을 하고 주파수 스펙트럼을 MATLAB을 이용하여 plot 하여라.

$$x(n) = (0.9)^n u(n)$$
$$y(n) = (0.9)^{n-2} u(n-2)$$
$$v(n) = (0.9)^{n+2} u(n+2)$$
$$w(n) = (0.9)^{n+2} u(n)$$

Matlab Source

```
%% MATLAB을 이용한 신호및시스템 7.1%%
n=-5:10;
x=(0.9).^n.*stepfun(n,0);
y=(0.9).^(n-2).*stepfun(n,2);
v=(0.9).^(n+2).*stepfun(n,-2);
w=(0.9).^(n+2).*stepfun(n,0);
figure %
subplot(4,1,1),stem(n,x),axis([-5 10 0 1.5]);
title('신호 x(n)');xlabel('n');
subplot(4,1,2),stem(n,y),axis([-5 10 0 1.5]);
title('신호 y(n)');xlabel('n');
subplot(4,1,3),stem(n,v),axis([-5 10 0 1.5]);
title('신호 v(n)');xlabel('n');
subplot(4,1,4),stem(n,w),axis([-5 10 0 1.5]);
title('신호 w(n)');xlabel('n');
```

```
syms n z
X=ztrans(0.9^n)
Y=(z^(-2))*ztrans(0.9^n)
V=(z^2)*ztrans(0.9^n)
W=(z^2)*(ztrans(0.9^n)-1-0.9*z^-1)

f=-1:1/(2*pi^2):1 ; w=2*pi*f; %주파수 간격 설정
z=exp(j*w);
X=z./(z-(4/5));
Y=(z.^(-1))./(z-(4/5));
V=(z.^(3))./(z-(4/5));
W=(z.^3)./(z-(4/5))-z.^2-(4/5)*z;
Xamp=abs(X); Xph=angle(X)*180/pi; %x[k]의 주파수 스펙트럼 계산
Yamp=abs(Y); Yph=angle(Y)*180/pi; %y[k]의 주파수 스펙트럼 계산
Vamp=abs(V); Vph=angle(V)*180/pi; %v[k]의 주파수 스펙트럼 계산
Wamp=abs(W); Wph=angle(W)*180/pi; %w[k]의 주파수 스펙트럼 계산
figure
subplot(2,2,1),plot(f,Xamp); %x[n]의 진폭 스펙트럼 도시
title('x(n) 진폭 스펙트럼'); xlabel('f');
subplot(2,2,3),plot(f,Xph); %x[n]의 위상 스펙트럼 도시
title('x(n) 위상 스펙트럼'); xlabel('f');
subplot(2,2,2),plot(f,Yamp); %y[n]의 진폭 스펙트럼 도시
title('y(n) 진폭 스펙트럼'); xlabel('f');
subplot(2,2,4),plot(f,Yph); %y[n]의 위상 스펙트럼 도시
title('y(n) 위상 스펙트럼'); xlabel('f');
figure
subplot(2,2,1),plot(f,Vamp); %v[n]의 진폭 스펙트럼 도시
title('v(n) 진폭 스펙트럼'); xlabel('f');
subplot(2,2,3),plot(f,Vph); %v[n]의 위상 스펙트럼 도시
title('v(n) 위상 스펙트럼'); xlabel('f');
subplot(2,2,2),plot(f,Wamp); %w[n]의 진폭 스펙트럼 도시
```

```
title('w(n) 진폭 스펙트럼'); xlabel('f');
subplot(2,2,4),plot(f,Wph); %w[n]의 위상 스펙트럼 도시
title('w(n) 위상 스펙트럼'); xlabel('f');
```

Matlab Figure

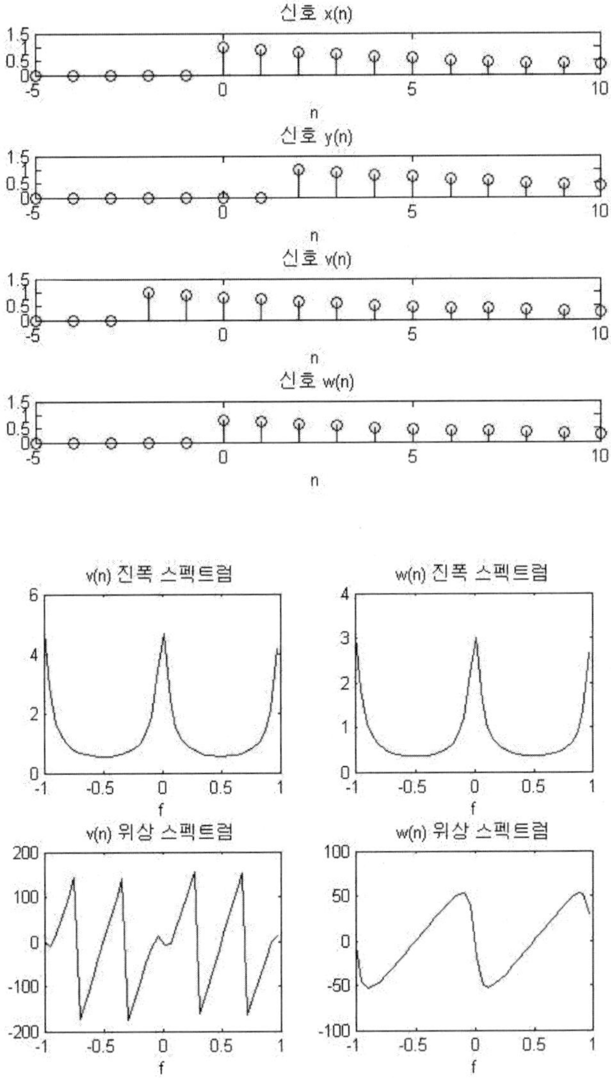

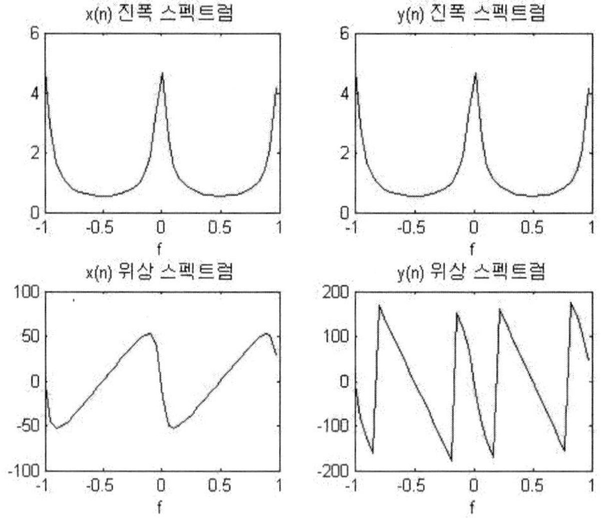

② $X_1(z)=1+3z^{-1}+4z^{-3}, X_2(z)=3+5z^{-1}+2z^{-2}+z^{-3}$을 가정할 때

$X_3(z)=X_1(z)X_2(z)$를 구하고 X_3를 나타내어보자.

Matlab Source

```
%% MATLAB을 이용한 신호및시스템 7.2%%
x1=[1,3,0,4];
x2=[3,5,2,1];
x3=conv(x1,x2);
```

Matlab Results

```
x3 =
    3    14    17    19    23     8     4
```

$X_3=3+14z^{-1}+17z^{-2}+19z^{-3}+23z^{-4}+8z^{-5}+4z^{-6}$

③ 인과시스템의 전달함수 $H(z)$가 다음과 같을 때, 시스템 입력으로 $x(n)=u(n)$ 들어온다고 하자. 이때의 출력을 구해보고, MATLAB의 filter 함수를 이용하여 나 타내어보자.

$$H(z)=\frac{1}{\left(1-\frac{1}{2}z^{-1}\right)\left(1-\frac{1}{3}z^{-1}\right)}$$

이 때, $x(n)$의 z 변환은

$$X(z)=\sum_{n=-\infty}^{\infty}u(n)z^{-n}$$
$$=\frac{1}{1-z^{-1}},\qquad |z|>1$$

이 된다. 이 시스템의 수렴영역이 $|z|>1/2$일 때 출력 $y(n)$의 z 변환은 다음과 같이 나타낼 수 있다.

$$Y(z)=H(z)X(z)=\frac{1}{\left(1-z^{-1}\right)\left(1-\frac{1}{3}z^{-1}\right)\left(1-\frac{1}{2}z^{-1}\right)},\qquad |z|>1$$

로 나타낼 수 있다.

Matlab Source

```
%% MATLAB을 이용한 신호및시스템 7.3%%
n = 0:1:35;
num = [1];
den = [1 -5/6 1/6];
x=[ones(size(n))];
y=filter(num,den,x);
stem(n,y);
axis([0,length(n),0,3.2])
xlabel('n'); ylabel('y(n)');
grid on
```

Matlab Figure

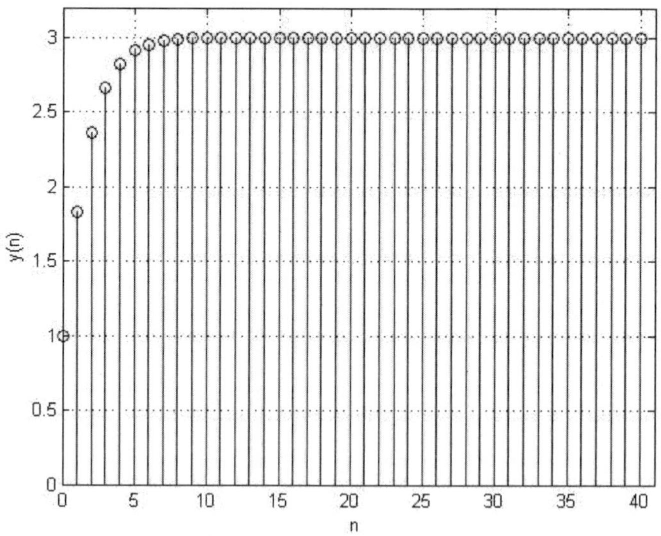

7.6 중요 용어

양측 z-변환 (Bilateral z-Transformation)	역 z-변환 (z- Inverse Transformation)
수렴 영역(Region of Convergence)	파시발(Parseval)의 정리

7.7 연습 문제

7.1 $x[n] = -a^n u[-n-1]$ 의 z-transform을 구하고 pole-zero plot를 나타내시오.

7.2 우함수 $x[n]$이 다음과 같은 z-변환 $X(z)$를 가진다.

$$X(z) = \frac{3z^{-10} + z^{-7} - 5z^{-2} + 4z^{-1} + 1}{z^{-10} - 5z^{-7} + z^{-3}}$$

$n < 0$일때 $x[n]$ 을 계산하시오.

7.3 다음과 같은 전달함수를 가지는 시스템이 안정할 상수K의 범위를 구하시오.

$$H(z) = \frac{z(z + \frac{1}{4})}{z^2 + 10Kz + 16K^2}$$

7.4 sequence x[n]의 autocorrelation sequence $\phi_{xx}[n]$는 다음과 같이 정의된다.

$$\phi_{xx}[n] = \sum_{k=-\infty}^{\infty} x[k]x[n+k]$$

$\phi_{xx}[n]$의 z변환을 구하시오.

7.5 다음의 Z변환에 대응하는 신호를 구하고 그림을 그려라.

$$X(z) = \frac{1}{(z + 1.2)}$$

7.6 다음 신호를 z변환 하시오.

(a) $x_1[n] = \delta[n+1] - 2\delta[n] + \delta[n+1]$

(b) $x_2[n] = A cos(\frac{\pi n}{4} + \frac{\pi}{4})u[n]$

7.7 다음의 차분방정식으로 주어진 인과적 LTI 시스템을 이용하여 시스템함수 (G[z])와 임펄스응답 (g[n])을 구해보아라.

$$y[n]-(3/2)y[n-1]+(1/2)y[n-2\}=x[n-1]$$

7.8 이산 신호 $x[n]$가 아래와 같은 z 변환을 가지고 있을 때 $n<0$에서 $x[n]$을 결정하시오.

$$X(z)=\frac{3z^{-10}+z^{-7}-5z^{-2}+4z^{-1}+1}{z^{-10}-5z^{-7}+z^{-3}}$$

7.9 다음 시스템에서 K=1일 때와 K=4일 때에 시스템의 안정성을 판별하시오.

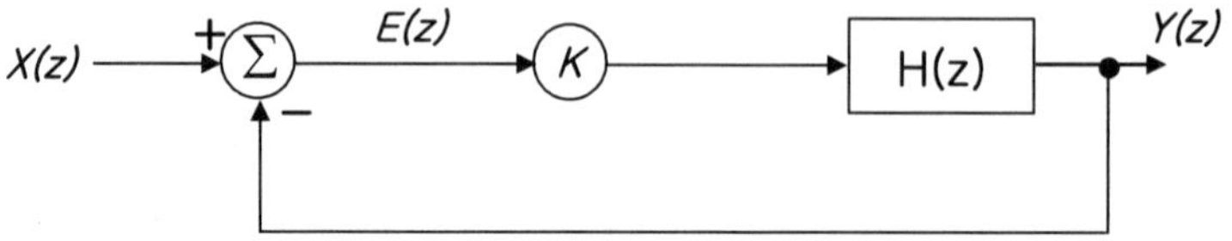

7.10 $X(z)=\dfrac{1}{(1-az^{-1})(1-bz^{-1})}$ 의 z-역변환을 구하시오.

제 8 장

이산 푸리에 변환

CHAPTER **08**

이산 푸리에 변환

푸리에 변환은 절대 가합인 신호에 대해 주파수-영역(w) 표현을 제공하였다. z-변환은 임의의 신호에 대해 일반화된 주파수-영역(w) 표현을 제공하였다. 이 변환들은 두 가지 공통의 특징을 가지고 있다.

첫째, 변환이 무한 신호에 대해 정의된다. 둘째 그리고 가장 중요한 변환이 연속 변수(w 또는 z)의 함수이다. 수치 계산 관점에서, 셀 수 없을 정도로 무한한 주파수에서 무한 합을 계산해야 하므로 이 두 가지 특징은 문제가 많다. 이전의 두 장의 많은 예제에서 이와 같은 작업을 수행하였다. 계산은 분명히 정확한 계산값의 근사치이다. 즉, 이산시간 푸리에 변환과 z-변환은 수치적으로 계산될 수 있는 변환이 아니다.

그러므로 수치적으로 계산할 수 있는 변환에 주의를 기울이기로 한다. 이는 주파수 영역에서 이산시간 푸리에 변환(또는 단위 원위에서 z-변환)을 샘플링함으로써 얻을 수 있다. 먼저 주기적 신호를 분석함으로써 이 변환을 개발하려고 한다. 푸리에 해석으로부터 주기적 함수(또는 신호)가 항상 조화적인 관계가 있는 복소 지수함수(이것이 샘플링의 형태이다.)의 선형 조합으로 표현될 수 있는 것을 알고 있다. 이것은 이산 푸리에 급수(또는 DFS) 표현을 제공한다. 이 DFS에서는 신호의 푸리에 변환이나 z-변환에는 없는 정확한 쌍대성이 존재한다.

샘플링가 주파수 영역에 있는 것이므로, 시간 영역에서 샘플링의 영향과 z-영역에서 복원의 문제를 공부한다. 그리고 나서 DFS를 무한 신호로 확장하는데, 이는 이산 푸리에 변환(또는 DFT)이라고 불리는 새로운 변환으로 연결된다. DFT는 위에서 언급한 두 가지 문제를 피하고 컴퓨터로 구현하기에 적합한, 수치적으로 계산 가능한 변환이다. 우리는 이의 성질과 시스템 해석에서의 사용을 자세히 공부할 것이다. 긴 신호에 대한 DFT의 수치적 계산은 엄청난 시간이 걸린다. 그러므로 여러 가지 알고리즘이 효율적으로 DFT를 계산하기 위해 개발되어 왔다. 이들은 하나로 묶어서 고속 푸리에 변환(또는 FFT) 알고리즘으로 부른다. 이 중에서 두 가지 알고리즘을 자세히 공부할 것이다.

8.1 이산 푸리에 급수

주기적 신호를 다음 조건을 만족하는 $\tilde{x}(n)$로 정의했다.

$$\tilde{x}(n) = \tilde{x}(n+kN), \ \forall n, k \tag{8.1}$$

여기서 N은 신호의 기본 주기이다.

만약 신호에 식 8.1과 같은 주기성이 있으면 더 쉽게 다룰 수가 있다. 주기 신호에 대해서는 한주기의 신호를 알면 전부알 수 있으므로 한주기의 N개만의 신호가 반복되는 것이다. 이 경우 주파수가 기본주파수 $\frac{2\pi}{N}$의 배수인 복소지수함수 신호의 선형합으로 합성될 수 있다는 사실을 쉽게 보여줄 수가 있다.

$$\tilde{x}(n) = \frac{1}{N}\sum_{k=-\infty}^{\infty} c(k) e^{j\frac{2x}{N}kn}, \quad n = 0, \pm 1, \ldots,$$

여기서 c(k)는 임의의 계수이다. 그런데 복소지수함수 신호는 k에 대하요 주기성 (이 경우 주기 N)이 있으므로 위의 식을 다음과 같이 쓸 수 있다.

$$\tilde{x}(n) = \frac{1}{N}\sum_{k=0}^{N-1} \tilde{X}(k) e^{j\frac{2x}{N}kn}, \quad n = 0, \pm 1, \ldots, \tag{8.2}$$

여기서 $\tilde{X}(k)$는 아직 미지의 함수라고 가정할 수 있으며 다음과 같이 구할 수 있다. 주기수열 $\tilde{x}(n)$으로부터 미지의 계수 $\tilde{X}(k)$를 계산하기 위해서, 지수수열의 직교성을 알아야 한다. 식 8.2의 양변에 정수 r에 대해 $e^{-j(\frac{2x}{N})rn}$을 곱하고 n=0부터 N-1까지 합을 취하면 다음을 얻는다.

$$\sum_{n=0}^{N-1}\tilde{x}(n)e^{-j\frac{2x}{N}rn} = \sum_{n=0}^{N-1}\frac{1}{N}\sum_{k=0}^{N-1}\tilde{X}(k)e^{j\frac{2x}{N}(k-r)n}$$

위식에서 오른쪽항의 합산 순서를 바꾸면 다음과 같이 표현된다.

$$\sum_{n=0}^{N-1}\tilde{x}(n)e^{-j\frac{2x}{N}rn} = \sum_{k=0}^{N-1}\tilde{X}(k)\left[\frac{1}{N}\sum_{n=0}^{N-1}e^{-j\frac{2x}{N}(k-r)n}\right]. \qquad (8.3)$$

복소 지수수열의 직교성은 다음과 같이 알려져있다.

$$\frac{1}{N}\sum_{n=0}^{N-1}e^{j\frac{2x}{N}(k-r)n} = \begin{matrix} 1, & k-r=mN,\ m\text{은 정수} \\ 0, & \text{다른경우.} \end{matrix}$$

이것을 식 8.3에 적용하면 $\tilde{X}(\gamma)$을 다음과 같이 구할 수 있다.

$$\sum_{n=0}^{N-1}\tilde{x}(n)e^{-j\frac{2x}{N}m} = \tilde{X}(r).$$

$\tilde{X}(k)$를 이산 푸리에 급수(Discrete Fourier Series : DFS)라 부르고 $\tilde{x}(n)$으로부터 다음과 같이 주어진다.

$$\tilde{X}(k) = \sum_{n=0}^{N-1}\tilde{x}(n)e^{j\frac{2x}{N}nk},\quad k=0,\pm 1,\ldots, \qquad (8.4)$$

$\tilde{X}(k)$은 자체가 다음과 같이 N와 같은 기본 주기를 가진 (복소수) 주기적 신호임을 주목하라.

$$\tilde{X}(k+N) = \tilde{X}(k) \qquad (8.5)$$

식 8.2, 8.4은 같이 주기적 신호의 이산 푸리에 급수 표현이라고 불린다. 복소 지수함수 항을 표시하기 위해 $W_N \doteq e^{-j\frac{2x}{N}}$을 사용하여, 식 8.4를 다음과 같이 표현하였다.

$$\widetilde{X}(k) \doteq DFS[\widetilde{x}(n)] = \sum_{n=0}^{N-1} \widetilde{x}(n) \cdot W_N^{nk} \quad : \text{해석 또는 DFS} \tag{8.6}$$

식 8.2를 역 이산 푸리에 급수(Inverse Discrete Fourier Series : IDFS)라고 부르며 다음과 같이 표현된다.

$$\widetilde{x}(n) \doteq IDFS[\widetilde{X}(k)] = \frac{1}{N} \sum_{k=0}^{N-1} \widetilde{X}(k) W_N^{nk} \; : \text{합성 또는 역 } DFS \tag{8.7}$$

푸리에 급수 계산시 유한 개수가 있어 계산이 용이함을 주목하라.

식 8.6, 8.7를 자세히 보면 DFS가 수치적으로 계산할 수 있는 표현임을 알 수 있다. $\widetilde{x}$와 $\widetilde{X}$가 각각 x(n)와 X(k) 신호의 기본 주기에 해당하는 열 벡터를 표시한다고 하자. 그러면 식 8.6, 8.7는 다음과 같이 주어진다.

$$\widetilde{X} = W_N \widetilde{x}$$

$$\widetilde{x} = \frac{1}{N} W_N \widetilde{X} \tag{8.8}$$

여기서 행렬 W_N은 다음과 같이 주어진다.

$$W_N = [\, W_{N0 \le kn \le N-1}^{kn} \,] = k \begin{bmatrix} 1 & 1 & \overrightarrow{\Lambda} & 1 \\ 1 & W_N^1 & \Lambda & W_N^{(N-1)} \\ M & M & O & M \\ 1 & W_N^{(N-1)} & \Lambda & W_N^{(N-1)^2} \end{bmatrix} \tag{8.9}$$

행렬 W_N은 정방형 행렬이고 DFS 행렬이라 불린다.

◉ z-변환과의 관계

x(n)이 다음과 같은 N만큼 지속되는 유한 신호라 하자.

$$x(n) = \begin{cases} 0\text{이 아님}, & 0 \le n \le N-1 \\ 0, & \text{다른 경우}. \end{cases} \tag{8.10}$$

식 8.10은 주기 신호가 아님을 주목하다. 그러면 이의 z-변환을 구할 수 있다.

$$X(z) = \sum_{n=0}^{N-1} x(n) z^{-n} \tag{8.11}$$

이제 식 8.10은 다음과 같이 쓸 수 있다.

$$x(n) = \begin{cases} \tilde{x}(n), & 0 \le n \le N-1 \\ 0, & \text{다른 경우}, \end{cases} \tag{8.12}$$

$\tilde{x}(n)$의 DFS는 다음과 같이 주어진다.

$$\widetilde{X}(k) = \sum_{n=0}^{N-1} \tilde{x}(n) e^{-j\frac{2x}{N}nk} = \sum_{n=0}^{N-1} x(n) [e^{j\frac{2x}{N}k}]^{-n} \tag{8.13}$$

이것을 식 8.12와 비교하여 다음을 얻는다.

$$\widetilde{X}(k) = X(z)|_{z-e^{j\frac{2x}{N}k}} \tag{8.14}$$

이는 DFS $\widetilde{X}(k)$가 단위원 위에서 z-변환 X(z)의 N개의 같은 간격을 가진 샘플을 표현한다는 것을 의미한다.

◉ DTFT 와의 관계

식 8.10의 x(n)이 길이 N의 유한 신호이므로, 이것 역시 절대 가합이다. 따라서 이의 DTFT는 존재하고 다음과 같이 주어진다.

$$X(e^{jw}) = \sum_{n=0}^{N-1} x(n) e^{-jwn} = \sum_{n=0}^{N-1} \tilde{x}(n) e^{-jwn} \tag{8.15}$$

식 8.15을 8.13과 비교하여, 다음을 얻는다.

$$\widetilde{X}(k) = X(e^{jw})|_{w - \frac{2x}{N}k} \tag{8.16}$$

다음을 가정하면,

$$w_1 \doteq \frac{2\pi}{N} \quad 그리고 \quad w_k \doteq \frac{2\pi}{N}k = kw_1$$

DFS $X(k) = X(e^{jwx}) = X(e^{jkw_1})$이고, 이는 DFS가 $w_1 = \dfrac{2x}{N}$의 간격을 가지고 DTFT를 균일하게 샘플링함으로써 얻어진다는 것을 의미한다. 식 8.14와 식 8.16로부터 관찰할 수 있는 것은 DFS 표현은 우리에게 주파수 영역에서의 샘플링 기법을 제공하는데, 이는 원칙적으로 시간 영역에서의 샘플링과 비슷하다.

간격 $w_1 = \dfrac{2x}{N}$은 주파수 영역에서의 샘플링 간격이다. 이는 주파수 샘플(또는 측정치)이 얼마나 가까이 있는지 알려주므로 또한 주파수 분해능(resolution)이라고도 부른다.

이산 푸리에 급수의 성질은 기본적인 중요성을 가지고 있다. 기본적인 여러 특성들이 z변환과 푸리에 변환 등의 특성과 거의 동일하다는 점은 그다지 놀라운 사실은 아니지만 $\widetilde{x}(n)$과 $\widetilde{X}(k)$의 주기성이 중요한 특징을 나타낸다는 점에 유의해야한다. 게다가, 신호의 푸리에 변환이나 z변환에 없는 정확한 쌍대성이 DFS쌍에는 존재한다.

1. 선형성 : DFS는 선형 변환이다. 즉 모든 $a_1, a_2, x_1(n)$, $x_2(n)$에 대하여 다음을 만족한다. 두 개의 신호 $x_1(n)$과 $x_2(n)$을 선형결합한 DFS는 각각의 DFS의 선형결합과 같다.

$$\begin{aligned} DFS[a_1\widetilde{x}_1(n)a_2\widetilde{x}_2(n)] &= a_1 DFT[\widetilde{x}_1(n)] + a_2 DFT[\widetilde{x}_2(n)] \\ &= a_1\widetilde{X}_1(k) + a_2\widetilde{X}_2(k) \end{aligned}$$

위의 결과는 다음 증명으로 설명된다.

$$
\begin{aligned}
DFT[a_1\widetilde{x_1}(n)+a_2\widetilde{x_2}(n)] &= \sum_{n=0}^{N-1}[a_1\widetilde{x_1}(n)+a_2\widetilde{x_2}(n)]\,W_N^{nk} \\
&= a_1\sum_{n=0}^{N-1}\widetilde{x_1}(n)\,W_N^{nk}+a_2\sum_{n=0}^{N-1}\widetilde{x_2}(n)\,W_N^{nk} \\
&= a_1\widetilde{X_1}(k)+a_2\widetilde{X_2}(k)
\end{aligned}
$$

이러한 선형성은 식 8.6)과 (식 8.7)로부터 쉽게 확인된다.

2. 신호의 이동: 주기 신호 $\tilde{x}(n)$의 푸리에 계수가 $\widetilde{X}(k)$라고 하면, $\tilde{x}(n-m)$의 푸리에 계수는 $\tilde{x}(n)$가 주파수 영역에서 이동(shift)한 것이 되며 다음과 같다.

$$DFS[\tilde{x}(n-m)] = W_N^{km}\widetilde{X}(k). \tag{8.17}$$

위의 결과는 다음 증명으로 설명된다.

$$DFS[x(n-m)] = \sum_{n=0}^{N-1} x(n-m)\,W_N^{nk}$$

에서 r=n−m 로 치환하면

$$= \sum_{r=-m}^{N-1-m} \tilde{x}(r)\,W_N^{(r+m)k}$$

$$= W_N^{nk}\sum_{r=-m}^{N-1-m} \tilde{x}(r)\,W_N^{\hat{k}}$$

을 얻는다. 여기서 $\tilde{x}(r)\,W_N^{nk}$ 역시 주기 N인 주기수열 이므로, 이전의 합에서 얻은 값들은 정확하게 r=0,1,⋯,N−1일 때 얻은 합과 같다. 합에 이들을 사용하면

$$DFS[x(n-m)] = W_N^{mk}\sum_{r=0}^{N-1}\tilde{x}(r)\,W_N^{rk}$$
$$= W_N^{mk}\tilde{X}(k)$$

3. 주파수 이동: 주기신호의 푸리에 계수도 주기신호를 이루기 때문에 비슷한 결론이 푸리에 계수에 적용된다. 이를 정수 l을 사용하여 수식으로 표시하면 다음과 같다.

$$DFS[\,W_N^{nl}\tilde{x}(n)] = \tilde{X}(k-l). \tag{8.18}$$

위의 결과는 다음 증명으로 설명된다.

$$\begin{aligned} DFS[\,W^{-nl_N}\tilde{x}(n)] &= \sum_{n=0}^{N-1} W_N^{-nl}\tilde{x}(n)\,W_N^{nk} \\ &= \sum_{n=0}^{N-1}\tilde{x}(n)\,W_N^{n(k-l)} \\ &= \tilde{X}(k-l) \end{aligned}$$

식 8.17과 식 8.18에서 지수부분의 부호는 서로 반대이다.

4. 쌍대성: 식 8.6, 8.7로부터, DFS 해석방정식과 합성방정식이 서로 다른 점은 비례상수 1/N과 W_N의 지수의 부호이다. 이와 더불어, 주기신호와 그의 DFS계수는 서로 같은 종류의 함수 형태이다. 즉 그들은 모두 주기신호이다. 식 8.6, 8.7에서 1/N과 W_N의 지수의 부호를 고려할 때 식 8.7로부터 다음과 같이 쓸 수 있다.

$$N\tilde{x}(-n) = \sum_{k=0}^{N-1}\tilde{X}(k)\,W_N^{nk} \tag{8.19}$$

여기서 n과 k를 교환하면,

$$N\tilde{x}(-k) = \sum_{k=0}^{N-1}\tilde{X}(n)\,W_N^{nk} \tag{8.20}$$

식 8.20, 8.6과 대단히 비슷한 형태이다. 다른 말로 표현하면, 주기신호 $\tilde{X}(n)$의 DFS

계수는 역시 주기신호로서 $N\tilde{x}(-k)$이며 원래의 신호를 반대의 순서로 배열하고 N을 곱한 결과와 같다. 이 쌍대성을 요약하면 다음과 같다. 만약 $\tilde{x}(n)$에 관해서

$DFS[\tilde{x}(n)] = \widetilde{X}(k)$

이면,

$$DFS[\widetilde{X}(n)] = N\tilde{x}(-k)$$

이다.

5. 복소 켤레성:

$$DFS[\tilde{x}(n)] = X^{\alpha}(-k)$$

위의 결과는 다음 증명으로 설명된다.

$$\begin{aligned} DFS[\widetilde{x^{\alpha}}(n)] &= \sum_{n=0}^{N-1} \overline{x(n)}\, W_N^{nk} \\ &= \sum_{n=0}^{N-1} \overline{x(n)\, W_N^{-nk}} \\ &= \overline{\sum_{n=0}^{N-1} x(n)\, W_N^{-nk}} \\ &= X^{\alpha}(-k) \end{aligned}$$

이 성질로부터 다음과 같은 두 가지 식을 유도할 수 있다.

$$DFS[Re\tilde{x}(n)] = \frac{1}{2}[\widetilde{X}(k) + \widetilde{X}^{\alpha}(-k)]$$
$$DFS[jIm\tilde{x}(n)] = \frac{1}{2}[\widetilde{X}(k) + \widetilde{X}^{\alpha}(-k)]$$

6. 실수 신호의 대칭성: x(n)가 실수 신호라 하자. 그러면 $x(n) = x^{\pm}(n)$이다. 위 성질을 이용하여

$$\widetilde{X}(k) = \widetilde{X^{\alpha}}(-k)$$

이 대칭은 켤레 대칭성이라 부른다. 이는 다음을 암시한다.

$$\begin{aligned}
&Re[\widetilde{X}(k)] = Re[\widetilde{X}(-k)] && \Rightarrow \text{우함수신호} \\
&Im[\widetilde{X}(k)] = -Im[\widetilde{X}(-k) && \Rightarrow \text{기함수신호} \\
&|\widetilde{X(k)}| = |\widetilde{X}(-k)| && \Rightarrow \text{우함수신호} \\
&\angle \widetilde{X}(k) = - \angle \widetilde{X}(-k) && \Rightarrow \text{기함수신호}
\end{aligned}$$

이들은 다음과 같이 정의되는 순환-우함수와 순환-기함수 성분으로 부른다.

또한 실수 신호은 다음과 같이 우함수 부분과 기함수 부분으로 분해될 수 있다.

$$\tilde{x}(n) = \widetilde{x_e}(n) + \widetilde{x_o}(n)$$

여기에서

$$\begin{aligned}
\widetilde{x_e}(n) &= \frac{1}{2}[\tilde{x}(n) + \widetilde{x^{\alpha}}(-n)] \\
\widetilde{x_o}(n) &= \frac{1}{2}[\tilde{x}(n) - \widetilde{x^{\alpha}}(-n)]
\end{aligned}$$

그러면, 다음의 푸리에 급수식이 성립한다.

$$\begin{aligned}
DFT[\widetilde{x_e}(n)] &= Re[\widetilde{X}(k)] \\
DFT[\widetilde{x_o}(n)] &= Im[\widetilde{X}(k)]
\end{aligned}$$

위의 결과는 다음 증명으로 설명된다.

$$\begin{aligned}
Re[\widetilde{X}(k)] &= Re[\widetilde{X}(-k)] \\
Im[\widetilde{X}(k)] &= -Im[\widetilde{X}(-k)]
\end{aligned}$$

$\widetilde{X}(k)$를 다음과 같이 실수부와 허수부로 나타낼 수 있다.

$$\widetilde{X}(k) = Re[\widetilde{X}(k)] + jIm[\widetilde{X}(k)]$$

그러면 $\widetilde{X}(k) = \widetilde{X^{\alpha}}(-k)$로부터 다음과 같은 식이 성립한다.

$$Re[\widetilde{X}(k)] + jIm[\widetilde{X}(k)] = Re[\widetilde{X}(-k)] - jIm[\widetilde{X}(-k)]$$

따라서

다시 말하면, 실수 신호일 경우 그 푸리에 변환의 실수부는 우함수 이고 허수부는 기함수이다. 같은 방법으로 $\widetilde{X}(k) = \widetilde{X^{\pm}}(-k)$를 극좌표형식으로 표현하면

$$\widetilde{X}(-k) = |\widetilde{X}(k)|e^{j\angle - X(k)},$$

$$\widetilde{X^{\alpha}}(-k) = |\widetilde{X}(-k)|e^{-j\angle - X(-k)}$$

따라서

$$|\widetilde{X}(\widetilde{k})| = |\widetilde{X}(-k)|$$
$$\angle \widetilde{X}(k) = -\angle \widetilde{X}(-k)$$

이는 크기 $|\widetilde{X}(k)|$는 ω의 우함수이고 위상 $\angle \widetilde{X}(k)$는 ω의 기함수이다.

따라서, 다음의 푸리에 급수식이 성립한다.

$$DFS[\widetilde{x}_e(n)] = Re[\widetilde{X}(-k)]$$
$$DFS[\widetilde{x}_o(n)] = jIm[\widetilde{X}(-k)]$$

7. 주기적 콘벌루션: 주기가 인 두 개의 주기신호 $\widetilde{x_1}(n)$과 $\widetilde{x_2}(n)$에 대한 주기적 콘벌루션의 DFS는 다음과 같다.

$$DFS[\widetilde{x_1}(n) * \widetilde{x_2}(n)] = \widetilde{X_1}(z)\widetilde{X_2}(z) \tag{8.21}$$

위의 결과는 다음 증명으로 설명된다.

다음과 같이 $\widetilde{x_1}(n)$ 과 $\widetilde{x_2}(n)$ 의 주기적 콘벌루션으로 표시되는 주기신호 $\widetilde{x_3}(n)$ 을 생각한다.

$$\tilde{x}_3(n) = \sum_{m=0}^{N-1} \tilde{x}_1(m)\tilde{x}_2(n-m). \tag{8.22}$$

변환에 관한 앞에서의 경험으로부터, 주파수 함수를 곱하는 것은 시간영역에서 콘벌루션하는 것에 대응한다는 사실을 알기 때문에 위의 결과를 새롭게 보이는 것이 아니며, 또한 식 8.22는 콘벌루션합과 똑같게 보이는 것이다. 식 8.22는 $\tilde{x}_1(m)$과 $\tilde{x}_2(n-m)$을 곱해서 다시 합하는 것이다. 여기서, $\tilde{x}_2(n-m)$은 비주기 이산 콘벌루션에서와 같이 $\tilde{x}_2(n)$을 시간에 따라 반대순서로 한 다음 이동시킨 신호이다. 그렇지만, 식 8.22에서 모든 신호는 주기를 N으로 갖는 주기신호이고 합은 한 주기에 걸쳐 행하여 진다. 식 8.22의 형태인 콘벌루션을 주기 콘벌루션 (periodic convolution)이라고 부른다. 비주기 콘벌루션과 같이, 주기 콘벌루션도 교환법칙이 성립한다. 즉,

$$\tilde{x}_3(n) = \sum_{m=0}^{N-1} \tilde{x}_2(m)\tilde{x}_1(n-m)$$

식 8.21로 주어진 $\tilde{X}_3(k)$가 식 8.22로 주어진 $\tilde{X}_3(n)$의 푸리에 계수임을 증명하기 위해서, 먼저 식 8.5에 있는 DFS해석 방정식을 식 8.7에 적용한다. 즉,

$$\tilde{X}_3(k) = \sum_{n=0}^{N-1} W_N^{nk}\left(\sum_{m=0}^{N-1} \tilde{x}_1(m)\tilde{x}_2(n-m)\right)$$

여기서 덧셈의 순서를 바꾸어 표시하면 다음과 같다.

$$\tilde{X}_3(k) = \sum_{m=0}^{N-1} \tilde{x}_1(m) \sum_{n=0}^{N-1} \tilde{x}_2(n-m)\, W_N^{nk} \tag{8.23}$$

안쪽의 합은 n에 관한 것으로서 이동된 신호 $\tilde{x}_2(n-m)$의 DFS이다. 앞에서 설명한 신호의 이동성질에 의하면

$$\sum_{n=0}^{N-1} \tilde{x}_2(n-m)\, W_N^{nk} = W_N^{nk}\tilde{X}_2(k)$$

이고, 이것을 식 8.23에 대입하면

$$\widetilde{X_3}(k) = \sum_{n=0}^{N-1} \widetilde{x_1}(m)\, W_N^{nk}\, \widetilde{X_2}(k) = (\sum_{m=0}^{N-1} \widetilde{x_1}(m)\, W_N^{nk})\, \widetilde{X_2}(k) = \widetilde{X_1}(k)\widetilde{X_2}(k)$$

을 얻는다. 따라서 다음과 같은 결론을 얻는다.

$$DFS[\sum_{m=0}^{N-1} \widetilde{x_1}(m)\widetilde{x_2}(n-m)] = \widetilde{X_1}(k)\widetilde{X_2}(k) \quad (8.24)$$

주기신호의 주기 콘벌루션은 각각의 푸리에 급수의 계수로 이루어지는 신호의 곱에 대응한다.

8. 곱셈: 이는 위에서 설명한 주기적 콘벌루션 성질의 쌍대(dual)이다.

$$DFS[\widetilde{x_1}(n)\widetilde{x_2}(n)] = \frac{1}{N}\sum_{l=0}^{N-1} \widetilde{X_1}(l)\widetilde{X_2}(k-l) \quad (8.25)$$

이미 설명한 쌍대성 정리에 의하면, 시간변수와 주파수 변수의 역할을 서로 교환하였을 때 앞에서 얻은것과 같은 결과를 얻을 수 있음을 알 수 있다. 식 8.25는 $\widetilde{X_1}(k)$와 $\widetilde{X_2}(k)$의 주기적 콘벌루션에 1/N을 곱한 것이다.

9. 파시발(Parseval's)의 관계: 이 관계는 주파수 영역에서 에너지를 계산한다.

$\left|\frac{\widetilde{X}(k)}{N}\right|^2$은 전력(power) 스펙트럼이라 불린다.

위에서 설명한 이산 푸리에 급수 표현의 성질을 표 8.1에 요약해서 나타내었다.

〈표 8.1〉 DFS의 특성

주기 신호 (주기 N)	DFS (주기 N)
1. $\widetilde{x}(n)$	$\widetilde{X}(k)$ 주기 N을 갖는 주기적
2. $\widetilde{x_1}(n)$, $\widetilde{x_2}(n)$	$\widetilde{X_1}(k)$, $\widetilde{X_2}(k)$ N을 갖는 주기적

3. $a\widetilde{x}_1(n)+b\widetilde{x}_2(n)$	$a\widetilde{X}_1(k)+b\widetilde{X}_2(k)$
4. $\widetilde{x}(n-m)$	$W_N^{km}\widetilde{X}(k)$
8. $W_N^{km}\widetilde{X}(n)$	$\widetilde{X}(k-l)$
6. $\widetilde{X}(n)$	$N\widetilde{x}(-k)$
7. $\widetilde{x^n}(n)$	$\widetilde{X^n}(-k)$
8. $\widetilde{x^n}(-n)$	$\widetilde{X^n}(k)$
8. $Re[\widetilde{x}(n)]$	$\widetilde{X}_e(n)=\frac{1}{2}(\widetilde{X}(k)+\widetilde{X^n}(-k))$
10. $jIm[\widetilde{x}(n)]$	$\widetilde{X}_o(n)=\frac{1}{2}(\widetilde{X}(k)-\widetilde{X^n}(-k))$
11. $\widetilde{x}_e(n)=\frac{1}{2}(\widetilde{x}(n)+\widetilde{x^n}(-n))$	$Re[\widetilde{X}(k)]$
12. $\widetilde{X}_o(n)=\frac{1}{2}(\widetilde{X}(n)-\widetilde{X^n}(-n))$	$jIm[\widetilde{X}(k)]$
13. $\sum_{m=0}^{N-1}\widetilde{x}_1(m)\widetilde{x}_2(n-m)$	$\widetilde{X}_1(k)\widetilde{X}_2(k)$
14. $\widetilde{x}_1(n)\widetilde{x}_2(n)$	$\frac{1}{N}\sum_{l=0}^{N-1}\widetilde{X}_1(l)\widetilde{X}_2(k-l)$

15-17번 성질은 x(n)이 실수 일 때만 적용된다.

18. 대칭성	$\widetilde{X}(k)=\widetilde{X^{\alpha}}(-k)$ $Re[\widetilde{X}(k)]=Re[\widetilde{X}(-k)]$ $Im[\widetilde{X}(k)]=-Im[\widetilde{X}(-k)]$ $\lvert\widetilde{X}(k)\rvert=\lvert\widetilde{X}(-k)\rvert$
16. $\widetilde{x}_e(n)=\frac{1}{2}(\widetilde{x}(n)+\widetilde{x^n}(-n))$	$Re[\widetilde{X}(k)]$
17. $\widetilde{X}_o(n)=\frac{1}{2}(\widetilde{X}(n)-\widetilde{X^n}(-n))$	$jIm[\widetilde{X}(k)]$

8.2 샘플링과 z-영역에서의 복원

x(n)가 임의의 절대 가합인 신호라 하자. 이 신호는 무한 신호일 수도 있다. 이의 z-변환은 다음과 같이 주어진다.

$$X(z) = \sum_{m=-\infty}^{\infty} x(m) z^{-m}$$

그리고 X(z)의 수렴영역(ROC)이 단위원을 포함한다고 가정한다. X(z)을 단위원 위에서 $\omega_1 = 2\pi/N$의 각만큼 떨어진 균일한 간격의 점에서 샘플링하고 이를 어떤 DFS 신호라 부르기로 한다.

$$\widetilde{X}(k) \doteq X(z)|_{z=e^{j\frac{2\pi}{N}k}}, \quad k = 0, \pm 1, \pm 2, \ldots \tag{8.26}$$

$$= \sum_{m=-\infty}^{\infty} e^{-j\frac{2\pi}{N}km} = \sum_{m=-\infty}^{\infty} x(m) W_N^{km}$$

이는 주기 N으로 주기적이다. 마지막으로 $\widetilde{X}(k)$의 IDFS을 계산한다.

$$\tilde{x}(n) = IDFS[\widetilde{X}(k)]$$

이 식 역시 주기 N으로 주기적이다. 임의의 x(n)와 주기적 $\tilde{x}(n)$사이에 어떤 관계가 있음에 틀림없으며 이는 중요한 문제이다. 역 DTFT나 역 z-변환을 수치적으로 계산하기 위해서는 단위원 위에서 X(z)의 유한 개의 샘플을 다루어야 한다. 따라서 이러한 샘플링이 시간-영역 신호에 어떤 영향을 미치는가를 알아야 한다. 이 관계는 다음과 같이 쉽게 구할 수 있다.

$$\tilde{x}(n) = \frac{1}{N} \sum_{k=0}^{N-1} \widetilde{X}(k) W_N^{-kn}$$

$$= \frac{1}{N}\sum_{k=0}^{N-1}\sum_{m=-\infty}^{\infty} x(m)\, W_N^{km}\, W_N^{-kn}$$

또는

$$\tilde{x}(n) = \sum_{m=-\infty}^{\infty} x(m)\frac{1}{N}\sum_{k=0}^{N-1} W^{-k(n-m)}_{N} = \sum_{m=-\infty}^{\infty} x(m)\sum_{r=-\infty}^{\infty}\delta(n-m-rn)$$

$$\begin{cases} 1, & n-m=rN \\ 0, & \text{다른경우.} \end{cases}$$

$$= \sum_{r=-\infty}^{\infty}\sum_{m=-\infty}^{\infty} x(m)\,\delta(n-m-rn)$$

또는

$$\tilde{x}(n) = \sum_{r=-\infty}^{\infty} x(n-rN) = \ldots + x(n+N) + x(n) + x(n-N) + \ldots \qquad (8.27)$$

이는 단위원 위에서 X(z)을 샘플링할 때 시간 영역에서 주기적 신호를 얻는다는 것을 의미한다. 이 신호는 원래의 x(n)와 각각 ±N의 배수만큼 이동된 이의 무한한 복제의 선형 조합이다. 식 8.27으로부터 만약 n〈0와 n≥N에 대해 x(n)=0이면 시간 영역에서 겹침이나 에일리어싱(aliasing)이 없으리라는 것을 알 수 있다. 따라서 $\tilde{x}(n)$로부터 x(n)을 인식하고 복원할 수 있어야 한다.

$x(n) = \tilde{x}(n), 0 \le n \le (n-1)$에 대해

또는

$$x(n) = \tilde{x}(n)R_N(n) = \tilde{x}(n)\begin{cases} 1, & 0 \le n \le N-1 \\ 0, & \text{다른경우.} \end{cases}$$

여기서 $R_N(n)$은 길이 N의 사각형 창함수(window function)라 부른다. 그러므로 다음의 정리를 갖는다.

정리 1 주파수 샘플링

만약 x(n)이 [0,N-1]로 시간이 제한되면(즉, 유한 신호이면) 단위원 위의 z-변환 X(z)의 N개 샘플로부터 x(n)을 구할수 있다. 따라서 X(z)도 결정할 수 있다.

$$x_1(n) = 6, 5, 4, 3, 2, 1$$

◉ 복원 공식

x(n)가 [0,N-1]로 시간이 제한되어 있다고 하자. 그러면 정리 1로부터 샘플 $\widetilde{X}(k)$을 이용하여 -변환 을 복구할 수 있다. 이는 다음과 같이 주어진다.

$$X(Z) = Z[x(n)] = Z[\widetilde{x}(n)R_N(n)]$$
$$= Z\left[IDFS\widetilde{X}(k)R_N(n)\right]$$

위 접근방식은 z-영역 복원 공식으로 이어진다.

$$X(z) = \sum_{0}^{N-1} x(n)z^{-n} = \sum_{0}^{N-1} \widetilde{x}(n)z^{-n}$$

$$= \sum_{0}^{N-1}\left\{\frac{1}{N}\sum_{0}^{N-1}\widetilde{X}(k)\,W_N^{-kn}\right\}z^{-n}$$

$$= \frac{1}{N}\sum_{k=0}^{N-1}\widetilde{X}(k)\left\{\sum_{0}^{N-1} W_N^{-kn}z^{-n}\right\}$$

$$= \frac{1}{N}\sum_{k=0}^{N-1}\widetilde{X}(k)\left\{\sum_{0}^{N-1}(W_N^{-k}z^{-1})^n\right\}$$

$$= \frac{1}{N}\sum_{0}^{N-1}\widetilde{X}(k)\left\{\frac{1-W_N^{-kN}z^{-N}}{1-W_N^{-k}z^{-1}}\right\}$$

$W_N^{-kN}=1$ 이므로, 다음을 얻는다.

$$X(z)=\frac{1-z^{-N}}{N}\sum_{k=0}^{N-1}\frac{\widetilde{X}(k)}{1-W^{-k_N}z^{-1}} \tag{8.28}$$

◉ DTFT 보간 공식

복원 공식 8.28은 이를 단위원 $z=e^{jw}$에서 구함으로써 이산시간 푸리에 변환으로 한정될 수 있다. 그러면,

$$X(e^{jw})=\frac{1-e^{-jwN}}{N}\sum_{k=0}^{N-1}\frac{\widetilde{X}(k)}{1-e^{j2xk/N}e^{-jw}}$$

$$=\sum_{k=0}^{N-1}\widetilde{X}(k)\frac{1-e^{-jwN}}{N\{1-e^{j2xk/N}e^{-jw}\}}$$

다음을 생각해 보자.

$$\frac{1-e^{-jwN}}{N\{1-e^{j2xk/N}e^{-jw}\}}=\frac{1-e^{-j(w-\frac{2xk}{N})N}}{N\left\{1-e^{-j(w-\frac{2xk}{N})}\right\}}$$

$$=\frac{e^{-j\frac{N}{2}(w-\frac{2xk}{N}k)}}{e^{-\frac{1}{2}j(w-\frac{2xk}{N})}}\left\{\frac{\sin[(w-\frac{2\pi k}{N})\frac{N}{2}]}{N\sin[(w-\frac{2\pi k}{N})\frac{1}{2}]}\right\}$$

다음을 가정하자.

$$\Phi(w)\doteq\frac{\sin(\frac{wN}{2})}{N\sin(\frac{w}{2})}e^{-jw(\frac{N-1}{2})} \quad : \text{보간 다항식} \tag{8.29}$$

그러면

$$X(e^{jw}) = \sum_{k=0}^{N-1} \widetilde{X}(k)\Phi(w - \frac{2\pi k}{N}) \quad (8.30)$$

이는 이의 샘플 $\widetilde{X}(k)$로부터 $\widetilde{X}(e^{jw})$을 복원하는 DTFT 보간 공식이다. Φ(0)=1이므로 $X(e^{j2\pi k/N}) = \widetilde{X}(k)$을 얻는데, 이는 보간이 샘플 위치에서 정확하다는 것을 의미한다. 아날로그 신호에 대한 시간-영역 보간 공식을 상기하면 다음과 같다.

$$X(e^{jw}) = \sum_{k=0}^{N-1} \widetilde{X}(k)\Phi(w - \frac{2\pi k}{N}) \quad (8.31)$$

DTFT 보간 공식과 비슷하다.

그러나, 몇 가지 차이점이 있다. 첫째, 시간-영역 식 8.28은 임의의 비주기 아날로그 신호를 복원하는 반면, 주파수-영역 공식은 주기적 파형을 준다. 둘째, 식 8.28에서 우리에게 더 익숙한 $\frac{\sin x}{x}$(sinc) 함수 대신에 $\frac{\sin(Nx)}{N\sin x}$보간 함수를 사용한다. 그러므로 Φ(ω)함수는 때때로 디지털 sinc 함수라고 부르는데, 이는 주기적이다.

8.3 이산 푸리에 변환

이산 푸리에 급수는 이산시간 푸리에 변환을 수치적으로 계산하는 기법을 제공한다. 이 경우 시간 영역에서 잠재적인 문제인 에일리어싱에 대해 주의하여야 한다. 수학적 사실들로부터 이산시간 푸리에 변환의 샘플링은 주기적 신호 $\tilde{x}(n)$로 귀착됨을 알고 있다. 그러나 대부분의 실제 신호는 주기적이 아니며 이들은 유한 구간의 신호(유한 신호라 부름)일 가능성이 크다. 이러한 신호에 대해 어떻게 수치적으로 계산 가능한 푸리에 표현을 만들 수 있는가? 이론적으로, 기본 파형이 유한 신호의 파형을 가진 주기적 신호를 정의하고 이 주기적 신호에 대해 DFS를 사용함으로써 이 문제를 다룰 수 있다. 실제는 이산 푸리에 변환(DFT)이라고 불리는 새로운 변환을 정의한다. 이 DFT는 임의의 유한 신호에 대해 수치적으로 계산가능한 푸리에 변환이다. 주로 이 변환을 사용할 것이다. 먼저 0≤n ≤N-1구간에서 N개의 샘플을 가진 유한 신호 x(n)을 N-점 신호로 정의한다. $\tilde{x}(n)$가 N-점 x(n)신호 을 이용하여 만들어진 주기 N의 주기적 신호라 하자. 즉 식 8.31으로부터,

$$\tilde{x}(n) = \sum_{r=-\infty}^{\infty} x(n+rN)$$

이것은 약간 어색한 표현이다. 독립변수에 modulo-N 연산을 이용하여 이를 다음과 같이 간략화할 수 있다.

$$\tilde{x}(n) = x(n \bmod N) \qquad (8.32)$$

이 연산을 해석하는 간단한 방법은 다음과 같다. 만약 독립변수 n이 0와 -1사이에 있으면 이를 그대로 두고, 그렇지 않으면 결과가 0와 N-1사이에 있을 때까지 n으로부터 N의 배수를 더하거나 뺀다. 하나의 비공식적이고 유용한 길은 신호길이와 같은 둘레를 가진 원통의 주위를 유한신호 x(n)으로 둘러싼 것으로 생각하는 것이다. 그런 다음, 원통의 주위를 반복해서 지나가면 유한신호가 주기적으로 보이게 되는 것이다. 이런 해석법에 따르면, 주기신호에 의해 유한신호를 나타내는 것은 원통의 둘레를 주기신호로 둘러싼 것과 같다.

x(n)의 길이가 N 또는 이보다 작을 때만 유효함에 주목할 수 있다. 게다가, module-N 연산을 표시하기 위해 다음의 편리한 표시 방법을 사용한다.

$$x((n))_N \doteq x(n \bmod N) \qquad (8.33)$$

그러면 x(n)와 $\tilde{x}(n)$사이의 간단한 관계는 다음과 같다.

$$\tilde{x}(n) = x((n))_N \qquad \text{(주기적 전개)}$$

$$x(n) = \tilde{x}(n) R_N(n) \qquad \text{(창함수 연산)} \qquad (8.34)$$

주파수 샘플링 정리로부터 N-점 신호의 이산시간 푸리에 변환 $X(e^{jw})$의 N개의 등간

격 샘플로부터 유일하게 $X(e^{jw})$을 복원할 수 있다고 결론을 내렸다. 단위원 위의 이 N 개의 샘플은 이산 푸리에 변환 계수라고 불린다. $\widetilde{X}(k) = DFS\widetilde{x}(n)$을 가정하자. 이 신호는 주기적(따라서 무한의) 신호이다. 그러면 이의 기본 간격이 이산 푸리에 변환이며 이 변환은 유한구간에 해당된다. 이 표시들은 다음의 정의에서 명확해진다. N-점 신호의 이산 푸리에 변환은 다음과 같이 주어진다.

$$X(k) = DFS[x(n)] = \begin{cases} \widetilde{X}(k), & 0 \le k \le N-1 \\ 0, & \text{다른 경우} \end{cases} = \widetilde{X}(k)\, R_N(k)$$

또는

$$X(k) = \sum_{n=0}^{N-1} x(n)\, W_N^{nk}, \quad 0 \le k \le N-1 \tag{8.35}$$

DFT X(k) 역시 N-점 신호임을 주목하라. 즉 이는 의 외부에서는 정의되지 않는다. $\widetilde{X}(K) = X((k))_N$ 이다. 즉 0≤k≤N-1의 외부에서 오직 DFS $\widetilde{X}(k)$ 만이 정의되는데, 이 역시 X(k)의 주기적 전개이다. 마지막으로 $X(k) = \widetilde{X}(k) R_N(k)$은 DFT X(k)가 $\widetilde{X}(k)$의 기본 간격임을 의미한다.

N-점 DFT X(k)의 역 이산 푸리에 변환은 다음과 같이 주어진다.

$x(n) \doteq IDFT[X(k)] = \widetilde{x}(n) R_N(n)$

또는

$$x(n) = \frac{1}{N} \sum_{k=0}^{N-1} X(k)\, W_N^{-kn}, \quad 0 \le n \le N-1 \tag{8.36}$$

다시 한 번 x(n)은 0≤n≤N-1의 외부에서 정의되지 않는다는 점을 강조한다. 이 범위 외부에서 x(n)의 전개는 $\widetilde{x}(n)$이다.

이 절의 처음에서 말했듯이 명확히 DFS는 0≤n≤N-1일 때 실제 DFT와 등가이다. 그러므로 DFT의 구현은 비슷한 방법으로 할 수 있다. 만약 x(n)와 X(k)가 각각 열 벡터 x와 X로 배열되면, 다음을 얻는다.

$$X = W_N\, x$$

$$x = \frac{1}{N} W_N X \tag{8.37}$$

여기서 정의된 행렬이고 이제 DFT 행렬이라 불릴 것이다.

8.4 이산 푸리에 변환의 성질

수학적으로 DFS가 타당한 표현기법이기 때문에 DFT 성질은 DFS의 성질로부터 유도된다. 따라서 몇 가지 유용한 성질을 증명 없이 언급할 것이다. X(k)가 신호 x(n)의 N-점 DFT 라 하자. 별다른 말이 없으면 N-점 DFT의 성질을 다음에 다룬다.

1. 선형성: DFT는 선형 변환이다. 즉 모든 $a_1, a_2, x_1(n), x_2(n)$에 대하여 다음을 만족한다. 두 개의 신호 $x_1(n)$과 $x_2(n)$을 선형결합한 DFT변환은 각각의 DFT변환의 선형결합과 같다.

$$\begin{aligned} DFT[a_1 x_1(n) + b_1 x_2(n)] &= a_1 DFT[x_1(n)] + a_2 DFT[x_2(n)] \\ &= a_1 X_1(k) + a_2 X_2(k) \end{aligned}$$

주의: 만약 $x_1(n)$와 $x_2(n)$가 다른 길이를 가지면, 즉 이들이 각각 N_1-점와 N_2-점 신호라면 $N_3 = \max(N_1, N_2)$을 고르고N_3-점 DFT로 처리하라.

2. 신호의 순환 이동: 만약 N-점 신호가 한 방향으로 이동되면, 결과는 더 이상 0≤n≤N-1사이에 있지 않다. 따라서 먼저 x(n)을 이의 주기적 전개 $\grave{x}(n)$로 바꾸고 나서 다음을 얻기 위해 이를 m개의 샘플만큼 이동한다.

$$\grave{x}(n-m) = x((n-m))_N \tag{8.38}$$

이는 $\tilde{x}(n)$의 주기적 이동이라 부른다. 그리고 나서 이 주기적 이동은 N-점 신호로 바뀐다. 결과로 나온 다음의 신호는 x(n)의 순환 이동이라 부른다.

$$\tilde{x}(n-m)R_N(n) = x((n-m))_N R_N(n) \tag{8.39}$$

다시 한 번 이를 시각화하기 위해, 신호 x(n)이 원 주위에서 겹쳐진다고 상상하라. 이제 원을 k 샘플만큼 돌리고 0≤n≤N-1로부터 신호를 편다. 이의 DFT는 다음과 같이 주어진다.

$$DFT[x((n-m))_N R_N(n)] = W_N^{km} X(k) \tag{8.40}$$

3. 주파수 영역에서 순환 이동: 다음에 주어지는 이 성질은 위 성질과 한쌍(Dual)관계에 있다.

$$DFT[W_N^{-ln} x(n)] = X((k-l))_N R_N(k) \tag{8.41}$$

4. 쌍대성: 만약 x(n)에 관해서

$$DFS[x(n)] = X(k) \tag{8.42}$$

이면,

$$DFS[X(n)] = Nx((-k))_N, \qquad 0 \le k \le N-1 \tag{8.43}$$

이다. 신호 $Nx((-k))_N$은 $Nx(k)$의 지표 k를 반전시켜서 modulo N을 취한것이다.

5. 순환 반전(circular folding): 만약 N-점 신호가 반전되면, 결과 x(-n)은 N-점 신호가 아니고 이의 DFT를 계산하는 것이 가능하지 않을 것이다. 그러므로 modulo-N 연산을 독립변수 (-n)에 이용하고 반전을 다음과 같이 정의한다.

$$x((-n)) = \begin{cases} x(0), & n = 0 \\ x(N-n), & 1 \le n \le N-1 \end{cases} \tag{8.44}$$

이는 순환 반전이라 불린다. 이를 시각화하기 위해 신호 x(n)이 지표 n=0와 n=N가 겹치게 하기 위하여 반시계 방향으로 원 위에서 접혀진다고 상상해 보라. 그러면 $x((-n))_N$은 원 주위에서 x(n)의 시계방향 겹침으로 볼 수 있다. 따라서 이름이 순환 반전이다. 그러면 이의 DFT는 다음과 같이 주어진다.

$$DFT[x((-n))_N] = X((-k))_N = \begin{cases} X(0), & k=0 \\ X(N-k), & 1 \le k \le N-1 \end{cases} \tag{8.45}$$

6. 켤레성: 위 성질과 비슷하게 주파수 영역에서 순환 반전을 소개한다.

$$DFT[x^*(n)] = X^*((-k))_N \tag{8.46}$$

이 성질로부터 다음과 같은 두 가지 식을 유도할 수 있다.

$$DFT[Re\{x(n)\}] = \frac{1}{2}[X((k))_N + X^*((-k))_N] \tag{8.47}$$

$$DFS[jIm\{x(n)\}] = \frac{1}{2}[X((k))_N - X^*((-k))_N]$$

여기서 첨자 * 은 켤레 복소수 연산을 표시한다.

7. 실수 신호의 대칭성: x(n)가 실수 N-점 신호라 하자. 그러면 이다. 위 성질을 이용하여

$$X(k) = X^*((-k))_N \tag{8.48}$$

이 대칭은 순환 켤레 대칭성이라 부른다. 이는 다음을 암시한다.

$$\begin{array}{ll} Re[X(k)] = Re[X((-k))_N] & \Rightarrow \text{순환-우 함수 신호} \\ Im[X(k)] = -Im[X((N-k))_N] & \Rightarrow \text{순환-기 함수 신호} \\ |X(k)| = |X((-k))_N| & \Rightarrow \text{순환-우 함수 신호} \\ \angle X(k) = -\angle X((-k))_N & \Rightarrow \text{순환-기 함수 신호} \end{array} \tag{8.49}$$

실수 신호는 또한 2장에서 말한 것처럼 각각 우함수와 기함수 성분 $x_e(n)$와 $x_o(n)$으로 분해될 수 있다. 그러나 이 성분은 N-점 신호가 아니므로 이에 대해 N-점 DFT를 취할 수 없다. 따라서 위에서 말한 순환 반전을 이용하여 새로운 성분의 집합을 정의하도록 한다. 이들은 다음과 같이 정의되는 순환-우함수와 순환-기함수 성분으로 부른다.

$$x_{ec}(n) = \frac{1}{2}[x(n) + x((-n))_N] = \begin{cases} x(0), & n = 0 \\ \frac{1}{2}[x(n) + x(N-n)], & 1 \le n \le N-1 \end{cases} \tag{8.50}$$

$$x_{oc}(n) = \frac{1}{2}[x(n) + x((-n))_N] = \begin{cases} x(0), & n = 0 \\ \frac{1}{2}[x(n) - x(N-n)], & 1 \le n \le N-1 \end{cases}$$

그러면

$$DFT[x_{ec}(n)] = Re[X(k)] = Re[X((-k))_N] \tag{8.51}$$

$$DFT[x_{oc}(n)] = Im[X(k)] = Im[X((-k))_N]$$

의미: 만약 x(n)이 실수이고 순환-우함수이면 이의 DFT는 또한 실수이고 순환-우함수이다. 따라서 단지 처음 0≤n≤N/2계수들만 전체 표현에 필요하다.

8. 순환 콘벌루션(convolution): 두 N-점 신호 사이의 선형 콘벌루션은 더 긴 신호를 가져온다. 다시 한 번 간격을 0≤n≤N-1으로 제한해야 한다. 그러므로 선형 이동 대신에 순환 이동을 고려해야 한다. 순환 이동을 포함하는 콘벌루션 연산은 순환 콘벌루션이라 불리고 다음과 같이 주어진다.

$$x_1(n) Ⓝ x_2(n) = \sum_{m=0}^{N-1} x_1(n) x_2((n-m))_N, \quad 0 \le n \le N-1 \tag{8.52}$$

순환 콘벌루션이 또한 N-점 신호임을 주목하라. 이는 선형 콘벌루션과 비슷한 구조를 가지고 있다. 차이점은 합의 한계와 N-점 순환 이동에 있다. 따라서 이는 N에 의존하고 또한 N-점 순환 콘벌루션이라고도 불린다. 그러므로 표시 Ⓝ을 사용하는 것이 적당하다. 순환 콘벌루션의 DFT 성질은 다음과 같다.

$$DFT[x_1(n) \text{Ⓝ} x_2(n)] = X_1(k) \cdot X_x(k) \tag{8.53}$$

9. 곱셈: 이는 순환 콘벌루션 성질과 한 쌍(dual)관계에 있다. 이는 다음과 같이 주어진다.

$$DFT[x_1(n) \cdot x_2(n)] = \frac{1}{N} X_1(k) \text{Ⓝ} X_2(k) \tag{8.54}$$

여기서 순환 콘벌루션은 주파수 영역에서 수행된다.

10. 파시발(Parseval's)의 관계: 이 관계는 주파수 영역에서 에너지를 계산한다.

$$E_x = \sum_{n=0}^{N-1} |x(n)|^2 = \frac{1}{N} \sum_{k=0}^{N-1} |X(k)|^2 \tag{8.55}$$

$\frac{|X(k)|^2}{N}$ 은 유한 신호의 에너지 스펙트럼(spectrum)이라 불린다.

위에서 설명한 이산 푸리에 변환 표현의 성질을 표 8.3에 요약해서 나타내었다.

〈표 8.3〉 DFT변환의 특성

유한길이신호 (길이 N)	N점 DET (길이 N)
1. $x(n)$	$X(k)$
2. $x_1(n)$, $x_2(n)$	$X_1(k)$, $X_2(k)$
3, $ax_1(n) + bx_2(n)$	$aX_1(k) + bX_2(k)$
4, $x[((n-m))_N]$	$W_N^{km} X(k)$
8. $W_N^{-ln} x(n)$	$X[((k-l))_N]$

6. $X(n)$	$Nx((-k))_N$
7. $x((-n))_N$	$X^*[((-k))_N]$
8. $x^*(n)$	$X((-k))_N$
8. $x^*[((-n))_N]$	$X^*(k)$
10. $Re[x(n)]$	$\frac{1}{2}(X[((k))_N]+X^*[((-k))_N])$
11. $jIm[x(n)]$	$\frac{1}{2}(X[((k))_N]-X^*[((-k))_N])$
12. $x_{ec}(n)=\frac{1}{2}(x(n)+x^*[((-n))_N])$	$Re[X(k)]$
13. $x_{oc}(n)=\frac{1}{2}(x(n)-x^*[((-n))_N])$	$jIm[X(k)]$
14. $\sum_{m=0}^{N-1} x_1(m)x_2(n-m)$	$X_1(k)X_2(k)$
18. $x_1(n)x_2(n)$	$\frac{1}{N}\sum_{l=0}^{N-1} X_1(l)X_2[((k-l))_N]$

16−18번 성질은 $x(n)$이 실수 일 때만 적용된다.

16. 대칭성	$X(k)=X^*[((-k))_N]$ $Re[X(k)]=Re[X[((-k))_N]]$ $Im[X(k)]=-Im[X[((N-k))_N]]$ $\lvert X(k)\rvert=\lvert X(-k)\rvert$
17. $x_{ec}(n)=\frac{1}{2}(x(n)+x[((-n))_N])$	$Re[X(k)]$
18. $x_{oc}(n)=\frac{1}{2}(x(n)-x[((-n))_N])$	$jIm[X(k)]$

8.5 DFT를 이용한 선형 콘벌루션

선형 시스템에서 가장 중요한 연산 중의 하나가 선형 콘벌루션이다. 사실 FIR 필터는 일반적으로 이 선형 콘이용하여 실제 구현된다. 한편 DFT는 주파수 영역에서 선형 시스템을 구현하는 실용적인 접근방식이다. 나중에 보게 될 것처럼 이는 또한 계산에 있어서 효율적인 연산이다.

대부분의 응용에서, 두 신호의 선형 콘벌루션을 구현하는데 관심을 갖는다. 즉 선형시불변 시스템을 구현하려고 한다. 이 점은 음성파형이나 레이다 신호 같은 신호를 필터링하거나, 그러한 신호의 자기상관함수를 계산하는데 있어서 확실히 그렇다.

그러나 여기에도 한 가지 문제가 있다. DFT 연산은 원하는 선형 콘벌루션이 아닌(우리가 바라지 않는) 순환 콘벌루션으로 귀착된다. 이제 어떻게 선형 콘벌루션을 수행하기 위해 DFT를 이용하는지 (즉, 어떻게 선형 콘벌루션과 똑같은 순환 콘벌루션을 만드는지) 보기로 한다.

$x_1(n)$가 N_1-점 신호이고 $x_2(n)$가 N_2-점 신호라 하자. $x_3(n)$을 $x_1(n)$와 $x_2(n)$의 선형 콘벌루션으로 정의한다.

$$\begin{aligned} x_3(n) &= x_1(n) * x_2(n) \\ &= \sum_{k=-\infty}^{\infty} x_1(k)x_2(n-k) = \sum_{0}^{N-1} x_1(k)x_2(n-k) \end{aligned} \tag{8.56}$$

그러면 $x_3(n)$은 (N_1+ N_2−1)−점 신호이다. 만약 N=max(N_1,N_2)을 고르고 N−점 순환 콘벌루션 $x_1(n)$Ⓝ$x_2(n)$을 계산하면, 명백히 $x_3(n)$와 다른 N−점 신호를 얻는다. 이 관찰은 하나의 실마리를 준다. N=N_1+ N_2−1을 고르고 (N_1+N_2−1)−점 순환 콘벌루션을 수행하는 것이 어떨까? 이 경우 적어도 이 콘벌루션은 둘다 같은 수의 샘플을 가질 것이다.

그러므로 N=N_1+N_2−1을 가정하고 $x_1(n)$와 $x_2(n)$을 N−점 신호로 취급하자. $x_4(n)$을 다음의 N−점 순환 콘벌루션으로 정의한다.

$$x_4(n) = x_1(n) Ⓝ x_2(n) \tag{8.57}$$

$$= [\sum_{m=0}^{N-1} x_1(k) x_2((n-m))_N] R_N(n)$$
$$= [\sum_{m=0}^{N-1} x_1(k) \sum_{r=-\infty}^{\infty} x_2(n-m-rN)] R_N(n)$$
$$= \left[\sum_{r=-\infty}^{\infty} \sum_{m=0}^{N-1} x_1(k) x_2(n-m-rN)\right] R_N(n)$$
$$= \left[\sum_{r=-\infty}^{\infty} x_3(n-rN)\right] R_N(n)$$

이 해석은 일반적으로 순환 콘벌루션이 선형 콘벌루션이 에일리어스된 변형임을 보여주고 있다.이제 $x_3(n)$가 $N=(N_1+N_2-1)$-점 신호이므로 다음을 얻는다.

$$x_4(n) = x_3(n); \quad 0 \le n \le (N-1) \tag{8.58}$$

이는 시간 영역에서 에일리어싱이 없음을 의미한다.

블록 콘벌루션(Block Convolution)

마이크로폰(microphone)의 음성 신호와 같은 연속적으로 받고 있는 입력 신호를 필터(filter)하고 싶을 때, 실용적 목적으로 이 신호를 무한 신호로 생각할 수 있다. 만약 이 필터 연산을 선형 콘벌루션이 DFT를 이용하여 계산되는 FIR 필터로 구현하고 싶다면, 몇 가지 실용적인 문제를 경험할 것이다. 또는 일반적으로 실용적이지 않은 큰 DFT를 계산해야 할 것이다. 더구나, 출력 샘플은 모든 입력 샘플이 처리될 때까지 구할 수 없다. 이는 받아들일 수 없을 만큼 많은 양의 지연을 가져온다. 그러므로 무한의 입력 신호를 더 작은 부분(또는 블록)으로 나누어서, 각 부분을 DFT를 이용하여 처리하고 마지막으로 각 부분의 출력으로부터 출력 신호를 종합해야 한다. 이 과정은 블록 콘벌루션(또는 블록 처리) 연산이라 부른다.

신호 x(n)이 N-점 신호로 나누어지고 필터의 임펄스 응답이 M-점 신호라 하자. 여기서 M<N이다. 그러면 위 관찰로부터 입력 블록과 임펄스 응답 사이의 N-점 순환 콘벌루션이 처음 (M-1) 샘플이 바른 출력 값이 아닌 블록 출력 신호를 만든다. 만약 단지 x(n)을 겹치지 않는 부분으로 분할하면 결과로 나오는 출력 신호는 틀린 샘플의 간격을 가질 것이다. 이 문제를 수정하기 위해 x(n)을 마지막 (N-M+1) 출력 샘플을 제외하고 전의 부분과 정확히 (M-1) 샘플만큼 겹치는 부분으로 분할하고 마지막으로 이 출력들을 신호로 연결할 수 있다. 첫 출력 블록에서 처음 (M-1) 샘플을 고치기 위해 첫 입력 블록의 처음 (M-1) 샘플을 0으로 만든다. 이 과정을 블록 콘벌루션의 중첩 보류법(overlap-save method)이라 부른다. 명백히 N>>M일 때, 이 방법이 더 효율적이다. 간단한 예를 이용하여 이를 보이겠다.

8.6 고속 푸리에(Fourier) 변환

앞에서 이야기했던 DFT는 시간 영역과 주파수 영역에서 모두 이산적 성질을 갖는 유일한 변환이고, 유한구간 신호에 대해서 정의된다. 비록 그것이 계산 가능한 변환이기는 하지만 직접적인 계산은 매우 비효율적이고, 특히 신호의 길이 N이 클 때는 더욱 비효율적이다. 1965년에 Cooley와 Tukey는 DFT 연산 중에 수행할 계산의 양을 실질적으로 줄이는 과정을 보여주었다. 이로 인하여 디지털 신호 처리 분야를 포함한 여러 분야에서 DFT를 많이 사용하게 되었다. 게다가 다른 효율적인 알고리즘이 개발되는 계기가 되었다. 이러한 모든 효율적인 알고리즘들은 총체적으로 고속 푸리에 변환(fast Fourier transformation, FFT) 알고리즘으로 알려지게 되었다.

N=6-점 신호 x(n)을 생각해 보자. (식 8.35)에 따르면 이 신호의 DFT는 다음과 같다.

$$X(k) = \sum_{n=0}^{N-1} x(n)\, W_N^{nk}, \quad 0 \le k \le N-1 \tag{8.59}$$

여기서 $W_N = e^{-j2\pi/N}$이다. X(k)중에서 하나의 샘플을 얻으려면, N=6번의 복소수 곱셈과 (N=6-1)번의 복소수 덧셈이 필요하다. 그러므로 모든 DFT 계수의 집합을 얻으려면, N^2

번의 복소수 곱셈과 $N(N-1) \simeq N^2$의 복소수 덧셈이 필요한 것이다. 또한 N^2개의 복소수 계수들 $\{W_N^{nk}\}$를 저장해야만 한다. 즉, 내부적으로 추가적인 비용이 발생한다. 명백히 N=6-점 신호에 필요한 DFT 계산의 수는 N의 제곱에 비례하고, 다음과 같이 표시된다.

$$C_N = o(N^2) \tag{8.60}$$

N이 큰 경우에 $o(N^2)$은 실제적으로 사용할 수 없다. 일반적으로 덧셈의 처리 시간은 곱셈의 처리시간보다 훨씬 적다. 그러므로 지금부터는 그것 자체만으로 4번의 실수 곱셈과 2번의 실수 덧셈이 필요한 복소수 곱셈의 수에 초점을 맞출 것이다.

◉ 효율적 계산의 목표

효율적으로 설계된 알고리즘은 자료 샘플마다 계산의 수가 일정해야 하고, 총 계산의 수는 N에 대해 선형적으로 증가해야 한다.

N^2에 비례하는 계산은, 계속해서 수행되는 대부분의 계산을 $\{W_N^{nk}\}$의 주기성

$$W_N^{nk} = W_N^{k(n+N)} = W_N^{(k+N)n} \tag{8.61}$$

과 대칭성

$$W_N^{kn+N/2} = -W_N^{kn} \tag{8.62}$$

을 이용하여 줄일 수 있다.

먼저 계산의 수를 줄이는데 있어서 대칭성과 주기성의 이점을 보여주는 예제로 시작해 보자. 그리고 나서 $C_N = o(N\log N)$의 계산을 필요로 하는 두 개의 특정한 FFT 알고리즘(시간 데시메이션 FFT 알고리즘과 주파수 데시메이션 FFT 알고리즘)을 분석해 보자.

◉ 분할-조합 방법(divide-and-combine approach)

N^2에 비례하는 DFT 계산을 줄이기 위해서 합성수인 을 선택해야 하는데, 그 이유는 다음과 같다.

$$L^2 + M^2 \ll N^2 \qquad \text{큰 } N\text{에 대해서} \tag{8.63}$$

이제 그 신호를 길이가 L인 M개의 작은 신호로 분할하고, M번의 작은 L점 DFT 연산을 수행한다. 그리고 나서 L번의 작은 M점 DFT 연산을 통해 더 큰 DFT로 조합한다. 이것이 분할-조합 방법의 핵심이다. N=LM이라 하면 식 8.46)의 인덱스 n과 k는 다음과 같이 쓸 수 있다.

$$n = Ml + m, \qquad 0 \le l \le L-1, \quad 0 \le m \le M-1 \tag{8.64}$$

$$k = p + Lq, \qquad 0 \le p \le L-1, \quad 0 \le q \le M-1$$

그리고 신호 x(n)과 X(k)를 각각 배열 x(l,m)과 X(p,q)로 나타낸다. 그러면 다음과 같이 쓸 수 있다.

$$X(p,q) = \sum_{m=0}^{M-1} \sum_{l=0}^{L-1} x(l,m)\, W_N^{(Ml+m)(p+Lq)} \tag{8.65}$$

$$= \sum_{m=0}^{M-1} \left\{ W_N^{mp} [\sum_{l=0}^{L-1} x(l,m)\, W_N^{Mlp}] \right\} W_N^{Lmq}$$

$$= \sum_{m=0}^{M-1} \left\{ W_N^{mp} [\sum_{l=0}^{L-1} x(l,m)\, W_N^{lp}] \right\} W_N^{mq}$$

각각의 열 m=0,…M-1에 대해 L점 DFT 배열

$$F(p,m) = \sum_{l=0}^{L-1} x(l,m)\, W_L^{lp}\ ; \qquad 0 \le p \le L-1 \tag{8.66}$$

를 계산한다.

다른 배열을 얻기 F(p,m) 위하여 을 바꾼다.

$$G(p,m) = W_L^{pm} F(p,m)\,, \qquad \begin{array}{l} 0 \le p \le L-1 \\ 0 \le m \le M-1 \end{array} \tag{8.67}$$

인수 W_N^{pm}은 회전 인수(twiddle factor)라고 불린다.

각각의 행 p=0,...L-1에 대해 M점 DFT를 계산한다.

$$X(p,q) = \sum_{m=0}^{M-1} G(p,m)\, W_M^{mq}\,; \qquad 0 \le q \le M-1 \tag{8.68}$$

이러한 방법에 대한 복소수 곱셈의 총 수는 다음과 같이 주어진다.

$$C_N = ML^2 + N + LM^2 < \ o(N^2) \tag{8.69}$$

만약 M 또는 L이 합성수라면 이 과정이 반복될 것이다. 명백히, N이 고차의 합성수, 즉 $N = R^v$일 때 가장 효율적인 알고리즘이 얻어진다. 그러한 알고리즘은 R 진수 알고리즘이라 불린다. 만약 $N = R_1^{v_1} R_2^{v_2} \cdots$ 라면, 그러한 분해는 혼합 진수(mixed radix) FFT 알고리즘이라 불린다. 가장 인기있고 쉽게 사용할 수 있는 알고리즘은 2진 FFT 알고리즘이다.

◉ 2진 FFT 알고리즘(radix-2 FFT algorithm)

$N = R^v$라고 하자. 그리고 나서 , M=2, L=n/2라하고, 식 8.48)에 따라 x(n)을 두 개의 N/2점 신호로 분할하면

$$\begin{array}{r} g_1(n) = x(2n) \\ g_2(n) = x(2n+1) \end{array} \; ; \qquad 0 \le n \le \frac{N}{2} - 1 \tag{8.70}$$

이 된다. 신호 $g_1(n)$은 x(n)의 짝수번 샘플을 가지고 있고, 신호 $g_2(n)$은 x(n)의 홀수번 샘플을 가지고 있다. $G_1(k)$와 $G_2(k)$를 각각 $g_1(n)$과 $g_2(n)$의 N/2점 DFT라고 하자. 그러면 식 8.59)는 다음과 같이 줄어든다.

$$X(k) = G_1(k) + W_N^k G_2(k)\ , \qquad 0 \le k \le N-1 \tag{8.71}$$

이것을 병합 공식(merging formula)이라 하는데, 두 개의 N/2점 DFT를 하나의 N점 DFT로 조합하는 것이다. 복소수 곱셈의 총 수는 다음과 같이 줄어든다.

$$C_N = \frac{N^2}{2} + N = o(N^2/2) \tag{8.72}$$

이 과정은 계속해서 반복될 수 있다. 각 단계에서 신호들은 데시메이션(decimation)되고, 더 작은 DFT들이 결합한다. 이 데시메이션(decimation)은 N개의 1-점 신호, 즉 1-점 DFT를 갖게되는 v단계 후에 끝난다. 이러한 과정을 시간 데시메이션 FFT(decimation-in-time FFT, DIT-FFT)라 한다. 복소수 곱셈의 총 수는 다음과 같다.

$$C_N = N\nu = N\log_2 N \tag{8.73}$$

N이 클 경우 C_N은 근사적으로 N에 선형이 된다. 이것이 효율적 알고리즘의 목적인 것이다. 추가적으로 대칭성을 사용하면 C_N을 $\frac{N}{2}\log_2 N$으로 줄일 수 있다.

다른 방법으로 L=2, M=N/2이라 하고, 단계들을 따라가 보자. 초기의 DFT는 복소수 곱셈을 포함하지 않은 2점 DFT임을 명심하자.

$$\begin{aligned} F(0,m) &= x(0,m) + x(1,m)W_2^0 \\ &= x(n) + x(n+N/2)\,, \qquad 0 \le n \le N/2 \\ F(1,m) &= x(0,m) + x(1,m)W_2^1 \\ &= x(n) - x(n+N/2)\,, \qquad 0 \le n \le N/2 \end{aligned} \tag{8.74}$$

그리고,

$$G(0,m) = F(0,m)W_2^0 \tag{8.75}$$
$$= x(n) + x(n+N/2), \qquad 0 \le n \le N/2$$
$$G(1,m) = F(1,m)W_2^m$$
$$= [x(n) - x(n+N/2)]W_N^n, \qquad 0 \le n \le N/2$$

$0 \le n \le N/2-1$에 대해, $G(0,m) = d_1(n)$, $G(1,m) = d_2(n)$이라 하자(왜냐하면 그것들은 시간 영역에서의 신호로 생각할 수 있기 때문이다). 그러면 다음 식을 얻게 된다.

$$X(0,q) = X(2q) = D_1(q) \tag{8.76}$$
$$X(1,q) = X(2q+1) = D_2(q)$$

이것은 DFT 값 X(k)를 데시메이션 방식으로 계산함을 의미한다. 그러므로 이러한 방법을 주파수 데시메이션 FFT(decimation-in-frequency FFT, DIF-FFT) 알고리즘이라 한다. 이것의 신호 흐름도는 DIT-FFT 구조를 전치시킨 형태이고, 계산의 복잡도는 $\frac{N}{2}\log_2 N$과 같다.

◉ **고속 콘벌루션(fast convolution)**

큰 값의 (>50)에 대해서는 FFT 알고리즘을 사용하여 콘벌루션을 빠르게 하는 것이 가능하다. 이러한 방법은 선형 콘벌루션을 구현하기 위해 순환 콘벌루션을 사용하고, 순환 콘벌루션을 구현하기 위해 FFT를 사용하는 것이다.

최종적인 알고리즘을 고속 콘벌루션 알고리즘(fast convolution algorithm)이라 한다. 만약 $N = 2^\nu$이어서 2진 FFT를 사용한다면, 그 알고리즘은 급속 콘벌루션(high-speed convolution)이라 한다. $x_1(n)$을 N_1점 신호, $x_2(n)$을 N_2점 신호라 하자. 그러면 급속 콘벌루션의 N은 다음과 같이 선택할 수 있다.

$$N = 2^{\lceil \log_2(N_1 + N_2 - 1) \rceil} \qquad (8.77)$$

여기서 [x]은 x보다 큰 가장 작은 정수이다(또한 상한(ceiling) 함수라고도 불린다). 이제 선형 콘벌루션 $x_1(n) * x_1(n) \ast x_2(n)$은 2개의 N점 FFT, 하나의 N점 IFFT, 그리고 하나의 N점 점곱셈을 통해 구현한다.

$$x_1(n) \ast x_2(n) = IFFT[FFT[x_1(n)] \cdot FFT[x_2(n)]] \qquad (8.78)$$

급속 블록 콘벌루션(block convolution)

앞에서 매우 큰 신호를 비교적 작은 신호로 나누어 콘벌루션을 수행하는 중첩-보류법(overlap and save method)과 중첩-가산법(overlap and add method)이라는 블록 콘벌루션에 대해서 논의했었다. 그 부분에서는 선형 콘벌루션을 구현하기 위해 DFT를 사용한다. 이제는 급속(high-speed) 중첩-보류법을 얻기 위하여 DFT를 2진 FFT 알고리즘으로 대체할 것이다. 한층 더 계산을 줄이기 위하여 더 짧은(고정된) 신호의 FFT는 단지 한번의 계산만으로 할 수 있다.

8.7 MATLAB 응용

이 절에서는 MATLAB을 이용하여 위에서 설명한 이산 신호의 푸리에 변환에 대해 나타내어보겠다.

① $x(n) = (0.5)^n u(n)$의 DTFT 결과를 계산하고 결과를 MATLAB을 이용해 plot 해보자

$$X(e^{j\omega}) = \sum_{n=0}^{\infty}(0.5)^n e^{-j\omega n}$$
$$= \sum_{n=0}^{\infty}(0.5e^{-j\omega})^n = \frac{1}{1-0.5e^{-j\omega}}$$
$$= \frac{e^{j\omega}}{e^{j\omega}-0.5}$$

Matlab Source

```
%% MATLAB을 이용한 신호및시스템 8.1%%
w=[0:500]*pi/500; % [0, pi]
X = exp(j*w) ./ (exp(j*w) -0.5*ones(1, 501));   %X(n)의 DTFT식
magX = abs(X);
angX = angle(X);
subplot(2,1,1); plot(w/pi, magX); grid;    % w를 pi로 나누어 주었기때문에 도
면에는
subplot(2,1,2); plot(w/pi, angX); grid;    % 0~1까지 표시된다.
```

Matlab Figure

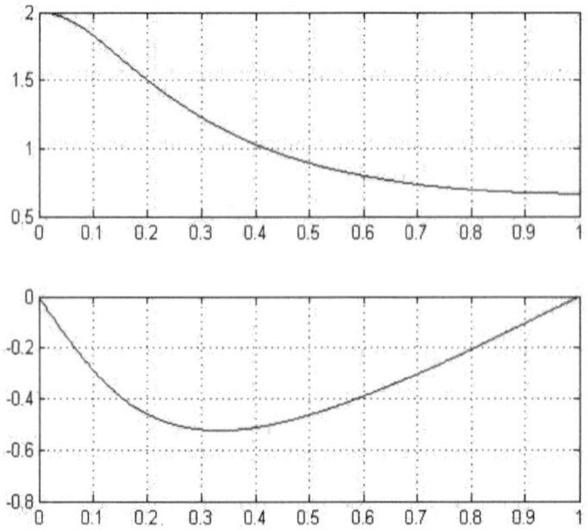

② 다음의 sequences에 대해서 DTFT $X(e^{j\omega})$를 결정하고 크기와 위상을 MATLAB을 이용해 plot 해보자

- $a(n) = \{1, -1\}$
- $b(n) = \{0.3, 0.3, 0.3\}$
- $c(n) = 2(0.8)^n [u(n) - u(n-20)]$
- $d(n) = \{4, 3, 2, 1, 2, 3, 4\}$
- $e(n) = 5(-0.9)^n \cos(0.1\pi n) u(n)$

Matlab Source

```
%% MATLAB을 이용한 신호및시스템 8.2%%
w=[0:500]*pi/500; % [0, pi]
A = 1*exp(-j*w*0) - 1*exp(-j*w*1);
magA = abs(A);
angA = angle(A);
figure
subplot(2,1,1); plot(w/pi, magA); grid;
subplot(2,1,2); plot(w/pi, angA); grid;

B = 0.3*exp(j*w*0) + 0.3*exp(j*w*1) + 0.3*exp(j*w*2);
magB = abs(B);
angB = angle(B);
figure
subplot(2,1,1); plot(w/pi, magB); grid;
subplot(2,1,2); plot(w/pi, angB); grid;

C=2*(1*ones(1,501)-0.8*exp(-j*w).^20)./(1*ones(1,501)-0.8*exp(-j*w));
magC = abs(C);
angC = angle(C);
figure
```

```
subplot(2,1,1); plot(w/pi, magC); grid;
subplot(2,1,2); plot(w/pi, angC); grid;

D = 4 + 3*exp(-j*w*1) + 2*exp(-j*w*2)
    +1*exp(-j*w*3) + 2*exp(-j*w*4) + 3*exp(-j*w*5) + 4*exp(-j*w*6)
magD = abs(D);
angD = angle(D);
figure
subplot(2,1,1); plot(w/pi, magD); grid;
subplot(2,1,2); plot(w/pi, angD); grid;

E= 2.5./(1*ones(1,501)+0.9*exp(0.1*pi-j*w))
    + 2.5./(1*ones(1,501)+0.9*exp(-0.1*pi-j*w));
magE = abs(E);
angE = angle(E);
figure
subplot(2,1,1); plot(w/pi, magE); grid;
subplot(2,1,2); plot(w/pi, angE); grid;
```

Matlab Figure

$a(n) = \{1, -1\}$ =⟩ δ [n]−δ [n−1] =⟩ 1−e^(−jw)

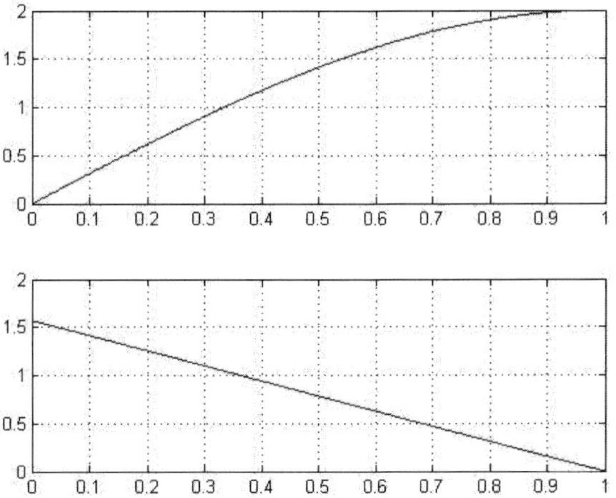

$b(n) = \{0.3, 0.3, 0.3\}$=⟩ 0.3(δ [n]+δ [n−1]+δ [n−2]) =⟩

1+e^(−jw)+e^(−j2w)

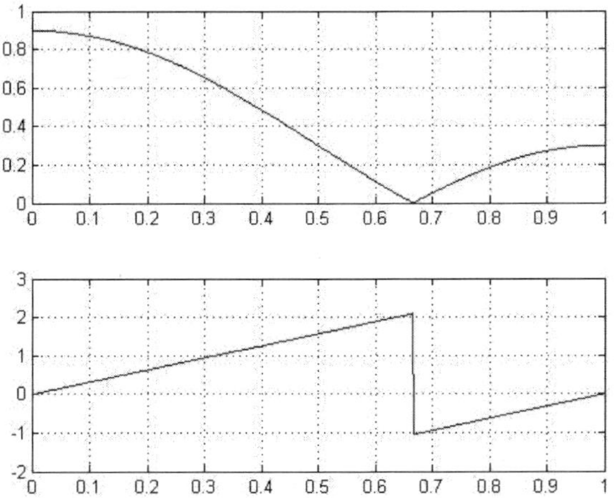

$$c(n) = 2(0.8)^n[u(n) - u(n-20)]$$

=〉2(1(0.8*e(−j*w))^20)/(1−0.8e(−jw))

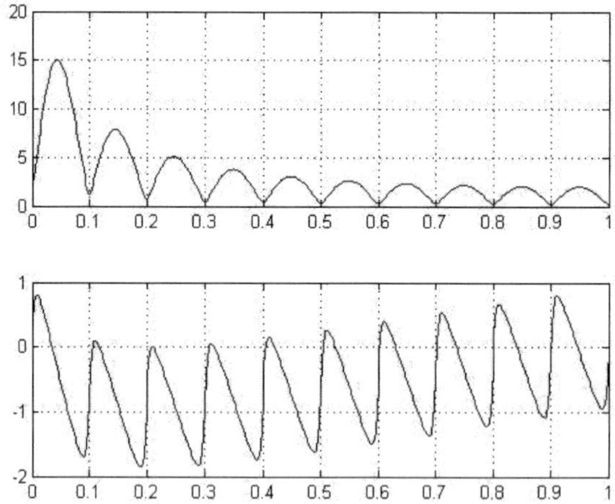

$$d(n) = \{4,3,2,1,2,3,4\}$$

=〉 4+3e(−jw)+2e(−jw2)+1e(−jw3)+2e(−jw4)+3e(−jw5)+4*e(−jw6)

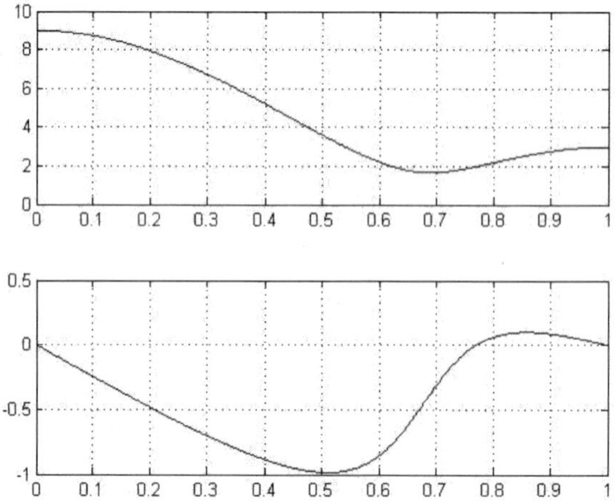

$$e(n) = 5(-0.9)^n \cos(0.1\pi n)u(n)$$

=> 5/2(1/(1+0.9e^(j0.1pi))+1/(1+0.9e^(-j0.1pi)))

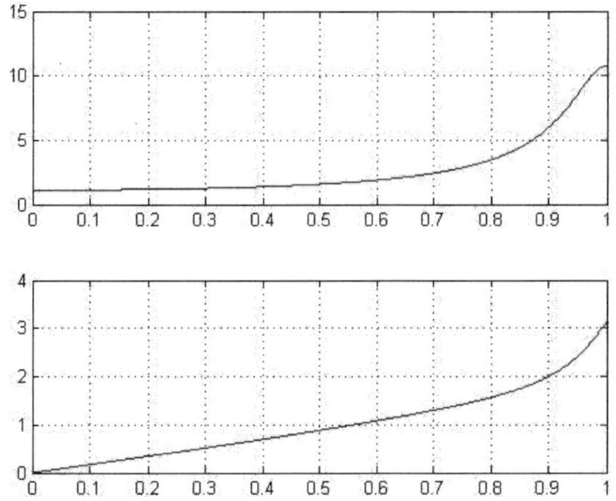

③ 다음 시스템에 대해서 Frequency Response를 구하고 크기와 위상을 MATLAB을 이용해 plot 해보자

- $y(n) = \sum_{m=0}^{6} x(n-m)$

Matlab Source

```
%%    MATLAB을    이용한    신호및시스템
8.3.1%%
w=[0:500]*pi/500; % [0, pi]
b=[1 1 1 1 1 1];
H=freqz(b, 1, w);
subplot(2,1,1);
plot(w/pi, abs(H));
subplot(2,1,2);
plot(w/pi, angle(H));
```

Matlab Figure

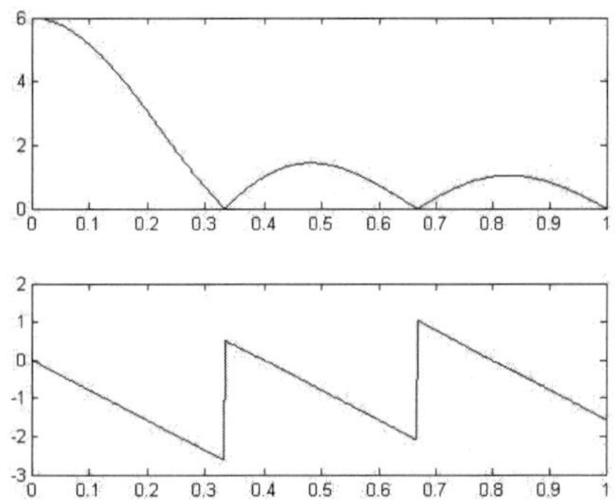

- $y(n) = x(n) + 2x(n-1) + x(n-2) - 0.5y(n-1) - 0.25y(n-2)$

- $y(n) = x(n) + x(n-2) - 0.81y(n-2)$

- $y(n) = x(n) - \sum_{m=1}^{5} (0.95)^m y(n-m)$

Matlab Source

```
%% MATLAB을 이용한 신호및시스템 8.3.4%%
w=[0:500]*pi/500; % [0, pi]
a=[1 0.95 0.9025 0.867375 0.81450625 0.7737809375];
H=freqz(1, a, w);
subplot(2,1,1);
plot(w/pi, abs(H));
subplot(2,1,2);
plot(w/pi, angle(H));
```

Matlab Figure

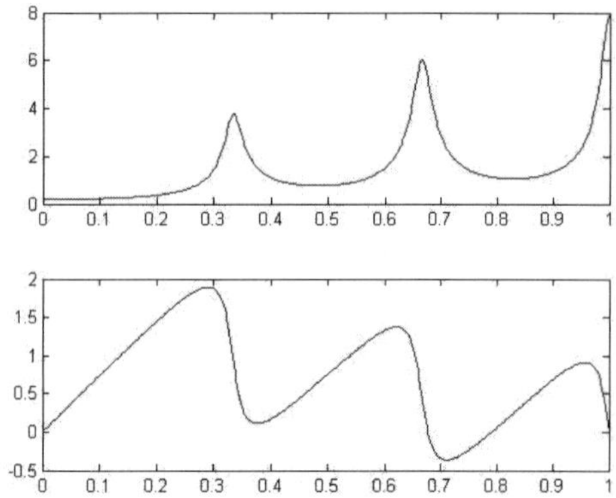

Matlab Source

```
%% MATLAB을 이용한 신호및시스템 8.3.3%%
w=[0:500]*pi/500; % [0, pi]
b=[1 0 1];
a=[1 0 0.81];
H=freqz(b, a, w);
subplot(2,1,1);
plot(w/pi, abs(H));
subplot(2,1,2);
plot(w/pi, angle(H));
```

Matlab Figure

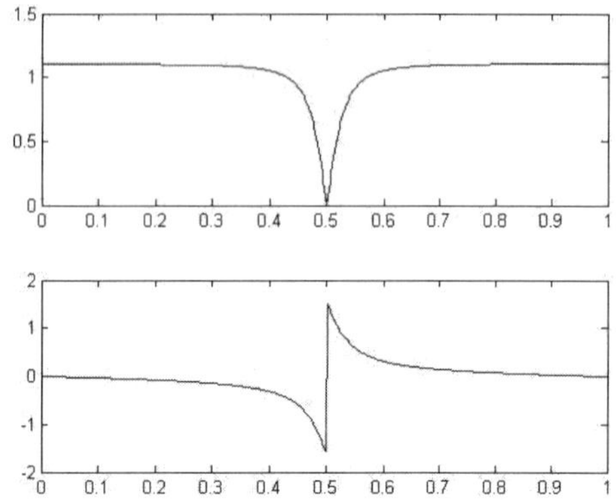

8.8 중요 용어

고속 푸리에 변환 (Fast Fourier transformation, FFT)	고속 컨벌루션 알고리즘 (fast convolution algorithm)
데시메이션 FFT (decimation-in-frequency FFT, DIF-FFT)	주기적 컨벌루션 (Periodic convolution)
역 이산 푸리에 급수 (Inverse Discrete Fourier Series : IDFS)	이산 푸리에 급수 (Discrete Fourier Series : DFS)
이산 푸리에 변환 (Discrete Fourier transformation, DFT)	에일리어싱 (Aliasing)
창함수 (Window function)	

8.9 연습 문제

8.1 두 개의 시퀀스 periodic convolution 신호 y[n]이 있다.

$$h(n) = 1,3,-1,-2 \text{ and } x(n) = 1,2,0,-1$$

여기서 N=4이면, $\exp[j(2\pi/N)] = j$이다. $X(k) = \sum_{n=0}^{N-1} x(n)\exp[-j\frac{2\pi}{N}nk]$

식을 이용하여 DFT신호 y[n]을 구하시오.

8.2 부분 이산시간시스템은 입력 x[n], 출력 y[n]을 가진다. 이 신호의 푸리에 변환 아래와 같은 식의 관계를 가진다.

$$Y(\Omega) = 3X(\Omega) + 2e^{-j\Omega}X(\Omega) - \frac{dX(\Omega)}{d\Omega}$$

(a) 이 시스템은 선형적인가? 대답에 관해 증명하시오.

(b) 이 시스템은 시불변인가? 대답에 관해 증명하시오.

(c) 만약 x[n]=δ[n] 일때, y[n]을 구하시오.

8.3 이산푸리에 변환을 이용하여 다음 정리를 유도하시오.

$$\sum_{n=0}^{N-1} |x(n)|^2 = \frac{1}{N} \sum_{k=0}^{N-1} |X(k)|^2$$

8.4 주어진 x[n]의 그래프를 그리고 푸리에 변환과 그 그래프를 나타내시오.

$$x[n] = a^{|n|}, |a| < 1.$$

8.5 특별한 인과 선형시간불변 시스템은 다음과 같다.

$$y[n] - \frac{\sqrt{2}}{2} y[n-1] + \frac{1}{4} y[n-2] = x[n] - x[n-1]$$

이 시스템의 임펄스 응답을 구하시오

8.6 입력 x[n], 출력 y[n] 사이의 관계가 y[n]=x[n]+2x[n−1]+x[n−2]로 주어지는 선형 시불변 시스템이 있다. 이 시스템에 x[n]=3+2sin(nπ/3)으로 주어지는 입력에 대한 출력 y[n]을 실수 함수로 가능한 간단히 나타내시오. 단 이 시스템의 주파수 특성 $H(e^{jw})$를 구한 후 이를 이용하여 답하시오.

8.7 다음의 discrete−time 신호를 Fourier−series 표현으로 만들고, Fourier coefficients a_k에 대하여 크기(magnitude)와 위상(phase)을 구하시오.

$$x(n) = \begin{cases} n, & 0 \leqq n \leqq 5 \\ 0, & 6 \leqq n < 7 \end{cases}$$

(단, $x(n)$은 주기가 4인 신호이다.)

8.8 N-샘플 신호 x[n]은 이산 푸리에 변환 X[k]를 갖는다. 다음 신호의 이산푸리에 변환을 나타내어라.

(a) 6x[n]

(b) x[n−3]

(c) 3x[n]2x[n+1]

8.9 여덟 개의 실수 점에 대해 처음 다섯 개의 DFT 계수가 다음과 같을 때 나머지 계수를 구하시오.

$X(0)=1;\ X(1)=1+2j;\ X(2)=2-j;\ X(3)=2+j;\ X(4)=3$

8.10 만약 x(n)이 real sequence 일 경우, $X(N-k)=X^*(k)$ 임을 증명하시오.

제 9 장

푸리에 변한 응용(OFDM)

CHAPTER

09 푸리에 변환 응용(OFDM)

최근에 무선 환경에서의 고속 데이터 전송에 대한 요구가 점점 증가되면서 주파수 자원의 부족 현상이 예상됨에 따라 주파수 대역의 중요성이 날로 부각되는 가운데 주파수를 공유하여 사용할 수 있는 OFDM (Orthogonal Frequency Division Multiplexing) 시스템이 차세대 무선 멀티미디어 전송 기술로 크게 주목을 받고 있다. 채널 모델링은 통신 시스템 설계 과정에서 제작에 앞서 시스템 성능을 분석하기 위해서 필수적인 과정이며, 성능향상을 위해서는 OFDM 채널 모델링이 요구된다. 본 내용 에서는 OFDM 시뮬레이터를 구현하기 이전에 앞서 기본적으로 알아야 할 채널 모델링의 이론적인 부분과 OFDM 시뮬레이터를 구현함으로써 얻어지는 기대효과를 살펴보기로 한다.

최근 Wireless 환경에서는 고속 데이터 전송에 대한 요구와 많은 사용자의 동시접속의 요구가 커지면서, 한정된 주파수를 좀 더 효율적으로 사용할 수 있도록 하기 위해 많은 연구가 진행되고 있다. 이러한 요구에 만족하는 것의 하나로써 대두되는 것이 위의 장점들을 가지고 있는 OFDM system이다. OFDM는 nano-sec라는 짧은 신호와 넓은 대역폭을 가지며 USB와 같은 대용량의 정보를 50Mbps 이상의 빠른 속도로 무선으로 전송할 수 있다는 장점을 가지고 있다.

또한, 차세대 무선 멀티미디어의 구현에 있어서도 상당한 장점을 가지고 있으며, 높은 속도를 필요로 하는 여러 분야에서 응용되어 사용될 수 있다. 아울러 최근 FCC에서 방사전력 허용한도에서 OFDM기기의 상용화를 허용하여, IEEE 그룹에서 표준화 작업이 거의 마무리 되어가고 있다. 이런 추세에 따라 향후 OFDM 시스템은 Ubiquitous 세상에 있어서 뿐 아니라 4G에서도 필수적인 구성요소가 될 것이다.

9.1 Beyond IMT-2000 시스템과 OFDM 기술

3세대 이동통신 시스템인 IMT-2000 시스템은 단일 표준하의 글로벌 로밍, 2Mbps 데이터 전송, 이동멀티미디어 및 고품질 서비스 제공의 목적으로 시작되었으나, 단일 표준안 도출에 실패하여 유럽과 일본 중심이 주도하는 3GPP 와 미국이 주도하는 3GPP2 로 양분되었다. 3GPP 에서는 GSM 을 기반으로 하는 비동기방식의 WCDMA 시스템의 표준을 개발하고 있으며, 3GPP2 에서는 IS-95 동기 방식에서 진화한 cdma2000 시스템의 표준을 개발하고 있다.

그러나, 이러한 표준으로는 당초 IMT-2000 시스템에서 제공하고자 한 2 Mbps 서비스의 제공이 사실상 어려워 이를 보완하기 위한 별도의 표준화 작업이 논의되고 있다. 특히 향후의 이동 멀티미디어 서비스에서 요구되는 트래픽은 하향링크가 상향링크에 비하여 높은 전송속도가 요구될 것으로 예상되기 때문에 비대칭형 서비스를 지원하는 시스템에 대한 표준화 규격작업이 이루어지고 있다. 이를 위하여 비동기 진영의 3GPP 에서는 기존의 패킷전송 채널인 DSCH (Downlink Shared CHannel)를 개량하여 패킷 데이터를 보다 효율적으로 전송할 수 있는 HSDPA (High Speed Downlink Packet Access)의 표준화 활동을 2002년 3월 완성을 목표로 진행 중이다. HSDPA 기술은 기존의 DSCH에 AMC (Adaptive Modulation and Coding), H-ARQ (Hybrid Automatic Repeat reQuest), FCS (Fast Cell Selection), MIMO (Multiple Input Multiple Output), Stand-Alone DSCH 등의 기술을 적용하여 10 Mbps 급의 데이터 전송률을 지원한다.

동기진영의 3GPP2 에서는 cdma2000 1x 를 개량하여 1x EV DO(EVolution Data Only)의 규격작업을 완성하였다. HDR (High Data Rate)로 알려진 1x EV DO 는 하향링크로 최대 2.4 Mbps 의 데이터를 전송하지만 음성은 지원하지 않고 cmda2000 1x 에 backward compatibility 를 제공할 수 없다는 단점이 있다. 이를 해결하기 위하여 3GPP2 에서는 데이터와 함께 음성을 지원하는 1x EV DV (Data and Voice)에 대한 표준화 작업을 진행 중이다. 3GPP2 의 1x EV DV 에서도 3GPP HSDPA 에서와 유사한 성능향상을 위하여 새롭게 적용한 AMC, H-ARQ, FCS, MIMO 등의 기술과 LAS (Large Area aSynchronization) 기술

을 적용하였으며, 최대 5.184 Mbps 의 전송률을 지원한다.

ITU-R WP8F 는 이러한 IMT-2000 의 기능강화를 위하여 IMT-2000 Enhancement 시스템과 Beyond IMT-2000 시스템에 대한 논의를 진행하고 있으며, 2000년 3월 결성되어 현재까지 6차례의 회의를 하였고 2002년 6월까지 제안서 완성을 목표로 현재 활발한 활동 중에 있다. 그림 9.1는 2001년 10월에 일본에서 열린 6차 회의에서 협의된 Beyond IMT-2000 시스템 관련 Communication Speed vs. Mobility 의 내용을 보여 준다.

현재까지 발표된 많은 문헌에서 Beyond IMT-2000 시스템을 고속 이동 중에 고속 데이터 전송이 가능한 시스템으로 국한하여 표기 한 것과는 달리, 이 그림 9.1에서는 Beyond IMT-2000 시스템 내에 IMT-2000, Enhanced IMT-2000, Nomadic/Local Area Wireless Access 시스템이 모두 포함되어 있다. 물론, Beyond IMT-2000 시스템 핵심기술은 이 그림 9.1에서 Mobile Access 라고 정의된 옥외에서 고속 이동 중의 고속 데이터 전송 기술과 Nomadic/Local Area Wireless Access 라고 정의된 옥내·외에서 저속 이동 중 초고속 데이터 전송이 가능한 무선 LAN 및 BWA (Broadband Wireless Access) 기술로 구성되어 있다.

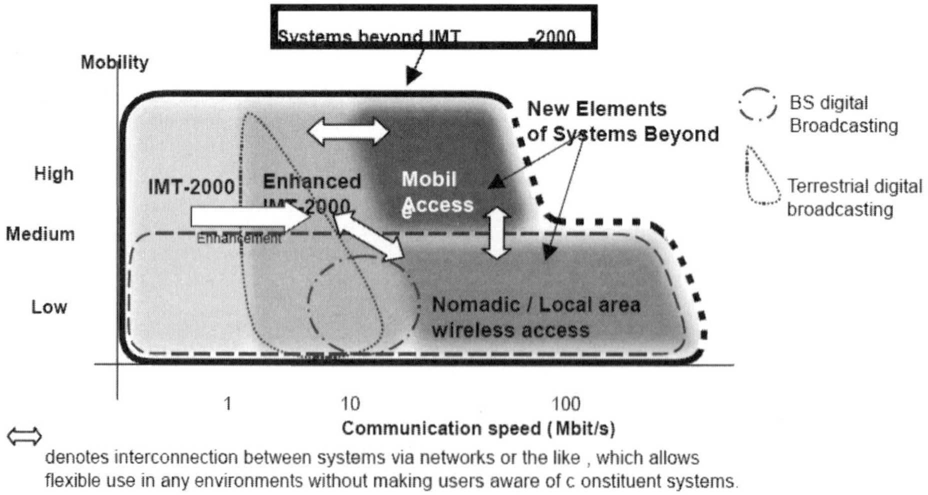

〈그림 9.1〉 Beyond IMT-2000 시스템에서의 Communication Speed vs. Mobility.

WP8F 에 기술된 Beyond IMT-2000 시스템의 요구사항을 요약하면 다음과 같다.

- 고속 데이터 전송, 속도에 따른 가변 전송률(100Mbps@3km/h, 20Mbps @60km/h, 2Mbps@250km/h, xMbps@500km/h, 1Gbps@fixed)

- IP 기반의 무선 접속, QoS 지원

- 이종 시스템 (IMT-2000, 무선 LAN, BWA, 위성, 방송) 간의 seamless 서비스 지원에 의한 global roaming 지원

- 다중 모드 지원, 대칭/비대칭 서비스 지원

본 장에서는 Beyond IMT-2000 시스템의 핵심인 Mobile Access 또는 Nomadic Wireless Access 에서의 고속 데이터 전송을 위한 OFDM (Orthogonal Frequency Division Multiplexing) 방식을 설명한다.

현재 IMT-2000 시스템에서 사용되는 DSCDMA방식은 Rake 수신기를 사용하여 채널의 경로 다이버시티를 이용할 수 있고 소프트 핸드오프 등의 장점이 있으나, 이 방식은 고속 전송 시 chip 간 간섭이 증가함에 따라 하드웨어 복잡도가 급격히 증가하고 다중사용자 간섭에 의하여 수용 가능한 사용자의 용량에 제한을 받는 것으로 알려져 있다. 이에 반하여 OFDM 방식은 무선채널에서 고속으로 데이터 전송을 하고자 할 경우 다중경로에 의해 발생하는 심각한 주파수 선택적 페이딩 채널에 쉽게 대처할 수 있는 장점이 있어, 최근 다양한 고속 무선 통신시스템의 전송방식으로 채택되고 있다.

본 장에 서는 Beyond IMT-2000 시스템에 OFDM 방식의 적용 가능성을 살펴보기 위하여 OFDM 의 기본 이론과 OFDM 방식을 사용한 기존의 통신 시스템을 살펴본 후, OFDM 기반의 Mobile Access 또는 Nomadic Wireless Access 실현을 위한 요소 기술에 대하여 기술한다.

9.1.1 OFDM 도입 개요

4세대 이동통신을 말하는 사람들이 부쩍 늘고 있다. 3세대(IMT-2000)도 완성되지 않은 이 시점에서 4세대를 이야기한다는 것이 성급할지도 모르나 통신 기술이 워낙 빠르게 발전하고 있으므로 4세대는 생각보다 빨리 도입될지도 모른다. 4세대 연구를 본격적으로 시작해야 한다는 목소리가 커지는 것도 이 때문이다. 이동통신의 기술 변화에 있어서 현재까지 크게 4세대로 구분하고 있다.

가장 처음 아날로그 방식으로 통신을 하는 이동전화를 1세대, 디지털 이동전화를 2세대, 요즘 차세대 이동통신이라 부르는 IMT-2000을 3세대 이동통신 서비스라고 한다. 4세대는 그 뒤를 잇는 통신 서비스로, 하나의 단말기로 위성망, 무선랜(LAN), 인터넷망 등을 모두 사용할 수 있다. 음성, 화상, 멀티미디어 (음성 화상 데이터), 인터넷데이터, 음성메일, 인스턴트메시지(IM) 등의 모든 서비스를 이동전화 하나로 해결할 수 있다.

지금 다루고자 하는 4세대가 IMT-2000과 다른 점은 3세대인 IMT-2000이 고속멀티미디어 서비스라면 4세대는 초고속 멀티미디어 서비스라고 할 수 있다. IMT-2000의 최대 전송 속도는 정지 상태에서 2Mbps이지만, 4세대는 10배 이상인 20Mbps를 목표로 한다.

9.1.2 OFDM의 역사

OFDM(Orthogonal Frequency Division Multiplexing) 방식은 다수의 직교하는 반송파 신호를 다중화 하는 디지털 변조방식으로 1950년대에 제안된 역사가 오래된 기술방식이다. 1 960년대 중반에 고전적인 parallel data transmission 시스템의 비효율성을 극복하기 위한 방안으로 parallel data transmission and frequency division multiplexing의 개념이 정립 되었다. 이 방식은 고속의 이퀄라이저의 사용을 피하고 multi-path fading과 펄스형 노이즈를 줄일 수 있을 뿐만 아니라 가용대역을 충분히 사용할 수 있도록 고안되었다. 이것은 그림 9.2 에서 보는 바와 같이 서브채널 간에 overlapping됨으로써 50%의 대역폭을 절약할 수 있는 획기적인 방법이다.

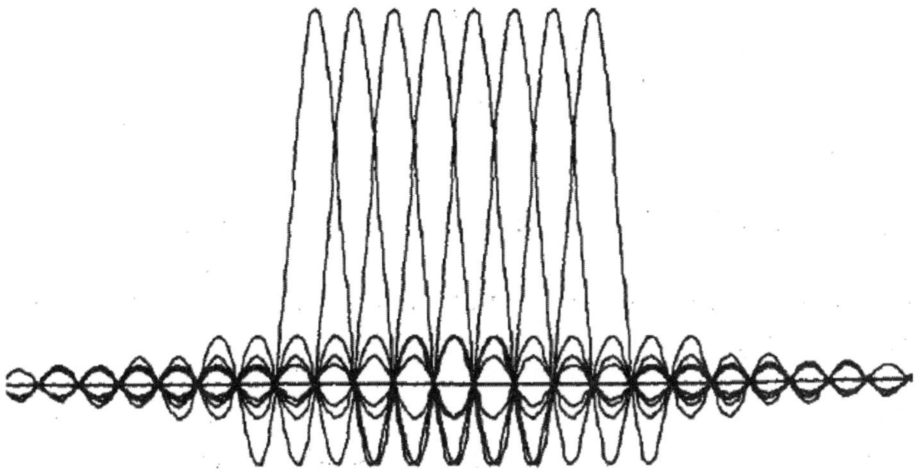

〈그림 9.2〉 Spectra of individual sub-carriers

그러나 이후에도 부반송파(sub-carrier)간 cross talk를 줄이기 위한 방법 및 부반송파간 직 교성을 확보하기 위한 수단들을 고민하게 되어 이에 대한 해결방안으로 모든 부반송파는 심볼주기(symbol duration) T의 정 수배만큼의 차이를 가지게 함으로써 각 부반송파간 직교성을 확보할 수 있는 방안을 개발하였다.

1971년에는 병렬데이터 전송 시스템의 변복조 부분을 DFT를 이용하여 처리한 방안이 고안되었으며, 1990년대에 ADSL, HDSL 등에 적용됨으로써 광대역화 및 이동성 등이 부가되는 기술로 개발 진행 되어 갔다. 최근 발전된 VLSI (Very Large Scale Integration)기술이 고속 및 대용량의 FFT chips를 만듦에 따라 상용화 가능성이 확보되고 이후로 DAB, HDTV, WirelessLAN(IEEE 802.11a), Wireless MAN (IEE E 802.16) 등에 표준으로 채택되어 오늘에 이르고 있다.

OFDM (Orthogonal Frequency Division Multiplexing)은 이러한 고속의 데이터 전송을 위 한 기술로 유럽, 일본 및 호주의 디지털 TV 표준으로 채택될 것으로 기대될 뿐 아니라 현 재 무선 이동통신에서 사용되고 있는 CDMA 방식에서 한층 더 진보되는 POST CDMA 기 술로서 주목 받고 있는 4세대(4G) 변조 기술 중에 하나라고 할 수 있다.

OFDM의 대역확산 기술은, 정확한 주파수에서 일정 간격 떨어져 있는 많은 수의 반송파(carrier)에 데이터를 분산시킨다. 바로 이 간격이, 복조기가 자기 자신의 것이 아닌 다른 주파수를 참조하는 것을 방지하는 기술 내에서 "직교성(orthogonality)"을 제공한다. 또한, 멀티패스(multi-path) 및 이동수신 환경에서 우수한 성능을 발휘하기 때문에 지상파 디지털 TV 및 디지털 음성 방송에 적합한 변조방식으로 주목을 받고 있다.

OFDM은 주로 통신 분야에서 연구가 진행 되어 왔으나, EBU(European Broadcasting Union)가 제안한 디지털 음성 방송 시스템의 변 조 방식으로 채택되면서 방송 분야에서도 연구 개발이 진행되고 있다.

9.1.3 OFDM 기술 개요

OFDM(Orthogonal Frequency Division modulation)은 multi-carrier transmission의 한 종류로써, single datastream을 낮은 전송률의 여러 반송파(subcarrier)를 이용하여 전송한다.

OFDM을 사용하는 가장 주된 이유 중 하나는 frequency selective fading과 narrowband interference에 대하여 robustness를 증가시키기 위함인데 즉, single carrier system에서는 single fade 또는 interfere가 전체 link를 손상시킬 수 있는데 반하여, multi-carrier system에서는 단지 subcarrier의 부분적인 손실만을 가져온다.

multi-carrier system은 오랫동안 연구되어 왔으나, 이전의 것들은 가용한 주파수 대역의 비효율적인 사용의 단점이 존재하였다. 그러나 병렬 데이터 처리와 각 subchannel들 간의 중첩을 이용한 FDM의 사용은 주파수 대역의 효율적인 사용을 가능케 하였고, 또한 equalization과 impulse noise, multipath 왜곡 등에 대하여 장점을 갖게 되었다. 그림 9.3는 OFDM 송수신기의 주된 기능을 담당하는 블록들의 집합과 송수신기 전체의 구조를 나타낸다.

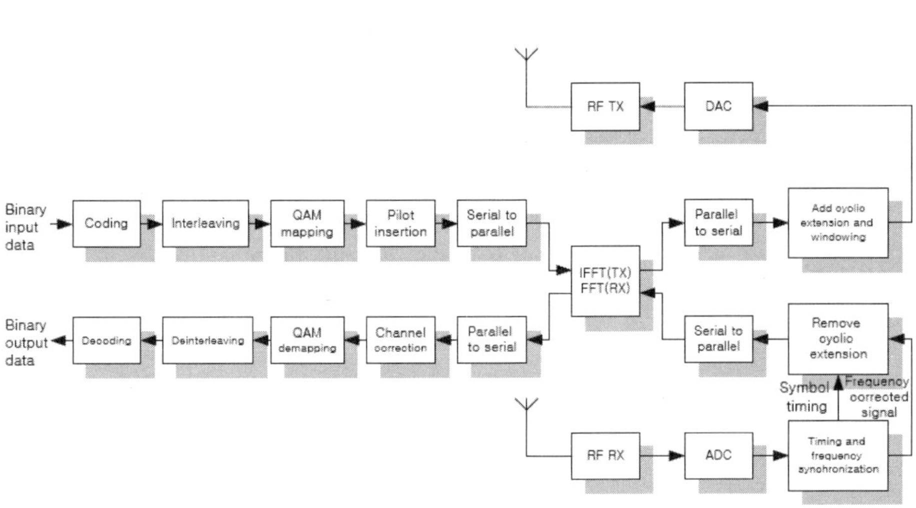

〈그림 9.3〉 Block Diagram of an OFDM Transceiver

미래의 이동통신 수요자들의 수요를 충족시키기 위해서는 이동 통신은 고속 데이터 통신이 가능하도록 발전해 나갈 것으로 예상된다. 이를 위해서는 무선 구간에서의 고속 데이터 통신이 가능해야 한다. 무선 링크에서 고속의 데이터 통신을 제공하기 위해서는 넓은 대역폭이 필요하게 되고 반면에 한 개의 심볼이 차지하는 시간은 매우 짧아 지게 될 것이다. 그런데 무선 구간에는 다중 경로가 존재하기 때문에 전송된 한 개의 심볼이 두 가지 다른 경로를 따라 도착하는 데에는 시간의 차이가 발생할 수 있다. 한 심볼의 신호 중에서 상대적으로 긴 경로를 따라 도착한 신호는 그 다음 심볼의 신호 중 짧은 경로를 따라 도착한 신호에 간섭을 일으킨다. 이러한 ISI(Inter-symbol Interference)는 무선 구간이 더욱 고속으로 됨에 따라 더 심각한 문제가 된다.

이러한 문제를 해결하는 한가지 방안으로는 주파수 대역을 작은 여러 개의 subcarrier로 나누고 전송하고자 하는 data stream을 각 subcarrier에 나누어 전송하는 FDM(Frequency Division Multiplexing) 방법을 생각할 수 있다. 이 경우 각 subcarrier의 전송속도는 느리기 때문에 한 symbol duration이 길어져서 앞에서 설명한 ISI의 문제가 크게 줄어 들게 된다. 원래 FDM은 하나의 넓은 대역폭을 여러 개로 나누어서 여러 쌍 간의 통신 수요를 다 같이 전송하고자 하는 Multiplexing 기술이었지만 여기에서 FDM은 한 쌍의 통신 수요를 여러 개의 subcarrier에 나누어 전송한다는 점에서 Multiplexing 기술이라기 보다는 Modulation

기술이라고 보아야 할 것이다.

이렇게 FDM을 이용하여 하나의 data stream을 여러 subcarrier에 나누어 전송하는 방식은 ISI의 영향을 줄일 수 있다는 장점이 있지만 반면에 single carrier에 비하여주파수가 낭비 된다는 단점을 가지고 있다. 그림 9.4 은 전통적인 FDM을 이용한 multicarrier 방식을 보여 주고 있다. FDM에서는 subcarrier간에 interchannel interference를 없애기 위하여 서로 중첩되지 않게 subcarrier가 배치되어야 하기 때문에 낭비되는 주파수 부분이 존재한다. 따라서 전체대역을 single carrier로 사용할 때에 비하여 전송속도는 떨어지게 된다.

(가) single carrier 방식

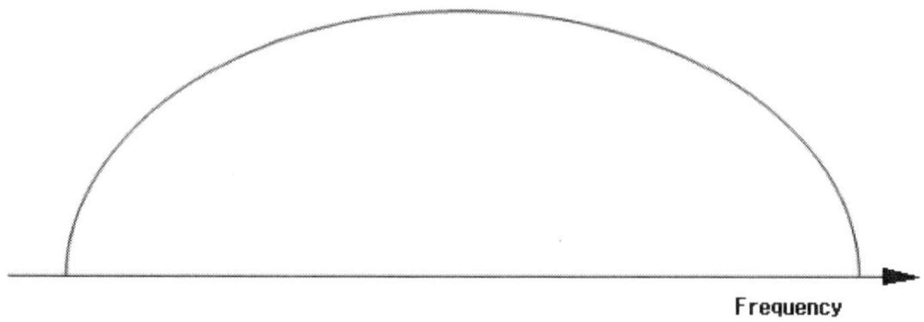

(a)

(나) FDM에 따른 multicarrier 방식

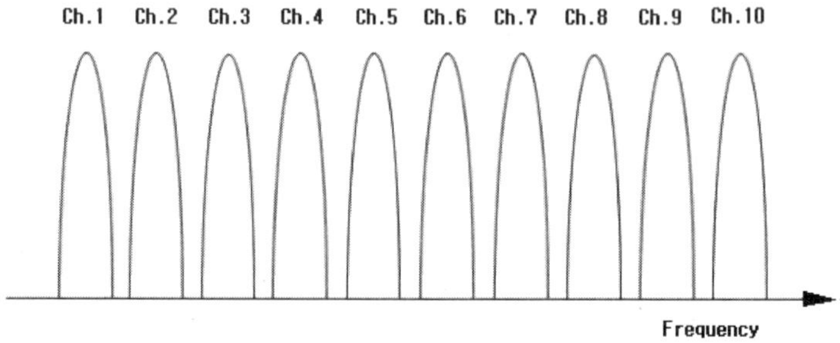

(b)

〈그림 9.4〉

이러한 비효율성을 없애기 위하여 subcarrier들을 그림 9.5와 같이 중첩하여 배치하는 방안이 제안되었다. 이 경우 주파수가 중첩되는 부분에서는 subcarrier들 간에 간섭이 발생하게 되는데 이의 영향을 없애기 위하여 인접한 두 개의 subcarrier들이 중첩된 구간에서 서로 수학적으로 orthogonal 한 성질을 가지도록 각각을 modulation을 할 수 있다면 그림 9.4에 비하여 훨씬 효율적인 주파수 사용이 가능하게 될 것이다. 그 후 실제로 이러한 기술이 개발되었고 이러한 방법으로 중첩된 subcarrier들을 사용하는 FDM방식을 OFDM (Orthogonal Frequency Division Multiplexing) 이라고 한다.

(가) FDM에 다른 multicarrier방식

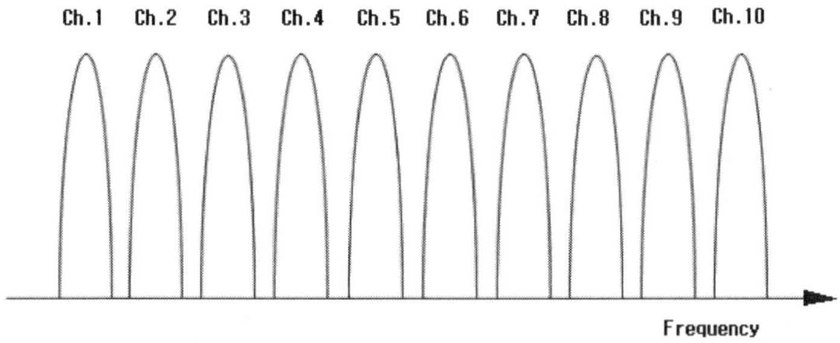

(a)

(나) OFDM에 따른 multicarrier방식

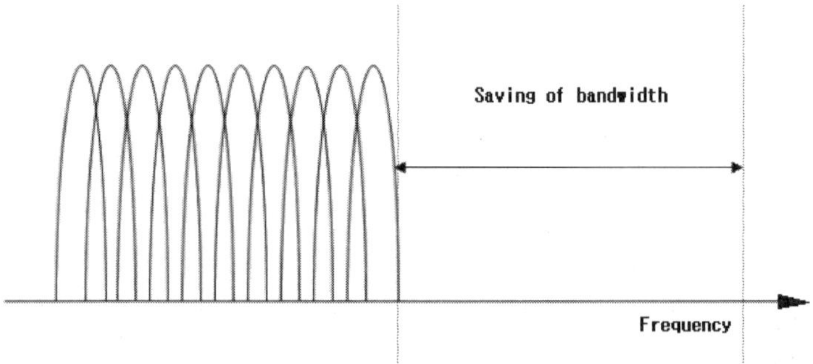

(b)

〈그림 9.5〉

9.2 OFDM의 원리

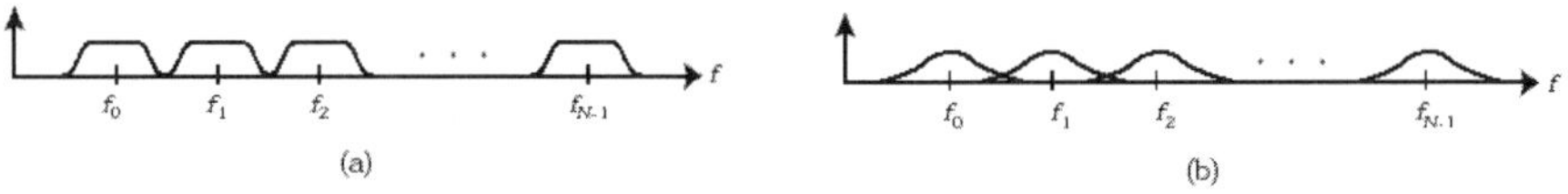

〈그림 9.6〉 다수 반송파 전송의 스펙트럼 특성

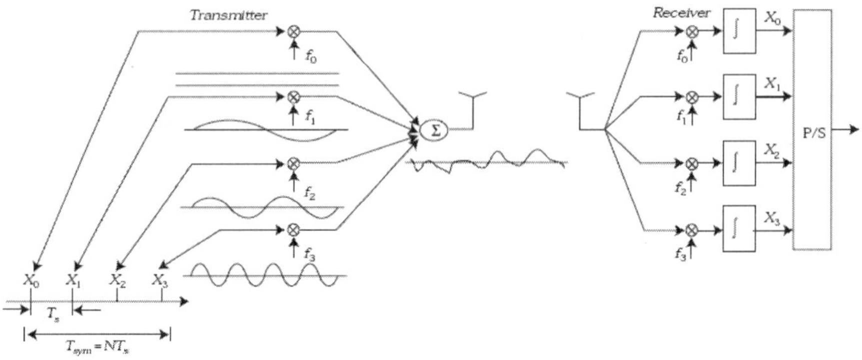

〈그림 9.7〉 OFDM 전송 방식의 개념

OFDM 방식은 여러 개의 반송파를 사용하는 다수반송파 전송의 일종으로 반송파의 수만큼 각 채널에서 의 전송주기가 증가하게 된다. 이 경우 광대역 전송시에 나타나는 주파수 선택적 채널이 심볼간 간섭(ISI: Inter Symbol Interference)이 없는 주파수 비선택적 채널로 근사화되기 때문에 간단한 단일 탭 등화기로 보상이 가능하다. 이와 관련하여 1966년에 다 채널을 통하여 대역 제한된 신호를 심볼간 간섭 및 채널 간 간섭 없이 동시에 전송할 수 있는 원리가 제시되었으며, 1970년 1월에는 U.S. 특허가 작성되어 공포되었다 그림 9.5(a)는 이의 전송 스펙트럼을 보여주는데 이 그림으로부터 인접 대역을 분리하기 위해서는 천이특성이 우수한 필터를 사용해야 함을 알 수 있다. 이후 채널간 간섭을 방지하기 위한 기저대역 필터와 다수의 발진기 뱅크를 함께 사용하는 직교 다중화 QAM이 제안되었는데, 그림 9.5(b)는 이 경우의 전송 스펙트럼을 보여준다. 이 방식에서는 완만한 천이특성을 갖는 필터를 사용하여 대역 제한시키며 대역폭 효율 감소와 채널 왜곡을 방지하기 위해 인접 대역을 직교적으로 중첩시켰다.

그림 9.7는 이와 같은 대역 제한 필터와 발진기 뱅크에 의한 다수반송파의 기저대역 변·복조의 기본 원리를 보여 준다. 이 그림에서 병렬화 된 N개의 M-ary 데이터 심볼들은 해당 반송파에 의해 변조되고 그 결과가 더해져 하나의 OFDM 심볼을 구성하게 되며 최종적으로 RF단에 입력되어 채널로 전송된다. 다중경로 채널을 통과해 수신된 신호는 기저대역으로 변환된 후 복조 과정이 수행 되는데 이 때 송신 데이터를 정확히 복조하기 위해서는 모든 부반송파가 상호 직교해야 한다. 각 부채널로 전송되는 신호는 시간영역에서 심볼주기 길이의 구형파 윈도우를 곱한 형태이므로 각 부채널에서의 스펙트럼은 sync 함수로 표현된다. 따라서 인접 부반송파의 간격을 심볼주기 역수의 정수 배로 설정하면 모든 부반송파 사이의 직교조건이 만족되어 수신 단에서 모든 부반송파 사이의 없이 복조할 수 있다. 그림 9.9는 OFDM방식의 전송 스펙트럼을 보여주는데 모든 부반송파가 상호 직교함을 알 수 있다. 이와 같은 OFDM 신호의 등가 이산시간 기저대역 신호는 데이터를 IFFT한 결과와 같으며 수신 단에서는 FFT를 수행하여 복조를 이루게 된다.

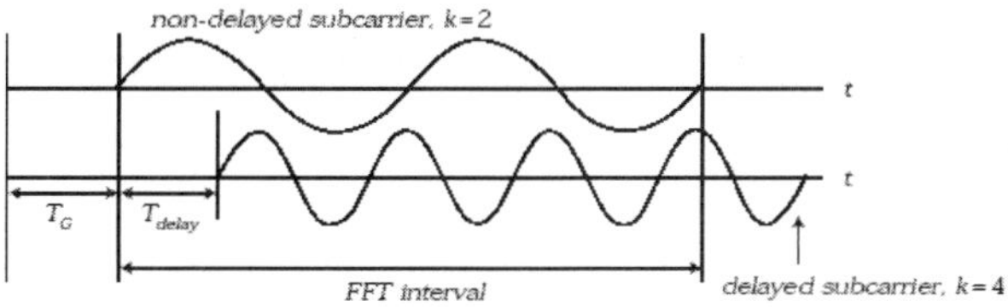

(a)' 0' 신호 삽입

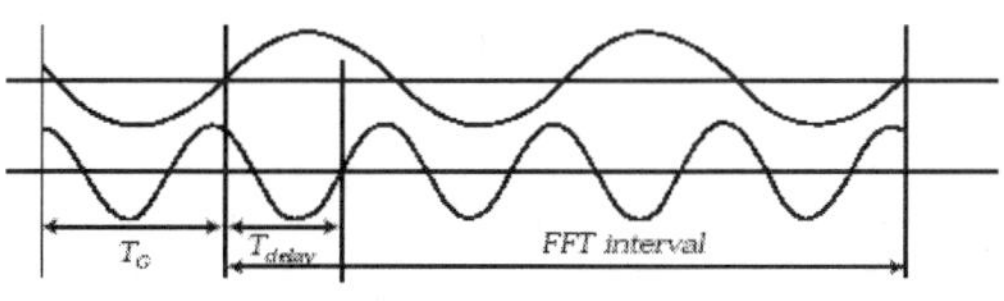

(b) Cyclic prefix의 삽입

〈그림 9.8〉 보호구간 삽입을 위한 두 가지 방식

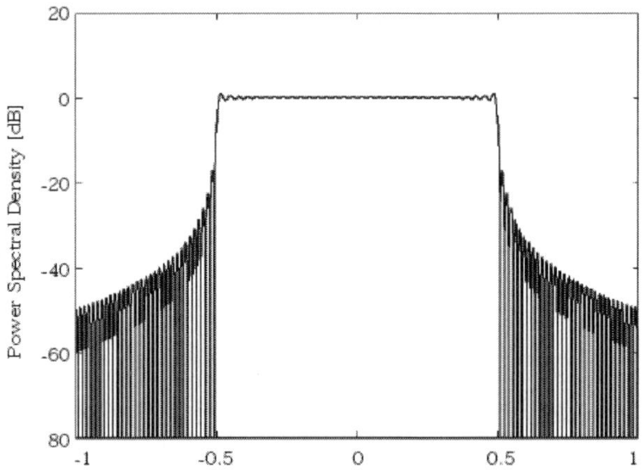

〈그림 9.9〉 OFDM 방식에서의 전송 스펙트럼

9.2.1 Guard Time and Cyclic Extension

OFDM을 사용하는 가장 중요한 요인중의 하나는 multi-path delay spread를 효과적으로 다룰 수 있다는 점이다. 즉, input datastream을 N_c의 subcarrier로 나눔으로써, symbol duration이 N_c배 더 작게 된다. 이는 symbol time에 비하여 상대적으로 multi-path delay spread의 감소를 의미하게 된다. Intersymbol Interference를 거의 완벽히 제거하기 위하여, guard time이 OFDM에 도입된다.

9.2.2 Equalization

OFDM은 특별히 equalization에 부담이 덜한 시스템으로서, ISI를 피하기 위하여 guard time을 두고, guard time에 cyclic extension을 사용함으로써, ICI를 피한다. 따라서 OFDM은 기존의 single carrier receiver와 다른 equalizer 구성을 갖는데, TEQ(Time domain Equalizer)와 FEQ(Frequency Domain Equalizer)로 구성된다.

9.2.3 인접 채널간 간섭

OFDM 방식의 주파수 스펙트럼은 각 부반송파가 갖는 sync 함수의 합으로 나타나기 때문에 인접 부 반송 파의 간격이 1/Tsub의 정수배가 되면 직교성이 유지되지만 sync 파형은 roll-off 특성이 좋지 못하여 인접 채널에 영향을 주는 인접채널간 간섭(adjacent channel interference)을 발생시킨다.

그림 9.9는 OFDM 전송스펙트럼을 나타낸 것인데 전송 대역 밖에 스펙트럼이 상당 부분 존재하여 인접채널간 간섭을 발생시킬 수 있음을 알 수 있다. 인접채널간 간섭을 감소시키기 위해서는 대역 제한 필터를 사용하여 대역 밖의 스펙트럼을 제거시키거나 시간영역에서 올림 형 코사인 윈도우(raised cosine window)와 같은 윈도우를 사용하여 대역 밖 스펙트럼의 크기를 감소시킬 수 있다. 이 외에도 전송대역의 양쪽 끝 부분의 부채널을 사용하지 않는 가상 반송파(virtual carrier) 방식을 사용할 수 있다.

9.2.4 Coded OFDM

OFDM 방식을 사용함으로써 다중경로 채널에 의한 심볼간 간섭을 극복할 수 있으나, 특정 부채널의 감쇄가 심한 경우에는 수신 SNR이 낮아 그 부채널로 전송된 데이터의 오류확률이 증가하게 된다. 이러한 성능 저하를 방지하기 위해서 OFDM 방식에서는 전방오류정정 (forward error correction) 부호를 함께 사용하여 다중경로 채널의 페이딩 현상을 극복한다.

오류정정 부호로는 Reed-Solomon 부호와 같은 블록부호(block code)와 컨볼루셔널 부호(convolutional code)가 주로 사용되며, 대역폭 효율을 향상시킨 트렐리스 부호(trelliscode), 두 개의 서로 다른 부호를 결합하여 사용하는 concatenated 부호, 터보 부호(turbo code) 등이 사용된다. 최근에는 터보부호와 마찬가지로 반복복호를 사용하는 LDPC(Low Density Parity Check) 부호가 Shannon limit의 0.1dB 이내의 성능을 달성할 수 있고 병렬처리로 고속처리가 가능하여 이와 결합한 신호 전송방식에 대한 연구가 활발히 진행되고 있다.

또한, 연집오류(burst error) 발생에 의한 오류 정정 성능의 저하를 방지하기 위해 인터리빙(interleaving)을 함께 사용하며, 인터리빙의 종류와 크기는 사용하는 오류정정 부호와 채널의 주파수와 시간의 페이딩 정도, 그리고 인터리빙에 따른 지연을 모두 고려해서 결정한다.

9.2.5 OFDM 파라미터 선정

여러 가지 OFDM 파라미터는 대역폭, 비트 율, 지연 확산 등의 다양한 요구조건을 고려하여 선정하여야 하나 대략적인 규칙은 다음과 같다.

(1) 보호구간을 지연확산의 rms 값보다 4배 정도 크게 선정한다.

(2) 심볼구간은 보호구간의 약 5배가 되도록 선택한다. 보호구간에 의하여 발생하는 SNR의 손실을 최소화하기 위해서는 심볼구간을 매우 크게 하는 것이 바람직하나 이 경우 좁은 간격을 갖는 많은 수의 반송파가 사용되므로 구현이 복잡해지고 위상잡음과 주파수옵셋에 민감해지며 PAPR가 증가하므로 임의로 길게 할 수 없다.

(3) 부반송파 간격은 부반송파간 직교조건을 만족시키기 위하여 유효심볼주기(Tsub)의 역수가 되도록 선정한다. 이 경우 부반송파 수는 대역폭을 부반송파 간격으로 나눈 값으로 주어지며, 요구되는 전송률, 부호 율, 인접채널간 간섭을 고려하여 가상 반송파의 수를 결정한다. 또한 부반송파의 간격은 오실레이터 또는 VCO, 이동성에 따른 Doppler shift의 영향을 고려하여 설정하되, 반송파 주파수옵셋의 tracking이 완료된 후 잔여 반송파 주파수옵셋의 영향이 미미하기 위해서는 최대 허용 주파수옵셋이 부반송파 간격의 1% 미만이 되어야 한다.

(4) 유효심볼주기(IFFT/FFT 주기)와 심볼 주기내의 샘플 수가 정수가 되도록 위의 파라미터를 미세 수정한다.

9.2.6 다중 억세스 (Multiple Access)

방송용이 아닌 셀룰러 이동통신, 무선 ATM, 무선 LAN 등에 OFDM 전송방식을 사용하는 경우에는 단일 반송파 전송방식과 마찬가지로 다수의 사용자를 위한 다중 억세스 방식이 필요하다.

대표적 방식으로는 OFDM-TDMA, OFDM-FDMA (OFDMA), OFDM-CDMA 가 있다. OFDM-TDMA 의 경우에는 N 개의 부채널로 구성된 전체 대역을 각 사용자가 할당된 시간동안 N 개의 부채널을 모두 사용한다. OFDMA 는 시간에 제한 받지 않고 전체 부채널을 사용자가 요구하는 트래픽에 따라 동적으로 할당한다.

OFDM-CDMA 는 각 사용자가 고유의 확산부호를 사용하여 모든 시간과 부채널을 이용하는데 확산방식에 따라 MC-CDMA, MC-DS-CDMA, MT-CDMA 로 구분할 수 있다. DS-CDMA 는 송신데이터를 확산부호를 사용하여 시간영역에서 확산시키는 방식이나, MC-CDMA 는 송신데이터를 모든 부채널에 복사한 후, 확산부호를 사용하여 주파수영역에서 확산시키는 방식으로 볼 수 있다.

따라서, DS-CDMA 방식은 시간영역에서 다중경로에 의하여 수신되는 신호의 일부만을 Rake 수신기를 사용, 결합하여 사용하는 반면, MC-CDMA 방식은 주파수 영역에 분포되어 있는 모든 수신 에너지를 결합하여 사용할 수 있는 장점이 있다. 그러나, MC-CDMA 신호 스펙트럼의 대역폭은 DS-CDMA 신호 스펙트럼의 대역폭과 거의 동일하기 때문에 대역폭 효율 면에서는 이득이 없다.

MT-CDMA 방식은 직/병렬 변환된 데이터를 확산부호를 사용하여 시간영역에서 확산시키는 방식이며, 이 방식에서는 각 부채널마다 시간영역으로의 확산이 이루어지므로 확산 전각 부채널의 스펙트럼은 직교성이 유지되나, 확산 후 부채널의 스펙트럼은 직교성을 만족시키지 못한다. 이와 같이 MT-CDMA 방식은 부채널간 조밀한 스펙트럼 overlap 을 갖기 때문에 대역폭 효율은 MC-CDMA 에 비해 높으나, 부채널간 간섭 등의 영향으로 성능이 크게 열화되는 단점이 있다.

9.2.7 OFDM 방식의 고려 사항

OFDM 방식은 다수의 직교 반송파를 사용하기 때문에 부반송파 사이의 직교성이 파괴되는 경우에는 채널간 간섭이 발생되어 비트에러율이 크게 저하되는데, OFDM 방식에서 직교성이 파괴되는 원인은 크게 다음의 세 가지로 구분할 수 있다.

첫 번째는 수신단에서 심볼 동기와 반송파 주파수 동기가 이루어지지 않은 경우이다. OFDM 시스템에서의 변·복조는 IFFT 와 FFT 의 블록단위로 각각 이루어지기 때문에 심볼 동기는 OFDM 심볼의 시작점을 찾는 것을 의미한다. 반송파 주파수 옵셋이 발생하는 경우에는 부반송파의 직교성이 파괴되어 다른 모든 부반송파의 영향을 받게 되므로 단일 반송파 방식에 비해 심각한 성능 저하를 초래한다. 이러한 OFDM 신호의 동기화를 위하여 응용분야에 따라 주파수영역에서 파일롯 톤 또는 반복심볼을 이용하는 방식이나, 시간영역에서 CP 또는 훈련심볼을 이용하는 방식 등이 사용되고 있다.

두 번째로 OFDM 방식에서 변조된 신호의 크기는 레일레이 분포를 가지므로 OFDM 심볼의 시간영역 신호는 PAR (Peak-to-Average Ratio)가 단일반송파 방식보다 크게 나타난다. 따라서, 고출력 증폭기를 단일반송파 방식과 동일한 효율로 사용할 경우 비선형 왜곡에 의한 채널간 간섭 및 인접채널간 간섭이 OFDM 방식에서 보다 크게 발생하게 된다. 이러한 PAR 에 의한 비선형 왜곡 감쇄를 위하여 부호화 기법, 사전왜곡기법 등이 사용된다.

세번째는 채널의 특성이 송·수신기의 상대적 이동으로 인해 OFDM심볼주기 내에서 변하는 경우이며 이 때 수신단에서 각 부반송파의 직교성이 파괴되어 채널간 간섭이 발생하게 된다. 특히 본 장에서 고려하고 있는 Mobile Acceess 에서 고속의 이동시 채널간 간섭이 급격히 증가하며, 이 경우에는 단일탭 등화기로 보상이 어렵기 때문에 시스템의 성능 저하가 발생된다. 이의 보상을 위해서는 이동성에 따른 채널간 간섭의 양을 추정하여 주파수영역에서 이를 보상하는 기법 등이 사용될 수 있다.

9.3 DM의 주요 특징

▶ 전송 대역폭과 비트 레이트가 일정한 단일 캐리어 방식과 비교하면, 송신 데이터를 N_c 개의 반송파에 분산하여 전송하는 경우, 전송 심벌1개의 계속 시간은 단일 캐리어 방식의 약 N_c 배가된다. 이와 같이 전송 심벌 1개의 계속 시간이 단일 캐리어 방식보다 크게 길어지고 시간 축에서 guard interval을 부가하면multi-path(ghost)가 증가해도 전송특성의 열화가 적다.

▶ 데이터를 전송대역 전체에 분산하여 전송하기 때문에 특정 주파수 대역에 방해 신호가 존재하는 경우에도 그 영향을 받는 것은 일부 데이터 비트에 한정되며, interleave와 에러정정 부호로 효과적으로 특성을 개선할 수 있다.

▶ 변조 파는 랜덤 잡음에 가깝기 때문에 다른 서비스에 미치는 방해의 성질은 랜덤 잡음과 같다.

▶ FFT(Fast Fourier Transform)에 의한 변복조 처리가 가능하다.

▶ 멀티패스에 강한 특성이 있으므로 비교적 소 전력의 다수 송신 국을 이용하여 단일 주파수로 서비스 영역을 커버하는 SFN을 구성할 수 있다.

▶ 반송파가 같은 주파수 간격으로 정렬된 멀티캐리어 방식이므로 전송로에 비선형 특성이 존재하고, 상호변조에 의한 특성 열화가 발생하기 쉽다. 따라서 충분한 선형영역에서 사용할 필요가 있다.

9.4 OFDM 방식의 통신 시스템

항목	무선 LAN (802.11a)	BWA (802.16ab)	DAB (Eureka-147)	DVB-T	ADSL	VDSL	ACIS	W-OFDM
반송파수	52	52~850	192~1536	1075/6817	256	2783	120	528
FFT 크기	64	64~2048	256~2048	2048/8192	512	8192	128	1024
반송파간격 (kHz)	312.5	2.8~312.5	1~8	1.116/4.464	4.3125	4.3125	6.25	8
심볼주기 (us)	4.0	4.0~369.6	156~1246	231~280/ 924~1120	250	약 250	200	156.25
보호구간길이 (us)	0.8	0.8~11.2	31~246	7~56/ 28~224	16	18	40	31.25
샘플링주기 (us)	0.05	0.05~0.2	0.5	0.13	0.452	0.0283	1.25	0.12
사용대역	5~6GHz	5~6GHz	VHF~UHF	VHF~UHF	25~1104 KHz	0.138~12 MHz	2GHz	NA
대역폭 (MHz)	20	5~20	2.048	9.14MHz	1.1	12	0.8	5
채널코딩	컨볼루션코드 1/2~3/4	컨볼루션+RS 1/2~3/4	컨볼루션코드 1/4~3/4	컨볼루션+RS 1/2~7/8	RS	RS	RS 1/2	컨볼루션 또는 RS 1/2
변조방식	BPSK QAM(4~64)	QPSK QAM(16,64)	DQPSK	QPSK QAM(16,64)	$2^1 \sim 2^{15}$ QAM	$2^1 \sim 2^{15}$ QAM	DQPSK	QPSK
MAC Duplexing	CSMA/CA	TDMA OFDMA TDD	-	-	FDD	FDD	DPA	DPA
전송률 (Mbps)	6~54	1.7~61.7	0.6~1.7	4.98~31.67	Max. 8	Max. 52	Max. 2(0.6)	Max. 5(3.4) Microcell: 10
이동성	보행자 (3m/s)	고정	vehicle	vehicle	고정	고정	NA	NA
환경	옥내:40m 옥외:200m	옥외:수 Km	방송	방송	유선	유선	셀룰라	셀룰라

9.4.1 무선 랜

기존의 IEEE 802.11 무선 LAN은 DSSS, FHSS, IR(Infrared) 방식을 사용하여 2.4 GHz ISM 대역에서 2 Mbps의 전송률을 지원하였다. 그러나 이러한 규격으로는 증가해가는 높은 전송속도에 대한 요구를 만족시킬 수 없어, 1999년 IEEE 802.11a와 IEEE802.11b의 새로운 물리계층 표준안이 확정되었다. IEEE 802.11b는 2.4 GHz 대역에서 기존의 DSSS 방식을 확장한 CCK(Complementary Code Keying) 방식을 사용하여 11 Mbps의 전송률을 지원하며 현재 상품화가 되어 널리 보급이 이루어지고 있다.

한편, IEEE 802.11a는 5 GHz 대의 U-NII 비면허 대역에서 DSSS 방식의 한계를 극복하고 더 높은 전송속도를 얻기 위하여 OFDM 변조방식을 채택하였다. 에러정정을 위하여는 부호 율 1/2, 2/3, 3/4의 컨볼루션 부호기와 1/2 비터비 복호기를 puncturing하여 사용하며, 부반송파 변조에는 BPSK, QPSK, 16-QAM, 64-QAM을 사용하여, 채널의 상황에 따라 위의 부호기와 변조기를 조합하여 6~54 Mbps의 고속 가변 전송률을 지원한다. 실내환경에서의 서비스를 목표로 하기 때문에 800μsec의 짧은 보호구간을 사용하고 작은 64 FFT를 사용한다.

무선 LAN의 특성상 버스트 데이터 전송 구조이며 이동성이 거의 없기 때문에, 데이터 전송 시 마다 프리앰블을 사용하여 초기 동기를 획득한 후 채널 또는 주파수 옵셋 랙킹없이 데이터 전송구간 동안 동일한 계수 값을 사용한다. 단, 초기 동기 후 잔여 주파수 옵셋에 의한 위상변화를 보상하기 위하여 4개의 파일롯 톤을 사용한다. 또한, 2001년 11월 IEEE 802 회의에서 기존의 2.4GHz 대에서 고속의 데이터 전송을 위한 IEEE802.11g의 표준안으로서 Intersil과 Texas In strument가 공동으로11b+11a(Extended RateOFDM)방식을 mandatory mode로, CCK-OFDM, PBCC 방식을 optional mode로 제안하여 76.3%의 찬성으로 통과되었다.

한편, 유럽의 ETSI BRAN에서 제안한 HIPERLAN/2 규격은 IEEE 802.11a와 유사한 OFDM방식의 물리계층을 갖고 있으며, MAC 계층으로는 IEEE 802.11에서 사용하는 이더넷 기반의 CSMA/CA와는 달리 TDMA방식을 사용하여 QoS를쉽게 제공할 수 있다. 즉, 이더넷 기반에서만 사용되는 IEEE 802.11과는 달리HIPERLAN/2는 이더넷, IP, UMTS, ATM, IEEE 1394 등의 여러 형태의 코어 네트워크에 연결하기 위한 convergence layer를 갖는 것이 특징이다.

9.4.2 BWA (Broadband Wireless Access)

BWA 표준화와 관련해서는 IEEE 802.16 Working Group이 WirelessMANTM이라는 이름으로 1999년 이래 현재까지 활발한 활동을 하고 있다. IEEE 802.16에는 4개의 TG가 존재하는데 이 중 TG3와 TG4는 서로 다른 주파수 대역을 위한 무선 인터페이스 표준 802.16a와 802.16b를 작성함으로써 기존의 802.16을 확장시키는 작업을 하고 있다. IEEE 802.16a

는 2~11GHz 면허대역에서의 사용을 목적으로 하는 무선인터페이스 표준이며, IEEE 802.16b는 주로 5~6GHz 대의 비면허 대역에서의 사용을 위한 무선인터페이스 표준이다.

TG3는 초기부터 여러 가지의 물리계층 제안을 두고 크게 OFDM 방식과 SC-FDE(Single Carrier with Frequency Domain Equalization) 방식 사이에 경합을 벌이다가, 결국 2001년 3월 OFDM과 SC-FDE 두 변조 방식을 모두 지원하는 것으로 결정하고 draft 작성을 시작하였다. 반면 TG4는 비면허 대역을 사용하는 만큼 mesh 모드를 포함한 여러 가지 환경에서 유연하게 동작하는 더 융통성 있는 시스템의 구현을 목적으로 하였으며, 처음부터 IEEE 802.11a의 OFDM 물리계층을 기본으로 하여 Wireless HUMANTM 표준안을 작성하고 있다.

최근에는 IEEE802.16a와 IEEE 802.16b가 유사한 부분이 많이 있기 때문에 두 그룹이 통합하여 IEEE 802.16ab라는 통합문서로 작업을 진행하고 있다. 이 중 WirelessHUMANTM을 예를 들어 보면, 많은 간섭 현상으로 협대역 채널이 유리한 도심의 밀집 지역으로부터 좀 더 넓은 대역폭의 채널이 유리한 비밀집지역에 이르기까지 여러 가지 시나리오에서 동작할 수 있도록 5, 10, 20MHz의 대역폭을 사용하며 지연시간에 따라 64, 256, 2048의 FFT 크기를 사용하여 여러 가지 환경에 유연하게 대응할 수 있도록 되어 있다.

에러정정을 위하여는 1/2, 2/3, 3/4의 컨볼루션 부호기와 RS 부호기를 사용하며, 부반송파 변조에는 BPSK, QPSK, 16-QAM, 64-QAM을 부호기로 사용하여 채널의 상황에 따라 가변 전송률을 지원한다. 5MHz 대역폭의 사용은 선택 사항이며, duplexing 방식으로는 TDD를 이용하고, 64, 256 FFT 모드에는 TDMA를 2048 FFT 모드에는 OFDMA를 다중접속방식으로사용한다. OFDMA 방식을 이용함으로써 각 가입자들에 대하여 좀더 효율적으로 자원을 배분할 수 있으며, 각 부채널에서의 개별적인 순방향 전력제어(Forward APC)가 가능해진다.

즉, 각 가입자까지의 링크 상황에 따라 적응적으로 ±6dB의 신호 전력 레벨을 조정할 수 있다. 한편, 유럽의 ETSI BRAN에서도 위와 비슷한 개념의 HIPERA CCESS와 HIPERMAN의 두가지 프로젝트가 진행 중에 있다.

9.4.3 Digital Broadcasting

현재 지상파 디지털 라디오 방송 시스템은 크게 유럽식, 미국식, 일본식이 있으며, 모두 OFDM 방식을 채용하고 있다. 유럽의 DAB 방식인 EUREKA-147은 디지털 변조방식으로 지상파에서의 다중경로 페이딩에 강건한 COFDM을 사용하며, 1.5 MHz의 전송 대역폭을 사용하여 단일 송신기로 고음질의 스테레오 프로그램과 데이터를 다중화 시켜 방송할 수 있다. 이 때 가능한 프로그램 수는 비트 율, 오류정정, 데이터 용량 등에 따라 결정된다. OFDM 방식은 서로 다른 송신기에서전송한 동일 신호가 특정한 시간 지연을 두고 수신될 경우 두 신호의 합은 서로 간섭을 주지 않으므로, 적은 전력으로 다수의 방송국을 이용하는 단일 주파수망(SFN: Single Frequency Network) 구성에 용이한 장점이 있다. DQPSK 변조방식을 사용하기 때문에 채널 tracking은 하지 않고, 매 프레임의 앞부분에 존재하는 Phase Reference 심볼과 CP를 사용하여 수신 단에서 동기 관련 파라미터를 추정한다.

유럽 디지털 TV 및 데이터 방송을 위한 DVB-T 시스템에서는 변조방식으로 심볼간 간섭에 강하고 SFN 성이 용이한 COFDM을 사용한다. 전송모드는 FT 크기에 따라 8K 모드와 2K 모드로 나누어지며, 시 보호구간의 길이에 따라 4가지 모드로 나누어진다. 이중 단일 송신기를 사용하는 시스템이나 다수의 출력 송신기로 SFN을 구성하기에 적합한 8K 모드를 예로 들면, 6,817개의 실제 부반송파와 1,375개의 가상 부반송파를 사용하고 이 817개의 부반송파에는 17개의 연속 파일럿과 569개의 분산 파일럿을 포함한다.

DVB-T에서는 DAB와 달리 Coherent 전송이 이루어지므로 이러한 파일럿을 사용한 채널 트랙킹이 반드시 요구된다. 또한 수신 단 동기화를 위해서 CP와 파일럿이 사용된다. QPSK, 16-QAM, 64-QAM 변조방식을 지원하여 높은 전송률 (코딩 후 4.98~ 31.6)Mbps)을 지원한다. 원천 부호화와 multiplexing 된 데이터는 RS(204,188,8) 부호화를 거쳐 바이트 단위로 인터리빙 되고, 컨볼루션 (부호화율1/2, 구속장7) 부호화 된 후, 비트 단위로 다시 인터리빙 된다. 그런 다음 원하는 전송률에 따라 QPSK, 16- QAM, 64- QAM 등으로 변조된 후, OFDM 심볼이 생성되어 전송되는 구조로 되어 있다. 컨볼루션 부호화는 부호화 후 punctur- ing과정을 통해 1/2부터 7/8까지 5가지 부호화 율을 지원한다.

9.4.4 ADSL / VDSL

기존의 전화선을 이용한 ADSL(Asymmetric DSL)은 DMT 방식을 사용하여 640 kbps의 upstream과 약 8Mbps의 downstream 전송속도로 인터넷 접속과 홈쇼핑 등의 비대칭 서비스를 제공한다. DMT 방식은 고속의 무선 데이터 전송에 적합한 OFDM 방식과 유사하나,

유선채널에 필요한 다음의 추가적인 기능을 포함하고 있다. 즉, DMT 방식에서는 채널의 전송용량을 최대화하기 위해 주어진 채널의 주파수 특성을 측정하여 각 부채널의 SNR에 따라 constellation 크기 (22~215 QAM)를 최적화하는 bit-loading 알고리즘을 사용한다. 이러한 bit-loading 과정을 통해서 각 부 반송 파마다 최적의 비트수를 할당하여 높은 전송률을 얻을 수 있다. 또한 유선채널에서는 임펄스응답이 매우 긴 특징이 있어 심볼간 간섭을 막기 위해서는 CP 구간이 매우 커지는 단점이 있기 때문에 이를 줄이기 위하여 간단한 시간영역 등화기를 사용하여 임펄스응답을 CP 구간 이내로 단축하는 기법을 사용한다.

또한 VDSL(Very-high-rate DSL) 방식은 약 12MHz의 대역폭을 이용하여 가변적인 비대칭성과 함께 52Mbps까지의 초고속 전송률을 지원하는데, 이를 위하여 역시 DMT 방식이 제안되어 있다. VDSL에 사용되는 Zipper DMT 방식은 DMT 심볼간 간섭의 제거 및 부반송파간 직교성 유지를 위한 CP 외에 upstream과 downstream 간의 직교성을 유지하여 NEXT(Near and X-Talk)의 영향을 없애주기 위한 Cyclic Suffix(CS)가 DMT 심볼의 뒷부분에 추가로 삽입되는데 그 길이는 선로의 전송 지연(propagation delay) 시간에 맞추어 결정된다. 이러한 Zipper DMT 방식에서는 ADSL에서와 같이 임펄스 응답의 길이를 줄이기 위하여 시간영역 등화기를 사용하지 않고 심볼주기의 값을 크게 설정함으로써 CP와 CS의 오버헤드에 따르는 효율저하를 보상한다.

따라서, VDSL에서는 고속에서 동작하는 큰 크기(4K/8K)의 저전력 FFT를 설계하는 기술이 필요하다. 또한, Zipper DMT 방식은 대역내 upstream과 downstream 대역의 할당이 자유로운 유연성을 가지는 장점이 있는 반면, NEXT의 영향을 완전히 제거하기 위해서는 네트워크 내의 모든 모뎀이 동기화 되어야 한다는 단점이 있다. 이의 극복을 위한 비동기식 Zipper DMT 방식에서는 송신단에서 pulse shaping을 사용하고, 수신 단에서 windowing을 사용하여 NEXT 영향을 최소화하고 RFI(RadioFrequency Interference)의 영향을 감쇄시킨다.

9.4.5 무선 셀룰러 통신

AT&T 에서는 가까운 미래에 무선 인터넷 접속의 수요가 급속히 증가할 것으로 예상하여1998 년에 셀룰러 환경에서 무선 인터넷 서비스를 제공하기 위한 ACIS (Advanced

Cellular Internet Service)를 제안하였으며, 2000 년에 이를 개선한 광대역 무선데이터 억세스 방식을 발표하였다. 1998 년에 제안한 ACIS 는 2 GHz 대역의 매크로셀 환경에서 1MHz 의 대역폭을 사용하여 이동 가입자에게 최대 1~2 Mbps 전송률의 인터넷 서비스를 제공하는 것을 목표로 하였다. 2 GHz 대역 매크로셀 환경에서는 지연확산이 약 40 us 까지 이를 수 있기 때문에 단일 반송파 방식을 사용하여 고속에서 전송할 경우 수신단에서 많은 등화기 탭 수와 긴 등화기 훈련시간을 필요로 하게 되므로, ACIS 에서는 이와 같은 다경로 지연확산의 효과를 줄이기 위하여 OFDM 전송 방식을 도입하였다.

또한, 하향링크에서의 link budget 을 개선하기 위하여 Clustered OFDM 방식을 사용한 다중 기지국 전송안테나와 2개의 안테나를 사용한 수신 다이버시티를 결합하여 약 10dB 의 SNR 개선을 이루도록 하고 있다. 각 부반송파의 데이터들을 서로 다른 안테나를 통해 나누어 전송하는 Clustered OFDM 구조의 전송 다이버시티는 한 안테나 당 전송되는 부반송파의 수를 감소시킴으로써 PAR 을 최소화 하고, 동시에 RS 부호와 결합하여 부호화 이득을 얻을 수 있다.

마지막으로, ACIS 에서는 주파수의 효율적인 사용을 위하여 DPA (Dynamic Packet Assignment) 알고리즘을 사용하였다. 이는 기존의 CS(Channel Segregation) 개념에 interference-sensing 개념을 추가한 것으로서, 채널의 상태를 검사하여 채널의 우선 순위를 정한 다음 그 우선순위에 따라 채널을 패킷단 위로 할당하는 방식이다. 채널 할당 시에 인접 기지국들이 동시에 같은 채널을 선택하는 것을 방지하기 위하여 한번에 한 기지국만이 채널을 할당할 수 있는 staggered 프레임 구조를 사용하였다. AT&T 에서 2000 년에 제안한 광대역 무선데이터 억세스 방식 역시 셀룰러 환경에서 무선 인터넷 서비스를 제공하기 위하여 ACIS 의 발전된 형태를 취하고 있다. 이 방식에서는 하향 패킷 데이터 모드에서 약 5 MHz 대역폭의 광대역 OFDM (W-OFDM) 구조를 사용하여 매크로셀 환경에서 2~5 Mbps, 마이크로셀 환경이나 실내 환경에서 약 10 Mbps 의 전송률을 지원한다.

또한, 이 방식에서는 Sony 가 제안한 OFDM 과 SFH (Slow Frequency Hopping)-TDMA 구조를 결합한 BDMA (Band Division Multiple Access) 방식을 채용하여 시간 및 주파수 다이버시티 효과를 지원하고 있다. 즉, 기존 ACIS 방식에서는 다중 송신안테나를 사용하여 주파수 다이버시티 효과를 얻었으나, 이 방식에서는 5 MHz 의 광대역 OFDM 을 사용하므로 충분한 수의 부채널이 확보되어 전송 다이버시티 없이 한 개의 단일 안테나로 필요한 주파수 다이버시티 효과를 얻을 수 있다. AT&T 에서 제안한 이 광대역 OFDM 방식은 OFDM 기반의 물리계층에 DPA (Dynamic Packet Assignment) 기반의 다중억세스 방식을 적용하였으며, 여기에 적응 변조 및 부호화, 스마트 안테나, space-time coding 을 결합하여 여러 환경에서 다양한 비트 전송률을 제공할 수 있도록 하였다. 또한, 이러한 기술을 이용하여 고속의 데이터 서비스를 필요로 하는 large-resource 와 작은 지연시간을 갖는 small-resource 모두를 지원하는 프레임 구조를 제안하였다. 그림 9.10은 광대역 OFDM 방식에서 DPA 자원할당을 위한 프레임 구조를 보여 준다. 여기서 하나의 OFDM 심볼은 528 개의 부반송파로 이루어져 있으며, 전체 부반송파는 24 개의 부반송파로 구성된 22 개의 클러스터로 나누어진다. 이때 부반송파간의 간격은 8 kHz 이므로 전체 대역폭은 4.224 MHz 가 되며, 시간적으로 하나의 프레임은 20ms 주기를 갖고, 한 프레임은 128 개의 OFDM 블럭으로 구성된다. 이중 초기부분의 24 개 OFDM 블록은 채널할당과 DPA 를 수행하는 제어 오버헤드 부이며, 나머지 104개의 OFDM 블록은 13 개의 OFDM 블록으로 구성된 8 개의 시간 슬롯으로 나누어진다. 따라서 이 프레임 구조에서는 각 프레임마다 22 개의 클러스터 (i.e., resource)가 8번의 주파수 호핑을 수행하게 된다. 여기서 22 개의 클러스터에 대한 채널의 할당은 staggered 프레임 구조의 DPA 알고리즘에 의하여 간섭이 최소화 되도록 수행된다.

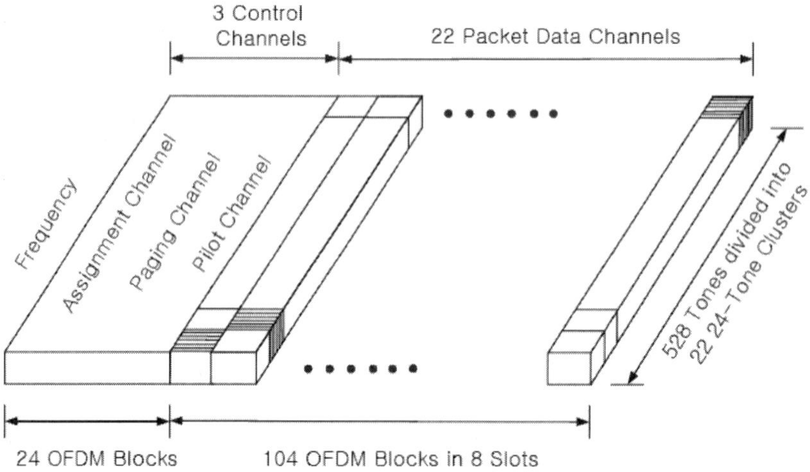

〈그림 9.10〉 광대역 OFDM 의 DPA 자원할당을 위한 프레임 구조.

즉, 각 클러스터는 주어진 주파수 호핑 패턴에 따라 도약하며, 8 개의 트래픽 슬롯에 걸쳐서 부호화가 이루어지므로 주파수 다이버시티 효과를 얻을 수 있어 페이딩 채널에서 성능향상을 위한 부호화 이득을 얻을 수 있다. 이 구조에서 한 OFDM 블록의 주기는 156.25 μs, 보호구간은 31.25 μs 을 사용하였다. 총체적으로 OFDM 블록 보호구간, 동기화, DPA 제어 등의 오버헤드를 고려할 경우 2.1296 Mbps 의 전송률을 얻을 수 있다. Small-resource 서비스를 위해서는 각 시간 슬롯을 다시 4 개의 미니 슬롯으로 나누고, 각 슬롯마다 하나씩의 작은 resource를 할당하여 각 미니슬롯마다 주파수 호핑을 한번 씩 수행한다. 이 경우는 작은 지연시간을 요구하는 서비스에는 유리하지만 증가되는 TDMA 오버헤드로 인해 전송률 면에서는 손실이 있게 된다.

마지막으로 이 구조에 120° 섹터 안테나를 도입하고 1개의 송신 안테나와 2개의 수신안테나를 사용한 빔형성 및 interference suppression 테크닉을 결합하면 기지국마다 약 2~5 Mps의 전송률을 갖는 패킷 데이터 서비스의 구현이 가능하다.

한편 AT&T 와 Nortel 은 2000년 9월에 4G Access 라고 불리는 무선 네트워크를 제안하였는데, 하향링크에는 광대역 OFDM을 사용하고, 상향링크에는 기존의 EDGE (Enhanced Data Rates for GSM Evolution)를 채용하였다.

이 방식에서는 800 kHz 의 대역폭을 사용하여 저속의 이동환경에서는 약 10 Mbps 의 전송률, 고속의 이동환경에서는 384 kbps 의 전송률을 제공한다. 또한, 인터넷 기반의 4G 네트워크에서는 순방향에서 20 Mbps (셀 당 100 Mbps)의 전송률, 20 bps/Hz/cell/carrier 의 주파수 효율, 0.1 초의 dormant-to-active transition time 이 요구될 것으로 예상하였는데, 이는 3G UMTS 의 사양인 3.8 Mbps 의 전송률, 0.8 의 주파수 효율, 2 초의 transition time 에 비하여 크게 향상된 것이다. 이러한 사양을 만족하기 위하여 필요한 기술은 광대역 software radio, FFT 를 포함한 DSP core, 다중 빔 안테나, space-time coding, 비선형 보상 전력증폭기 등의 기술이 될 것으로 예상한다.

9.5 최신 OFDM 기술 동향

9.5.1 송신 다이버시티

무선 인터넷 등에서 요구되는 높은 link budget을 해결하기 위하여 송신단에 다중안테나를 사용하는 송신 다이버시티 기법에 대한 연구가 최근 활발히 이루어지고 있다. 송신 다이버시티 기법은 귀환 데이터의 유·무에 따라 개루프 송신 다이버시티와 폐루프 송신 다이버시티 기법으로 각각 분류할 수 있다.

개루프 송신 다이버시티 기법으로는 STBC (Space-Time Block Code)와 다이버시티 이득과 트렐리스 부호화의 이득을 동시에 얻을 수 있는 STTC (Space-Time Trellis Code) 등이 있고, 폐루프 송신 다이버시티 기법으로 TxAA (Transmit Antenna Array)를 들 수 있다. 일반적으로 폐루프 송신 다이버시티 기법은 수신 단에서 채널을 상태를 추정하여 송신단으로 가중치를 귀환시켜서 송신 시 이 가중치를 적용하여 전송함으로써 성능을 향상시키는 기법으로써 저속에서는 개루프 방식에 비하여 우수한 성능을 보이나 고속에서는 귀환에 의한 지연 때문에 성능저하가 발생된다. 이외에도 송신단에서 채널의 정보를 알고 있는 경우에는 채널을 고유치 분석을 통하여 병렬채널로 분리한 후 최대의 채널용량을 얻는 SVD(Singular Value Decomposition)방식, pre-processing과 post processing의 시공간 전후 부호화를 이용하는 방식, 전후 필터를 이용하는 방식 등을 적용할 수 있다.

이러한 방식을 OFDM 시스템에 적용하기 위해서는 시간과 공간을 이용하여 부호화하는 기존의 STBC를 각 부반송파에 대하여 시간과 공간으로 부호화하는 형태로 수정한 STBC-OFDM과 각 시간에 대하여 주파수와 공간으로 부호화하는 SFBC(Space-Frequency Block Code)-OFDM로 나눌 수 있다. 이 경우 STBC-OFDM은 부호화되는 연속된 OFDM 심볼간에 채널의 변화가 적어야하므로 FFT 크기가 작고 유효심볼의 길이가 짧은 무선 LAN과 같은 응용에서 적합하며 SFBC-OFDM은 인접 부채널간 주파수 응답의 변화가 적어야 하기 때문에 FFT가 큰 응용분야에 적합하다. 또한, 시간과 공간에 대하여 부호화하는 기존 STTC를 OFDM 시스템에 적용하기 위해서는 공간과 부반송파에 대하여 부호화하는

SFTC(Space-Frequency Trellis Code)-OFDM이 되며, 이 경우 비터비 복호를 위하여 state 수의 반에 해당하는 0의 잉여 비트를 주파수영역에서 마지막에 추가하여야 한다. 이러한 다중 송신안테나를 사용한 OFDM 시스템에서 채널추정 또는 동기화를 위하여 Pilot Tone을 설계할 경우 각 송신안테나에서의 Pilot 신호는 다른 안테나와 다른 셀에게는 간섭신호로 작용하기 때문에 Pilot 간의 orthogonality 등을 고려한 Pilot Tone 설계가 필요하다.

최근 Bell Lab에서 제안한 BLAST(Bell Lab Layered Space Time)의 MIMO(Multiple-Input Multiple-Output) 방식은 rich scattering environment에서 송·수신단에 다중안테나를 사용함으로써 독립적인 페이딩 채널을 다수 개 형성하고 송신안테나 마다 다른 신호를 전송함으로써 데이터 전송속도를 크게 향상시킬 수 있다. 이 때 각 수신안테나에서는 특정 신호 만을 검출하고 다른 신호들은 간섭신호로 간주하여 zero-forcing 또는 MMSE nulling를 시킴으로써 다른 신호의 영향을 최소화하면서 신호를 검출한다. 이러한 MIMO 방식은 송신신호가 채널의 coherence bandwidth 보다 작은 대역폭을 갖은 플랫 페이딩을 가정하기 때문에 BLAST-OFDM 방식이 다중경로 환경에 쉽게 적용될 수 있다. 즉, OFDM 방식을 적용한 BLAST 시스템은 다중경로지연에 의한 영향이 CP의 사용으로 감쇄되고 flat fading 채널로 근사화되어 수신 단에서 추가의 하드웨어 사용없이 신호를 검출할 수 있는 장점이 있다. 이 때 BLAST-OFDM 시스템에서는 각 부반송파마다 위의 특정신호 검출 및 다른 간섭신호 nulling을 반복적으로 적용한다. 이러한 MIMO 방식에서는 송신 다이버시티 기법과는 달리 수신안테나의 수가 송신안테나의 수보다 많아야 하고 독립적인 페이딩 채널이 형성되어야 하기 때문에 송·수신단의 거리가 비교적 작고 노트북과 같이 다중 수신안테나를 사용할 수 있는 무선 LAN과 같은 환경하에 적합하다.

일반적으로 안테나의 간격이 충분히 떨어져 있거나 산란이 매우 심한 채널 환경에서 채널 계수간에 상관관계가 없을 경우 다이버시티 효과를 최대화하기 위하여MIMO 기법이 사용되는 반면, 안테나의 간격이 λ/2보다 작거나 채널 계수간의 상관관계가 큰 환경에서는 스마트 안테나라고 불리는 빔형성 기법이 유리하다. 즉, 안테나로 수신된 신호의 AOA(Angle of Arrival)이 적은 경우에는 공간적으로 안테나간의 상관관계가 커지기 때문에 빔형성을 통하여 다중사용자 간섭제거와 페이딩현상을 완화하는 것이 효과적이다. 최근 이러한 채널환경에 따라 다이버시티 이득의 최대화와 간섭 제거를 위한 빔형성 기법을 결합하는 연구가 수행되고 있다.

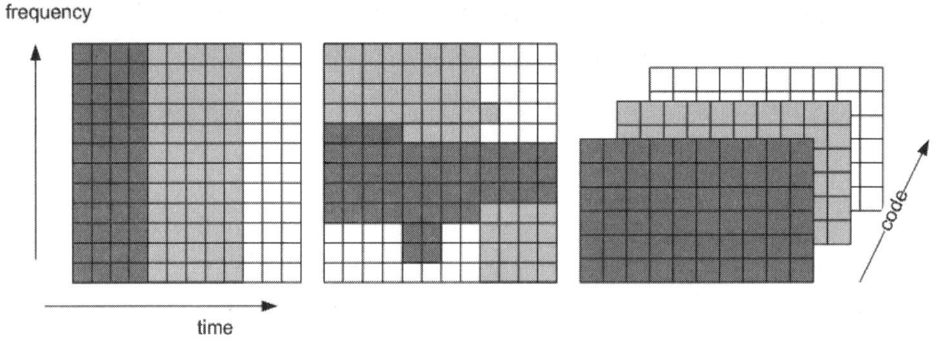

〈그림 9.11〉 다중 억세스 방식의 비교

9.5.2 Multiple Access

방송용이 아닌 셀룰러 이동통신, 무선 ATM, 무선LAN 등에OFDM 전송방식을 사용하는 경우에는 단일 반송파 전송방식과 마찬가지로 다수의 사용자를 위한 다중 억세스 방식이 필요하다. 대표적 방식으로는 TDMA, FDMA, CDMA가 있으며, OFDM과 이들 다중 억세스 방식을 결합하여 사용한다.

OFDM/TDMA의 경우에는 전체 대역이 N개의 부채널로 구성되어 있고 각 사용자는 할당된 시간동안 N개의 부채널을 모두 이용한다. OFDM/FDMA(OFDMA)는 전체 부채널 중에서 일부의 부채널을 이용하여 시간에 제한받지 않고 이용하는데 부채널의 할당은 사용자의 요구에 따라 동적으로 변할 수 있다. OFDM/CDMA는 각 사용자가 고유의 확산부호를 사용하여 모든 시간과 부채널을 이용하는데 확산방식에 따라 MC- CDMA, multicarrier DS-CDMA, MT-CDMA로 구분할 수 있다.

하향링크에서 OFDM 방식을 사용하고자 할 경우에는 위의 세가지 방식을 모두 적용할 수 있다. 그 중 OFDM-TDMA 방식은 각 사용자마다 전체의 대역폭이 주어지므로 사용자가 요구하는 전송속도에 따라 각 프레임 내에서 할당되는 OFDM 심볼의 수를 변화시킴으로 자원할당이 이루어진다. 이 OFDM-TDMA 방식에서는 각 사용자마다 데이터를 수신하기 전에 프리앰블을 사용하여 초기화를 하여야 하므로 전송효율이 감소하게 된다. 따라서 이 경우 오버헤드를 줄이기 위하여 상대적으로 큰 payload가 적용된다.

예를 들어, IEEE 802.11a는 이더넷 기반에서 동작하므로 payload가 크고 채널환경의 변화가 없기 때문에 OFDM-TDMA를 상·하향링크에서 적용하며, 이와 같이 작은 크기의 FFT를 사용할 경우에는 일반적으로 OFDM-TDMA가 적절한 선택이 된다. OFDMA는 각 사용자에서 요구하는 전송속도에 따라 부반송파의 개수를 다르게 할당함으로써 자원분배를 효율적으로 할 수 있다. 이 방식은 특히 부반송파의 개수가 많을 경우 일반적으로 각 부반송파마다 채널상황이 다르기 때문에 부채널의 SNR에 따라 다른 변조방식을 사용하여 채널용량을 최적화시킬 수 있다. 따라서 큰 크기의 FFT를 사용할 경우 OFDMA 방식이 유리하다.

예를 들어, IEEE 802.16ab에서는 512 이하의 FFT를 사용할 경우에는 OFDM-TDMA를 적용하고, 512~4096 FFT를 사용할 경우에는 OFDMA를 적용한다. OFDM 방식을 상향링크에서 사용하고자 할 경우에는 OFDMTDMA방식을 적용할 수 있으며, OFDMA나 OFDMCDMA 방식을 적용하고자 할 경우에는 각 단말기마다 전송지연, 도플러 주파수 등이 모두 다르기 때문에 timing advance와 반송파 주파수 오프셋 사전보상기법 등이 필요하다. 또는 일반적으로 상향링크에서 요구되는 전송률은 높지 않으므로 기존의 EDGE 또는 CDMA 방식을 그대로 사용할 수 있다.

셀룰러 환경에서 광대역 OFDM을사용할 경우 동적채널 할당기법과 결합함으로써 매우 높은 주파수 효율을 얻을 수 있다. 1세대와 2세대 셀룰러 시스템에서는 일반적으로 고정채널할당방식을 사용하고, DSCDMA 또는 WCDMA에서는 interference averaging 방식을 사용한다. 이러한 interference averaging 방식은 고정채널할당방식에 비하여 간섭신호를 제거하는데 우수한 성능을 보이나, 동적채널할당기법과 같은 interference avoidance 방식을 사용할 경우 interference averaging 방식에 비하여 2~3배 높은 주파수 효율을 얻을 수 있다. 이러한 동적채널할당기법을 구현하기 위하여 광범위한 신호측정과 빠른 채널 재할당이 요구되는데 기존의 시스템에서는 이를 적용하기가 쉽지 않았다. 그러나 OFDM 방식에서는 시간과 주파수 축에서 직교한 부채널이 잘 정의되어 있고 OFDM의 특성상 모든 부채널에서 간섭신호와 경로손실을 빠르게 측정할 수 있으므로 동적채널할당기법을 쉽게 적용할 수 있는 장점이 있다.

9.5.3 Link Adaptation

LA는 변하는 시간환경에 따라 적응적으로 변조와 코딩율을 변화하여 전송율과 주파수 효율을 증가시킬 수 있는 기법으로 최근 활발히 연구되고 있다.

현재까지의 셀룰러 통신시스템에서 적용되는 LA 기법은 주로 시변하는 무선 채널의 시간적 변화를 추적하여 적응적으로 변조와 코딩율을 적용하는 시간적인 측면에서 이루어졌다. 이러한 LA는 공간으로 확장할 경우 MIMO시스템에 주파수로 확장할 경우 OFDM 시스템에 적용할 수 있다. OFDM 방식은 유선환경인 ADSL과 VDSL에서 사용되는 bit-loading 알고리즘과 유사한 기법을 적용하여 주어진 채널에 최적화된 적응변조기법으로 고속의 전송률을 제공할 수 있다. 특히, 차세대 통신시스템에서는 고속의 데이터 전송을 위하여 일반적으로 광대역을 사용하기 때문에 채널의 주파수 선택성이 더욱 커지게 되며 이 경우 현재와 같이 모든 부채널에 동일한 변조방식을 적용할 경우 매우 비효율적이 된다. 즉, 주어진 부채널의 SNR 상황에 따라 최적의 변조방식을 사용할 경우 주어진 채널의 용량을 극대화 할 수 있다.

그러나 이와 같이 각 부채널마다 최적의 변조방식을 사용하기 위해서는 송신단에서 채널에 대하여 많은 정보가 필요하기 때문에 궤환 채널을 통한 많은 시그널링 오버헤드와 계산량이 요구된다. 이 경우 부반송파당 최적의 변조방식을 선정하는 것이 아니라 subband당 변조방식을 선정함으로써 필요한 오버헤드를 많이줄일 수 있다. 이 때 subband 당 실을 수 있는 변조방식(또는 비트 수)은 기존의 DMT 방식에서 사용되던fixed threshold 적응 알고리즘, variable rate 적응 알고리듬, constant bit rate 적응 알고리즘 등의 bitloading 방식을 사용할 수 있다.

또한 일반적으로 궤환채널을 이상적이라고 가정을 하나, 실제로는 즉각적인 궤환이 이루어질 수 없기 때문에 궤환 경로에 의한 지연이 발생하고, 주파수 선택성 페이딩 채널인 궤환채널 역시 신뢰할 수 없기 때문에 이에 설계시 이에 대한 고려가 필요하다. 채널의 상태를 알려주는 기준으로서 물리계층에서 주어지는SNR, SINR 또는 BER, 링크계층의 CRC에서 주어지는 PER(Packet Error Rate) 등이 사용된다.

9.5.4 고속환경에서의 채널 추정기법

실외 셀룰러 환경은 최대 RMS 지연확산이 10us에 달하므로 OFDM 심볼간 간섭을 피하기 위해서는 이보다 긴 길이의 보호구간이 필요하다. 그러나, 보호구간의 길이가 길어지면 전력효율이 그만큼 감소하기 때문에 전력 손실을 최소화 할 수 있도록 보호구간에 비례하여 OFDM 심볼의 길이도 길어져야 한다. 이를 위하여 IEEE 802.16b에서는 최대 2K FFT를 사용하고, VDSL에서는 최대 8K FFT를 사용한다. 그러나 거의 변하지 않은 시불변 채널에서 데이터를 전송하는 IEEE 802.16b나 VDSL과 같은 경우에는 이와 같이 심볼주기가 길어지는 것이 큰 문제가 되지 않으나 셀룰러 환경과 같이 채널이 빠른 속도로 변하는 경우에는 성능 감소가 발생하게 된다.

일반적으로 Coherent 방식의 OFDM 시스템의 수신 단에서는 각 부채널마다 단일탭 등화기가 사용되며, 채널 추정을 위해서는 LS(Least Square) 또는 MMSE(Minimum mean square error) 방법이 사용된다. 여기서 LS 채널 추정기는 구조가 단순한 반면 채널의 통계적 특성을 이용하지 않으므로 잡음에 민감하고, MMSE 채널추정기는 자기 상관과 상호상관과 같은 채널의 2차 모멘트를 이용하므로 계산량이 LS 추정기에 비해 크게 증가하지만 잡음을 고려한 전체 추정 오차가 최소가 되도록 하므로 심한 null을 갖는 페이딩 채널의 경우 우수한 성능을 나타낸다.

시변 페이딩 채널에서 채널추정을 위하여 PSA(Pilot-Symbol-Aided) 방식을 사용할 경우, 파일럿은 채널의 coherence 대역폭, coherence 시간, 파일럿 톤의 사용에 따른 대역폭 효율 감소 등을 고려하여 배치한다.

파일럿을 가진 각심볼에 대하여 주파수영역에서 보간을 수행한 후 각 부반송파에 대해 시간영역에서의 보간을 수행하는 1차원 채널추정기법에 비하여, 시간과 주파수영역에서 동시에 보간하는 2차원 채널추정기법은 계산량이 많이 요구되지만 시변채널을 보다 정확히 추정할 수 있다. 그러나 이동국의 속도가 더욱 증가하게 되면 한 OFDM 심볼구간 내에서도 채널이 변화하여 ICI(InterChannel Interference)를 발생시키게 된다. 이러한 OFDM 심볼내의 채널 변화는 ICI를 증가시켜 error floor 현상을 발생시키며 성능을 크게 열화시킨다. 따라서, 고속 이동체에서 OFDM 방식을 사용하여 데이터를 전송하고자 할 경우에는 ICI 문제를 해결할 수 있는 기법이 필요하다. 이러한 시변 다중경로 채널에서 발생하는 채널의 시변효과를 보상하기 위하여 OFDM 심볼 주기동안 채널의 변화를 추정할 수 있는 파일롯 심볼을 사용한 주파수영역 등화기법, 시간영역 등화기법, 이와 같은 채널 추정이 필요없는 ICI-self cancellation 기법 등이 제안되었다.

9.5.5 PAPR Reduction technique

OFDM 방식에서는 다수의 독립적인 데이터를 IFFT 함으로써 신호를 변조시킨다. IFFT에 입력되는 데이터는 일반적으로 성질을 갖는 랜덤 신호로 간주할 수 있으므로 변조된 신호는 중심극한정리에 의하여 평균이 0이 되고, Gauss 확률밀도함수를 갖는 랜덤신호가 된다. 따라서 OFDM 신호의 시간영역신호는 PAR(Peak-to-Average Ratio)가 단일반송파 방식보다 크게 나타나는 단점이 있다. PAR가 크면 ADC와 DAC의 복잡도가 증가하고 RF 전력증폭기의 효율이 감소되게 된다.

PAR를 감소시키기 위해 많은 기법이 제안되었는데 이들은 기본적으로 세가지 부류로 분류할 수 있다. 첫번째로 신호왜곡기법이 있는데 이 기법은 OFDM 신호를 피크에서 또는 그 주변에서 비선형적으로 왜곡시켜 간단히 피크 크기를 감소시킨다. 이 기법의 예로는 클리핑, 피크 윈도잉, 피크 제거 등이 있다. 두번째 부류는 부호화 기법으로 큰 PAR를 갖는 OFDM 신호를 제외시킨 특수한 전방오류정정 부호집합을 사용한다. Golay 상보부호가 이에 속한다. 세번째 부류는 기본적으로 서로 다른 여러 개의 스크램블링 시퀀스로 각 OFDM 심볼을 스크램블링하고 그 결과중 가장 작은 PAR를 갖는 시퀀스를 선택하는 방식이다.

스크램블링 시퀀스는 처음에 선택적 맵핑(selected mapping)과 부분 전송 시퀀스(partial transmit sequence)라는 이름으로 제안되었다. 둘 사이의 차이는 첫 번째 방식은 스크램블링을 모든 부반송파에 적용하여 위상을 독립적으로 회전시키는 반면, 두 번째 방법에서는 스크램블링을 부반송파 그룹별로 적용하여 위상을 회전시킨다는 것이다. 이외에도 특정 부채널을 사용하여 PAR를 감소시키는 Tone Reservation기법, 심볼의 성상도를 변화시키는 Tone Injection 기법, Fourier Projection Algorithm, 전송신호의 PAR를 단순한 클리핑으로 감소시킨 후 수신 단에서 검출된 데이터 심볼을 이용하여 보상하는 Decision-Aided Reconstruction 기법 등이 있다. 이와 같이 PAPR를 감소하는 기법 외에 고출력증폭기에서 왜곡되는 비선형왜곡을 사전에 왜곡시키는 사전왜곡보상기 등을 사용하는 방식이 제안되었다.

9.5.6 Synchronization Technique

OFDM 방식은 단일 반송파에 비하여 반송파 주파수 옵셋, 심볼 타이밍 옵셋, 샘플링 타이밍 옵셋, 위상잡음에 영향을 많이 받는다. 이 중 심볼 동기는 수신 단에서 FFT의 시작위치를 찾아 일치시키는 것을 의미하며, 복구한 FFT의 시작위치가 보호구간 내 이전 심볼의 영향을 받지 않는 부분에 있을 경우에는 CP에 의해서 ISI와 ICI의 영향을 받지 않고 심볼 옵셋에 의한 위상회전만이 각 부 채널에 선형적으로 증가하게 발생하여 주파수영역 단일 탭 등화기로 쉽게 보상할 수 있다. 그러나 복구한 FFT의 시작위치가 그 우측인 데이터 구간 내에 있을 경우에는 ISI와 ICI가 모두 발생하게 되어 성능이 크게 저하된다. 이러한 심볼 옵셋의 추정을 위해서는 CP 또는 훈련심볼을 사용한 시간영역기법과 주파수영역기법이 있다.

또한 OFDM 방식에서 반송파 주파수 옵셋은 모든 부 반송파에 영향을 미쳐 ICI를 발생시키기 때문에 반송파 주파수 옵셋의 추정과 보상은 매우 중요하다. 이러한 반송파 주파수 옵셋의 추정을 위한 기법은 CP를 또는 훈련심볼을 사용한 시간영역기법과 파일롯톤 또는 훈련심볼을 사용한 주파수영역기법이 있다.

샘플링 타이밍 옵셋은 샘플링 주파수 옵셋과 샘플링 위상 옵셋으로 구분할 수 있다. 여기서 샘플링 위상 옵셋은 주파수 영역에서 위상회전만이 각 부 채널에 선형적으로 증가하는 결과가 되어 주파수영역 단일탭 등화기로 쉽게 보상할 수 있어 크게 문제가 되지 않는다. 그러나 샘플링 주파수 옵셋이 존재할 경우에는 시간이 지남에 따라 샘플링 타이밍 오차가 누적되기 때문에 수신된 OFDM 심볼이 송신한 OFDM 심볼에 비하여 길어지거나 짧아지게 된다. 이의 보상기법으로는VCXO 또는 NCO를 사용하는 동기식(synchronous) 샘플링 동기화기법과 free-running 오실레이터를 사용하는 비동기식 샘플링 동기화기법이 있다.

또한 비동기식 샘플링 동기화기법에는 skip/ duplicate와 rotor를 사용하는 주파수영역 보상기법과 이에 interpolator를 추가함으로써 샘플링 주파수옵셋이 어느 정도 클 경우에도 시간영역과 주파수영역에서 혼성으로 보상하는 기법이 있다. 이러한 OFDM 시스템의 동기부 설계는 응용분야에 따라 훈련신호 또는 추정기법이 크게 달라지게 된다.

예를 들어 무선 LAN과 같이 거의 정지상황에서 버스트 전송을 하고자 할 경우에는 채널의 상황이 크게 변하지 않으므로 프리앰블를 사용하여 초기동기를 맞춘 후 현재 패킷의 전송이 끝날 때까지 트랙킹을 하지 않는 방법을 사용한다. 즉, 잔류위상보상을 제외하고는 심볼동기화, 반송파 주파수동기화, 주파수등화는 초기동기시에만 이루어지며 더 이상 트랙킹을 하지 않는다.

그러나 DVB-T와 같이 수신기가 이동이 가능한 상황에서는 채널이 계속 변할 수 있기 때문에 트랙킹이 매우 중요하여 이 경우에는 CP와 Pilot 톤을 사용하여 심볼옵셋, 반송파 주파수옵셋, 채널추정 값을 계속 트랙킹한다. 특히 OFDMA 또는 MC-CDMA 기법을 셀룰러의 상향링크에 적용하고자 할 경우에는 각 단말기의 위치, 속도, 오실레이터가 모두 다르기 때문에 기지국에서 이 신호를 받아 함께 복조하기 위해서 이 값에 대한 정확한 추정이 사전에 필요하다.

9.6 OFDM 변복조 방식의 원리

변조 (Modulation)와 부호화 (channel coding)는 디지털 통신 시스템의 기본적이 구성 요소이다. 변조는 디지털 정보를 아날로그 형태로 대응 시켜 채널에서 전송 될 수 있도록 변환하는 과정이다. 따라서 모든 디지털 통신 시스템은 이 과정을 수행하기 위한 변조기 (modulation)를 갖고 있다. 복조(demodulation)는 변조의 반대 과정으로써 수신기에서 전송된 디지털 정보를 복구하는 과정을 수행한다. 최적의 복조기 설계는 검출 이론 (detection theory)에 대하여 깊은 연구를 하여 식 9.1에 주어진 대역폭 W와 신호대 잡음비 SNR을 갖는 AWGN 통신 채널에서의 용량 C를 유도 하였다. 그 이후, 통신 분야의 과학자들과 엔지니어들은 채널의 용량에 도달하기 위한 방식을 찾기 위해 연구해 왔다.

$$C = W\log_2(1 + SNR) \tag{9.1}$$

채널 용량에 대한 Shannon의 증명은 실제로 채널 용량 C 에 도달하는 방식을 제공 하는 것은 아니다. 따라서 부호화 이론은 이론적 한계치인 C에 가장 근접한 성능을 갖는 통신 시스템을 설계하기 위해 연구되었다. 부호화 이론을 기본으로 한 여러 가지 방식들은 채널 부호화, 전방 오차 정정(forward error correction , FEC), 오차 정정 부호화(error control coding) 등으로 불려진다.

채널 부호화(channel coding)는 잡음(noise), 페이딩(fading), 재밍(jamming)과 같은 다양한 왜곡 요소를 갖는 채널을 통해 신호를 전송할 경우 통신의 성능을 개선하기 위해서 신호를 변환시키는 것을 뜻한다. 채널 부호화의 목적은 전송 데이터에 구조화된 잉여 정보를 삽입함으로써 제한 전력 또는 제한 대역폭의 채널 환경 하에서 비트 오차율(bit error rate, BER) 성능을 개선시키기 위한 것이다. 채널 부호화는 크게 블록 부호화(block coding)와 컨볼루션 부호화(convolution coding)로 구분된다. 정보의 부호화와 채널 부호화는 비록 관계는 있으나 다른 분야이다.

본 장에서는 OFDM 시스템의 관점에서 변조, 검출, 채널 부호화와 인터리빙을 다루게 된다. 채널 부호화는 OFDM 시스템에서는 매우 중요한 구성 요소이며 Coded Orthogonal Frequency Division Multiplexing(COFDM)이라는 용어가 사용되기도 한다. OFDM 시스템에서 채널 부호화가 강조되는 이유를 본장에서 자세히 살펴본다.

9.6.1 변조

변조(modulation)는 송신 RF 신호의 크기, 위상, 주파수의 변화를 통해 수행된다. OFDM 시스템의 경우, 크기와 위상 변화를 이용한 방식이 사용 될 수 있다. 주파수 변조는 OFDM 시스템의 부반송파가 주파수 영역에서 직교 (orthogonal)하고 독립적 정보를 담고 있으므로 사용 될 수 없다. 부반송파의 부주파수를 변조하면 직교성이 보장되지 않으므로 주파수 변조는 OFDM시스템에서 사용되지 않는다.

변조기의 설계에 있어서 가장 많이 고려해야 할 부분은 성상도(constellation)이다. 성상도는 하나의 심볼에 전송되는 점들의 집합이다. 사용되는 성상도는 비트 오류율(BER), 최대전력 대 평균전력 비 (peak to average power ratio, PAPR), RF 스펙트럼 형태 등의 통신 시스템의 여러 특성에 중요한 영향을 미친다. 성상도에 있어서 가장 중요한 파라미터는 최소 거리(minimum distance)이다. 최소 거리 (dmin)는 성상도의 두 점 사이의 가장 가까운 거리를 의미한다. 따라서 dmin 는 판정 오차를 발생시키기 위해 필요한 최소 잡음의 양을 결정하게 된다. 성상도의 실제적인 BER, 또는 Pb는 대다수의 경우에 있어서 식 9.2에 정의된 Q-함수의 값은 0의 평균과 단위 분산의 랜덤 변수를 갖는 확률 밀도함수의 tail 내의 면적과 같다.

$$Q(x) = \frac{1}{\sqrt{2\pi}} \int_x^{\infty} e^{-\frac{t^2}{2}} dt \quad x \geq 0 \tag{9.2}$$

Pb는 비트 당 에너지와 잡음의 비, Eb/N0, 또는 신호 에너지와 잡음의 비, Es/N0의 함수이고, 이 비는 심볼 당 전송된 비트이 수 k와 비례 관계에 있다. 신호 품질의 정도로서 사용되는 Eb/N0의 유용성은 이 장의 뒷부분에 있는 "채널 부호화"에서 설명하는 여러 부호화 방식을 통해 알 수 있다. Q-함수의 항으로 자주 사용되는 성상도에 대한 Pb 식은 식 9.3과 같이 표현할 수 있다.

$$P_b \cong Q\left(\frac{E_b}{N_0}\right) \tag{9.3}$$

Q-함수의 값은 함수내의 변수 값이 커질수록 감소하므로, 식 9.3에서 Eb/N0가 커지게 되면 성능이 개선됨을 의미한다. 각각의 성상도는 동일한 Eb/N0값에 대해서 각각 다른 dmin값을 갖게 되며, 주어진 Eb/N0에 대해서는 가장 큰 dmin를 갖는 성상도가 가장 좋은 성능을 갖게 된다. 식 9.3에 주어진 Pb식에서 이러한 영향은 Q-함수의 변수와 해당 값에 가중치가 취해지는 결과로 나타난다.

최소 거리는 성상점의 수 M, 평균 전력 P, 성상도의 모양 등 여러 요소에 영향을 받는다. 가장 중요한 요소는 성상도의 성상점 M=2k의 수로서, 이는 하나의 심볼 당 전송되는 비트의 수 k에 따라 변한다. 평균 전력 Pave는 전송 전력에 따라 변하며, 성상도의 크기를 크거나 작게 만든다. 결과적으로, 서로 다른 성상도 사이의 공정한 성능 평가를 위해서는 성상도의 dmin를 계산할 때 Pb가 1이 되도록 정규화해야 한다. 성상도의 평균 전력은 식 9.4에 보이는 바와 같이 성상도의 모든 M개의 성상점 Ck의 전력의 평균을 취함으로써 계산된다.

$$P_{ave} = \frac{1}{M}\sum_{k=1}^{M}|C_k|^2 \tag{9.4}$$

9.6.1.1 동기 변조

동기 변조 (coherent modulation)는 송신단과 수신단 RF 반송파 파형 사이에 위상이 맞추어져 있는 (phase lock) 통신 시스템에서 사용된다. 동기 변조는 성능이 개선되지만 이 장의 뒷부분에서 설명하는 비동기 변조 방식에 비해 수신기의 복잡도가 증가한다. 동기 변조의 성능 이득은 시스템이 큰 성상도를 사용할 경우 크게 증가한다. IEEE 802.11a와 같은 고속의 통신 시스템에서는 일반적으로 동기식 변조를 사용한다.

① 진폭 천이 변조

진폭 천이 변조 (Amplitude Shift keying, ASK)는 반송파의 진폭을 변화시킴으로써 정보를 전송한다. 식 9.5는 ASK 변조의 반송파 파형을 보여준다. 변조는 선택된 진폭 레벨을 해당 반송파 파형에 곱함으로써 이루어지며, 이 때 전송될 비트에 이에 해당하는 심볼 $\{A_1, \ldots, A_M\}$을 선택함으로써 이루어진다.

$$s(t) = A_k \cos(w_c t) \tag{9.5}$$

그림 9.12 은 여러 다른 ASK 변조 (a) 2-ASK 또는 BPSK, (b) 4-ASK, (c) 8-ASK를 보여준다. 그림 9.12에서 모든 변조는 동일한 최소 거리 $d^2_{\min}$의 정보가 필요하다. SNR 증가는 성상도 상에서 비트가 추가될 때마다 대략 6dB 정도이기 때문에 큰 ASK 변조는 거의 사용되지 않는다. 2-ASK 변조는 가장 낮은 성상도이기 때문에 SNR 증가가 없다. IEEE 802.11a 시스템에서는 가장 낮은 2-ASK 변조를 사용하고 더 높은 변조의 경우 위상 천이 변조 (Phase Shift Keying, PSK)와 직교 직폭 변조 (Quadarature Amplitude Modulation, QAM)를 사용한다.

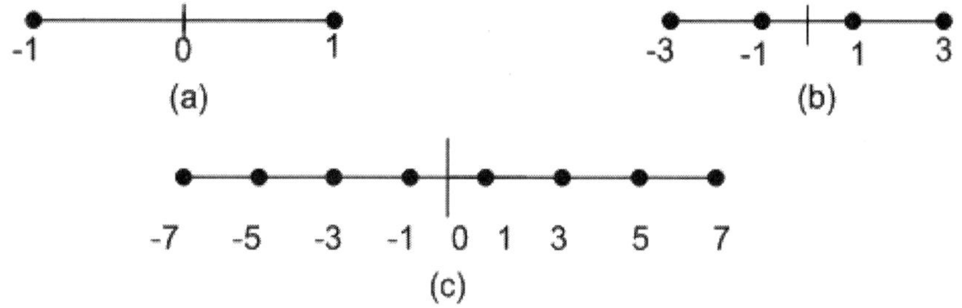

〈그림 9.12〉 ASK 변조 (a) 2-ASK, (b) 4-ASK, (C) 8-ASK

〈표 9.1〉 ASK 변조의 거리 특성

Modulation	P_{ave}	d^2_{min} Normalized	SNR Inrease
2-ASK	1	4	-
4-ASK	5	4/5	6.99 dB
8-ASK	21	4/21	6.23 dB

이진 ASK의 비트 오류율 Pb는 가장 기본적인 오류 확률이며(식 9.6 참조), 그림 9.12는 2-ASK의 Pb를 보여 준다. 그림 9.12에서 8.0dB에서 Pb=2*10-4나 9.6dB에서 Pb=10-5과 같은 값은 이 곡선의 참조점으로서 모의 실험 결과를 확인하기 위해서 유용하게 사용될 수 있다. 성상도의 성상점 수가 증가하게 되면 정확한 이론적 Pb의 식이 복잡하게 되므로 심볼 오류율 Ps나 Pb의 근사치가 일반적으로 사용된다.

$$P_b = Q\left(\sqrt{\frac{E_b}{N_0}}\right) \tag{9.6}$$

M-ary ASK 변조의 오류율 Ps는 식 9.7과 같다. 비트 오류율 Pb는 식 9.8에서와 같이 Ps를 심볼 당 비트수로 나눔으로써 근사화된다. 일반적으로 심볼 오류가 발생할 경우 비트 오류의 수는 하나 이상이기 때문에 이 Pb에 관한 식은 근사치가 된다. 즉, 식 9.8에서는 각 심볼 오류가 단지 하나의 비트 오류를 발생시킨다는 가정을 하였다. 그러나 Gray 부호화를 사용하면 대부분의 심볼 오류의 경우, 비트 오류의 개수는 하나가 된다. 이러한 근사화 방법을 통해 높은 SNR 상황에서의 성능이 개선된다.

$$P_s = 2\frac{M-1}{M}Q\left(\sqrt{\frac{A^2}{2N_0}}\right) \tag{9.7}$$

식 9.7에서 A는 심볼 레벨 사이의 차이를 의미한다. 예를 들어, 그림 9.12에 있는 성상도에서 A=2 가 된다.

$$P_b \approx \frac{P_s}{\log_2 M} = \frac{P_s}{k} \tag{9.8}$$

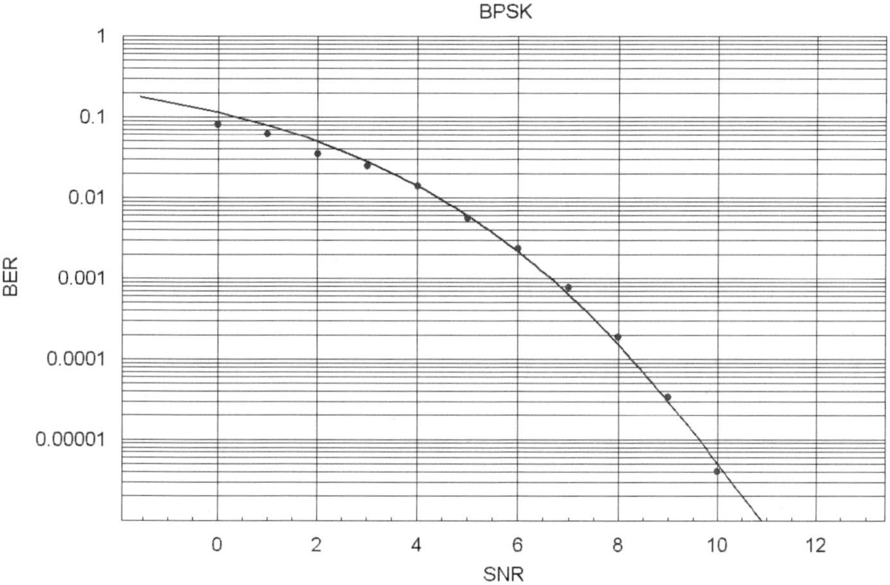

〈그림 9.13〉 BPSK 비트 오류율

② 위상 천이 변조

위상 천이 변조(Phase Shift Keying, PSK)는 반송파의 위상을 변화시키고 진폭은 일정하게 유지하면서 정보를 전송하는 방식이다. 따라서 PSK 변조는 상 진폭 변조(constant amplitude modulation, CAM)라고도 한다. 식 9.9는 PSK의 반송파 파형을 보여준다. 변조는 Φk항에 의해서 수행된다.

$$s(t) = \cos(w_c t + \Phi_k) \tag{9.9}$$

CAM 방식은 PAPR이 실제로 1이 된다는 장점이 있다. 그러나 이는 단일 반송파 시스템에서만 가능하다. 비록 각각의 부반송파가 일정한 진폭을 갖지 않게 되기 때문이다. CAM을 사용하여 얻는 또 다른 이점은 송수신단에서 RF설계가 간단해 진다는 것이다. OFDM 신호는 일정한 진폭을 갖지 않기 때문에 CAM을 사용한 OFDM 시스템의 이점은 없다.

그림 9.14은 (a) 2-PSK 또는 이진 PSK(BPSK), (b) 4-PSK 또는 직교 PSK(QPSK), (c) 8-PSK의 예를 보여준다. BPSK는 2-ASK와 동일하다. 이 그림은 PSK 변조가 Inphase(I)와 Quadrature(Q) 반송파를 어떻게 사용하는지 보여주고 있으며 이 경우 변조는 이차원에서 이루어진다. 성상도에 있어서 차원이 증가하면 성상점의 개수가 증가하고 $d_{\min}^2$의 개선이 이루어진다.

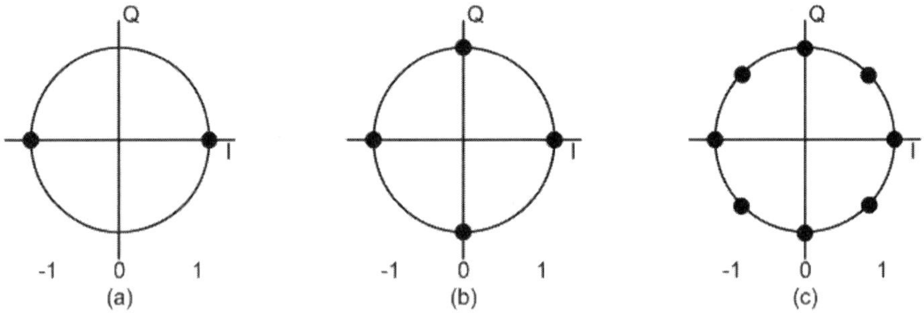

〈그림 9.14〉 PSK 변조 방식 (1) BPSK, (b) QPSK, (c) 8-PSK

표 9.2는 2포인트부터 16포인트까지의 PSK 성상도에서 요구되는 SNR의 증가량을 보여주고 있다. 2-ASK에서 4-ASK로 변할 경우 요구되는 SNR의 증가량이 6.99dB인데 비해, BPSK에서 QPSK로 변할 경우 SNR의 증가량은 3dB임을 알 수 있다. 그러나 성상점의 수가 16까지 증가하게 되면 심볼 당 하나의 비트가 추가될 때마다 증가되는 SNR이 ASK 변조에서와 같이 6dB로 수렴한다. 이러한 변화는 비록 PSK 성상도가 2차원이라도 반송파의 위상이라는 1차원의 자유도만을 갖는다는 것을 의미한다. 따라서 8포인트 보다 큰 PSK 변조는 일반적으로 사용되지 않는다.

〈표 9.2〉 PSK 변조의 거리 특성

Moduation	P_{ave}	$d^2_{\min}$ *Normalized*	*SNR Increase*
BPSK	1	4.00	–
QPSK	1	2.00	3.00 dB
8-PSK	1	0.5858	5.33 dB
16-PSK	1	0.1522	5.85 dB

PSK 변조의 심볼 오류율은 BPSK와 QPSK의 경우와 같이 정확히 유도될 수 있다. BPSK의 경우는 식 9.6과 동일하며, QPSK의 경우 P_s의 표현은 BPSK와는 다르게 다음 식과 같이 다소 복잡해진다.

$$P_s = 2Q\left(\sqrt{2\frac{E_b}{N_0}}\right)\left[1-\frac{1}{2}Q\left(\sqrt{2\frac{E_b}{N_o}}\right)\right] \tag{9.10}$$

고차원 PSK 변조의 P_s는 식 9.11과 같이 근사화 된다. 비트 오류율 P_S를 비트수 $k=\log_2 M$로 나눔으로써 근사화될 수 있다.

$$P_s = 2Q\left(\sqrt{\frac{E_b}{N_0}}\right)\sin\left(\frac{\pi}{M}\right) \tag{9.11}$$

③ 직교 진폭 변조

직교 진폭 변조(Quadrature Amplitude Modulation 이하 QAM)는 반송파의 위상과 진폭을 모두 변화시키며, ASK와 PSK의 조합으로 만들어진다. 식 9.12는 I와 Q 반송파 모두 변조하는 IQ 형태의 QAM 신호를 보여준다. 식 9.13는 QAM에서의 진폭과 위상이 어떻게 변조되는지를 보여준다.

$$s(t) = I_k\cos(w_c t) - Q_k\sin(w_c t) \tag{9.12}$$

$$= A_k\cos(w_c t + \phi_k)\cdot \tag{9.13}$$

식 9.13에서 위상과 진폭의 항은 식 9.14와 식 9.15로부터 계산된다.

$$A_k = \sqrt{I_k^2 + Q_k^2} \tag{9.14}$$

$$\phi_k = \tan^{-1}\left(\frac{Q_k}{I_k}\right) \tag{9.15}$$

그림 9.15는 QAM 성상도 (a) 4-QAM 또는 QPSK, (b) 8-QAM, (c) 16-QPSK을 보여준다. 여기서 QPSK와 16-QAM은 매우 자주 사용되는 변조방식이다. 반면에 8-QAM은 대칭되지 않는 다소 부자연스런 모양 때문에 자주 사용되지 않고 반드시 필요한 상황에서만 사용된다. 8-QAM의 모양은 그림 9.15(b)와 같은 형태외에도 여러 모양이 있을 수 있다.

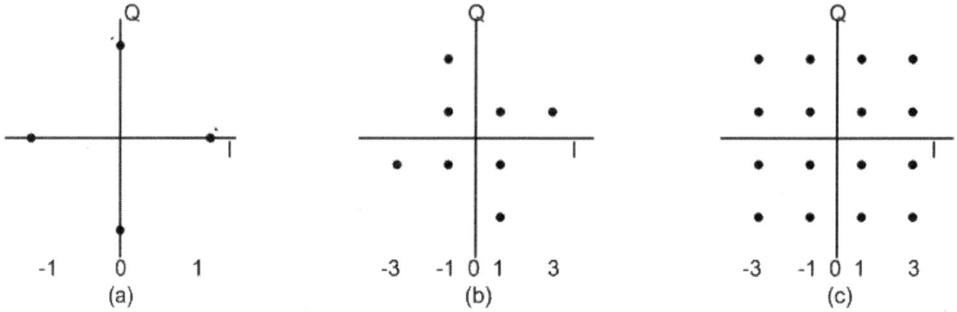

〈그림 9.15〉 QAM 성상도, (a) QPSK, (b) 8-QAM, (c) 16-QAM

표 9.3은 QAM의 $d_{\min}^2$가 성상도 크기에 따라 어떻게 변화하는지를 보여주고 있다. QPSK에서 8-QAM로 변할 경우 사도 이례적으로 최소 거리면에서 성능이 개선됨을 확인할 수 있으나, 이는 이 책에서 사용한 예가 규칙적인 현태의 8-QAM이기 때문이다. 16-QAM에서 32-QAM로 변화할 경우 동일한 BER 성능을 갖기 위해 요구되는 SNR의 증가량이 3dB임을 알 수 있다. 심볼 당 추가되는 비티마다 3dB SNR의 증가가 요구되는 것은 QAM 성상도에서 일반적인 현상이다.

QAM 변조의 심볼 오류율은 QAM을 I와 Q반송파에서의 두 개의 독립적인 ASK 변조로 간주함으로써 근사화될 수 있다. 식 9.16은 이러한 관계를 보여준다.

〈표 9.3〉 QAM 변조의 거리 특성

Moduation	P_{ave}	$d^2_{\min}$ *Normalized*	*SNR Increase*
BPSK	1	4.00	–
QPSK	1	2.00	3.00 dB
8-PSK	1	0.5858	5.33 dB
16-PSK	1	0.1522	5.85 dB

$$P_s \approx 4\left(1-\frac{1}{\sqrt{M}}\right)Q\left(\sqrt{\frac{3E_s}{(M-1N_o)}}\right) \tag{9.16}$$

성상점(constellation)에 비트의 패턴을 부여할 경우 선택된 비트 표시 방식(labeling scheme)에 따라 성능이 달라지게 되므로 비트 패턴이 최적화 되어야 한다. 그림 9.16는 16-QAM 성상점에 비트 패턴을 할당하는 일반적인 방식을 보여주고 있다. 그림에서 9.16(a)는 자연적인 순서로 표시하였고 그림 9.16(b)는 Gray 부호화된 표시 방식을 사용하였다. 그림 9.16에서 성상점의 위에는 십진수로 표시하였고, 아래에는 이에 해당하는 이진수로 표시하였다. 자연적 순서에 의한 표시는 0에서 15까지의 성상점에 십진수를 사용하여 자연스럽게 할당하는 방식이다. 그러나 이러한 자연적 순서에 의한 표시 방식은 성상점을 표현하는 실제의 비트 패턴상에서 아래의 단점을 갖고 있다.

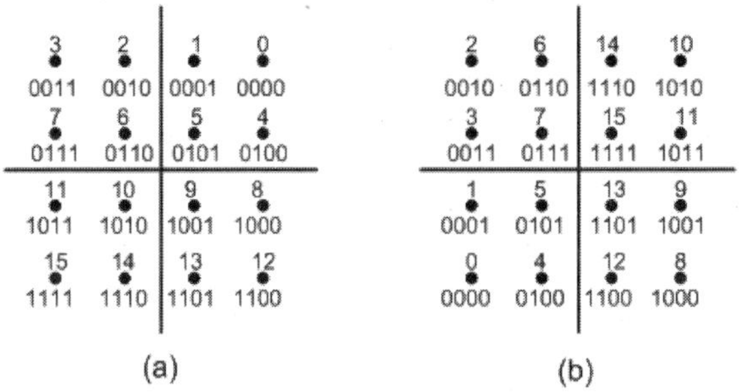

〈그림 9.16〉 (a) 자연적 순서의 QAM 성상점의 정상 순서

(b)Gray부호화된 QAM 성상점

예를 들어, 1로 표시된 성상점이 전송됐으나 2로 수신 받은 경우의 오류를 생각해 보자. 이러한 인접 성상점 사이의 오류는 수신단에서 있을 수 있는 가장 일반적인 오류이다. 이 때 1(0001)과 2(0010)로 표현되는 비트 패턴을 살펴보면 하나의 심볼 당 두 비트를 잘못 수신한 결과가 되므로 두 비트의 오류가 발생한다. Gray 부호화는 인접 성상점 사이의 심볼 오류가 발생한 경우 한 비트의 오류가 발생하게 되어 동일한 심볼 오류율에 대해서 비트 오류율이 감소하게 된다. Gray 부호화된 성상도에서 14(1110)과 6(0110)의 예를 보면 가장 왼쪽의 비트만이 틀리다는 것을 알 수 있다. IEEE 802.11a와 HiperLAN/2에서 사용되는 모든 성상도는 Gray 부호화를 규격으로 하고 있다.

9.6.1.2 동기 변조의 검출

수신단은 필수적으로 요구되는 모든 동기화를 수행한 후에 실제로 무엇을 수신했는지를 결정하는 과정을 수행한다. 이 과정은 수신된 심볼이 어떠한 전송 비트와 가장 유사한지를 결정하는 검출기(detector)나 복조기(demodulator)에 의해서 수행된다. 판정(decision)은 각각의 전송된 비트에 대해 얼마나 많은 정보가 제공되느냐에 따라 경판정(hard decision)과 연판정(soft decision)으로 나눌 수 있다.

① 경판정 검출

경판정(hard decision) 복조기 또는 슬라이서(slicer)는 0또는 1의 비트가 전송됐는지 여부만을 판단한다. 따라서 복조기의 출력은 0과 1만이 나올 수 있다. 또한 경판정 복조기는 송신단 변조기의 입력의 수로서 정의되기도 한다. 만일 송신단 변조기 입력의 경우의 수와 수신단 복조기 출력의 경우의 수가 같다면 복조기는 경판정을 이용하는 것이다. 만일 복조기가 송신단 변조기 입력의 경우의 수보다 더 많은 정보를 출력한다면 그 시스템은 연판정을 사용하는 것이다.

그림 9.17은 QPSK 성상도의 판정 경계영역(decision boundary)을 보여주고 있다. 판정 경계영역을 이용하여 수신된 심볼이 어떻게 비트로 대응되는지를 결정하게 된다. 기본적으로, 최대 근산 판정(maximum-likelihood decision)은 수신된 심볼에 가장 근접한 성상점을 판정하는 것이고, 경판정은 성상점에 할당된 비트를 결정한다. 예를 들어, 그림 9.17에서 x로 표시된 부분은 수신 심볼의 위치를 나타낸다. 이 점은 양의 I축상의 성상점에

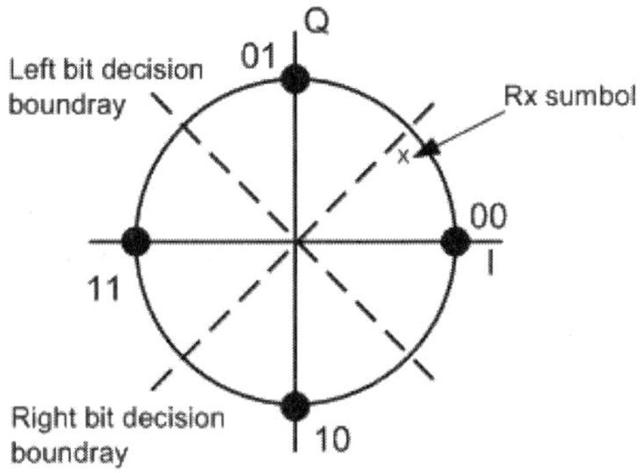

〈그림 9.17〉 QPSK 성상도의 경판정 경계영역

가장 근접해 있기 때문에 경판정 비트는 00이 된다.

② 연판정 검출

연판정(soft decision) 복조기는 "soft"한 비트를 출력으로 내보낸다. 이는 판정의 신뢰성에 대한 정보를 포함하고 있는 0과 1을 출력한다는 것을 의미한다. 이러한 추가 정보는 채널 부호화의 성능을 크게 향상시키며 그 영향을 "채널 부호화"에서 설명할 것이다. 연판정을 수행하기 위해서 복조기는 수신된 각각의 비트를 고려해야 한다.

그림 9.17에 있는 수신 심볼을 살펴보면 표시된 부분이 비트 00과 01에 해당하는 심볼 사이의 판정 경계에 가깝게 위치하는 것을 확인할 수 있다. 왼쪽의 비트가 1로 바뀌기 위해서 심볼은 좌측 비트 판정 경계(left bit decision boundray)를 가로질러야만 한다. 수신 심볼은 이 경계에서 멀리 떨어져 있기 때문에 왼쪽 비트는 큰 신뢰을 갖고 있다. 반면에 수신 심볼이 우측 비트 판정 경계(right bit decision boundray)의 밑이 아니라 위에 있다면 오른쪽 비트는 0에서 1로 변할 것이다. 이러한 변화는 약한 잡음에도 민감하게 반응하는 것이므로 오른쪽 비트는 큰 신뢰성을 갖고 있지 않다. 이러한 신뢰성에 대한 차이를 반영하기 위해서, 연판정에서는 첫 번째 비트를 표현할 때 큰 절대값을 사용하고 두 번째 비트를 표현할 때 작은 절대 값을 사용한다.

연판정의 부호로는 0 또는 1을 사용하며, 각각의 연판정의 절대값은 판정 경계까지의 거리를 뜻한다. "채널 부호화" 절에서 IEEE 802.11a에서 사용되는 콘벌루션 오차 정정 부호화의 연판정과 경판정의 성능을 분석한다.

9.6.1.3 비동기 변조

비동기 변조(non-coherent modulation)는 송신단과 수신단 사이에 위상이 맞추어져 있지 않는 시스템이다. 이는 수신된 심볼이 전송된 심볼과는 다르게 임의로 회전되고 감쇄될 수 있음을 의미한다. 따라서 ASK, PSK, 또는 QAM 변조는 수신된 심볼이 송신한 위상과 진폭에 가까운 위상과 진폭을 갖고 있어야 하므로 비동기 변조에서 사용될 수 없다. 그러므로 비동기 변조 방식으로 차등 PSK(Differential PSK 이하 DPSK)나 차등 APSK (Differential APSK 이하 DAPSK)변조가 사용된다. 차등 변조 방식은 전송되는 정보를 하나의 심볼에서 다음 심볼까지 변화하는 위상, 혹은 위상과 진폭의 변화로 부호화한다. 이러한 부호화 기법을 사용할 경우 전송되는 심볼이 전 심볼에 따라 변하기 때문에 신호에 기억성(memory)이 생기게 된다. 따라서 복조기는 판정과정에서 두 연속하는 심볼을 함께 고려해야 한다.

차등 부호화를 사용하면 수신기의 구조가 간단해진다. 비동기식 수신기는 동기화 알고리즘을 필요로 하지 않으며, 반송파 위상과 채널의 영향에 관한 절대 정보를 필요로 하지 않기 때문에 위상 추적(phase tracking)과 채널 추정(channel estimation)의 과정이 필요 없다. 만일 시스템이 부반송파 사이의 직교성 상실로 인해 발생되는 ICI에 어느 정도의 인내성(tolerance)을 갖고 있다면 반송파 주파수 추정 과정도 필요없게 된다. 그러나 비동기식 변조는 수신단 설계과정이 간단해짐에도 불구하고 고속의 통신 시스템에서 널리 사용되지 않는다. 모든 IEEE 802.11a와 HiperLAN/2 변조는 동기식인데, 그 이유는 차등 방식을 사용한 경우 성능의 손실이 발생하기 때문이다. 반면에 저속 통신 시스템에서는 DPSK 차등 변조 방식을 종종 사용한다. 예를 들어 DAB 시스템은 차등 변조 방식을 사용한다.

① 차등 위상 천이 변조

차등 위상 천이 변조(Differential Phase Shift Keying 이하 DPSK)는 데이터 비트에 따라 현재의 반송파 위상 값으로부터 위상을 변화시킨다. 이진 DPSK의 경우, 부호화 과정은 비트 단위에서 이루어지며, 식 9.17에 주어진 바와 같이 전송되는 비트 b_n은 데이터 비트 d_n의 이진 XOR 연산을 통해 이루어진다.

$$b_n = d_n \oplus d_{n-1} \tag{9.17}$$

차등 위상 천이 변조는 식 9.18에서와 같이 반송파 위상의 변화로써 직접 표현되기도 한다.

$$s(t) = \cos(w_c t + \Delta\phi_n + \phi) \tag{9.18}$$

여기서 ϕ는 송신단과 수신단 사이의 알려지지 않은 위상차를 나타내고, $\Delta\phi_n = \phi_n - \phi_{n-1}$는 두 개의 PSK로 변조된 신호의 위상차를 의미한다. DPSK는 간단한 수신기 구조가 필요한 통신 시스템에서 사용된다. M-DPSK 변조의 성상도는 M-PSK에 해당하는 성상도와 동일하고 단지 성상점에 대한 비트의 할당이 다르다.

② 차등 진폭 위상 변조

차등 진폭 위상 변조(Differential Amplitude Phase Modulation 이하 DAPSK)는 차등 위상 변조와 차등 진폭 변조를 합한 형태를 갖는다. 그림 9.18은 위상 변조를 위해 세 비트 혹은 8가지 레벨을 사용하고, 진폭 변조를 위해 두 비트 혹은 4가지 레벨을 사용하는 32 포인트 DAPSK를 보여준다.

차등 위상 변조는 일반적인 DPSK와 유사하다. 반면에 차등 진폭 변조에서는 동기식 진폭 변조와 달이 성상도의 모양이 변하게 되는데, 그 이유는 송신되는 심볼의 진폭이 채널에 의해서 얼마나 변하는지를 알 수 없기 때문이다. 즉, 수신단에서 채널에 의해 송신 심볼이 얼마나 감쇄되는지 알 수 없으면 심볼을 정확히 검출할 수 없다. 식 9.19는 송신되는 심볼이 H_k일 때, 수신되는 OFDM 부반송파 심볼 R_k를 보여주고 있다.

$$R_k = H_k X_k \tag{9.19}$$

진폭 변조된 신호를 복구하기 위해서 수신단은 식 9.20에서와 같이 수신되는 심볼의 진폭만을 사용하게 된다.

$$|R_k| = |H_k X_k| = |H_k||X_k| \tag{9.20}$$

차등 변조가 사용되는 상황에서는 두 연속되는 심볼 동안 채널과 반송파 위상이 일정하다고 가정한다. 따라서 식 9.21에서 식 9.23에서와 같이 두 연속하는 심볼간에 채널의 영향은 상쇄된다.

$$Y_k = \frac{|H_k||X_k|}{|H_{k-1}||X_{k-1}|} \tag{9.21}$$

$$= \frac{|H_k||X_k|}{|H_k||X_{k-1}|} \tag{9.22}$$

$$= \frac{|X_k|}{|X_{k-1}|} \tag{9.23}$$

채널은 곱의 형태로 영향을 미치기 때문에 가산성(additive)의 차등 진폭 변조를 사용하는 것은 어렵지만, DPSK의 경우에는 수신 심볼 위상에서의 채널의 영향이 가산적이므로 채널의 영향이 나눗셈(division)이 아닌 감산(subtraction)에 의해서 상쇄될 수 있다.

다음은 성삼도의 진폭 레벨을 결정하는 문제이다. 그림 9.18은 1, a, a^2, a^3 의 진폭 레벨을 갖는 성상도를 보여 준다. 즉, 정보는 하나의 진폭 레벨에서 다른 진폭 레벨로 건너뛰면서(jump) 부호화된다. 예를 들어, 01은 진폭 레벨의 한 단계 건너뜀을 의미한다. 곱의 형태로 이루어지는 차등 진폭 변조의 부호화는 $D_k \in \left\{ \frac{1}{a^3}, \frac{1}{a^2}, \frac{1}{a}, a, a^2, a^3 \right\}$를 사용하여 다음과 같이 주어진다.

$$Y_k = D_k Y_{k-1} \tag{9.24}$$

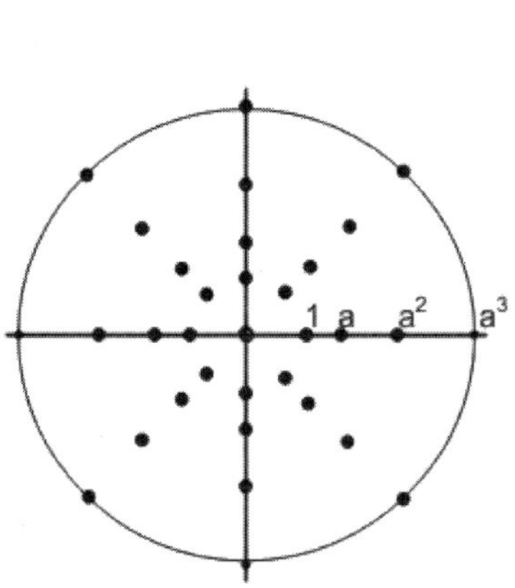

〈그림 9.18〉 32포인트 차등 진폭
위상 변조

여기서 진폭에 곱을 할 경우에는 DPSK 변조의 경우에서의 위상 덧셈처럼 주기적이지 않기 때문에 분수값이 포함되게 된다. 이때, D_k의 값은 입력 비트와 Y_{k-1}의 값에 따라 변하게 된다. D_k의 값은 진폭의 건너뜀이 a^3이후에는 1로 회귀되도록 선택된다. 예를 들어, $Y_{k-1} = a^2$이고 두 단계의 진폭의 건너뜀이 필요하다면 $D_k = \frac{1}{a^2}$이 되며, 이 경우 $Y_k = a^2 \frac{1}{a^2} = 1$이 된다. 따라서 두 단계의 진폭 레벨의 변화는 $a^2 \rightarrow a^3 \rightarrow 1$이 된다.

이러한 곱셈을 사용한 부호화 방식을 사용하게 되면 성상도의 중앙에 있는 점들이 서로 가깝게 위치하게 된다. 이는 차등 진폭 변조에서 피할 수 없는 단점이 된다. 이러한 영향으로 중앙에 있는 성상점들은 최소거리가 감소되어 바깥쪽의 진폭 레벨에 있는 성상점과 달리 성능이 열화하게 된다.

③ 차등 변조의 검출

차등변조(differential modulation)의 검출은 두 단계로 이루어진다. 먼저 차등 부호가 신호로부터 제거된 후, 보통의 PSK와 QAM 성상도에서 설명된 일반적인 복조가 수행된다. 식 9.25, 9.26은 두 연속 심볼 상이의 위상차를 계산하는 DPSK 검출과정에서 차등 부호가 제거되는 과정을 보여준다.

또한 식 9.26은 동기식 변조에서는 발생하지 않는 성능의 손실이 차등 부호에서는 발생함을 보여준다. 차등 검출에서는 두 심볼이 사용되므로 검출된 심볼 당 잡음의 양이 대략 두 배가 된다.

$$\hat{\theta}_k = \angle(R_k + N_k) - \angle(R_{k-1} + N_{k-1}) \tag{9.25}$$

$$= \theta_k - \theta_{k-1} + \widetilde{N}_k + \widetilde{N}_{k-1} \tag{9.26}$$

동기식 변조와 비교했을 때 DPSK의 성능 손실은 성상도의 크기에 따라 변하는데, DBPSK의 경우는 1-2dB, DQPSK의 경우는 대략 2-3dB, 더 큰 성상도일 경우에는 3dB 정도가 된다.

9.6.1.4 성형과 비선형 변조

변조 방식은 일반적으로 선형 변조(linear modulation)와 비선형 변조(nonlinear modulation)로 구분된다. 이러한 구분은 전송되는 신호가 식 9.27처럼 펄스의 모양 $p(t)$를 갖는 각각의 심볼 a_k의 합으로 표현될 수 있는가의 여부로 설명된다.

$$s(t) = \sum_{k=\infty}^{\infty} a_k p(t - kT) \tag{9.27}$$

비선형 변조는 일반적으로 차등 변조와 같이 변조기에 메모리가 포함되어 있어서 전송되는 심볼이 독립적이지 못하고 전송되는 파형을 만들기 위해서 간단히 지연후합으로써 이루어 질 수 없다.

따라서 차등 변조는 비선형 변조의 예이며, 또 다른 예로 연속 위상 변조(Continuous Phase Modulation 이하 CPM)를 들 수 있다. CPM은 반송파 파형의 위상이 심볼 사이에서 연속적으로 변함으로써 전송되는 심볼의 스펙트럼을 제어한다. CPM에서는 심볼 사이의 변화가 반송파 위상 제어를 하지 않은 경우보다 작기 때문에 신호의 스펙트럼이 좁게 된다. 이러한 CPM 방식은 OFDM에 적합하지 않은데, 그 이유는 OFDM의 스펙트럼 형태가 다중 반송파 특성에 의해 결정되어 직사각형과 같은 형태를 갖기 때문이다. CPM을 OFDM에 적용하기 힘든 또 다른 이유는 신호가 모든 부반송파에 대해서 연속적인 위상을 가져야 하기 때문이다. OFDM 시스템에는 일반적으로 cyclic prefix가 삽입되기 때문에 이러한 과정을 수행하는 것은 어렵거나 불가능하다. 따라서 CPM은 OFDM 시스템에서 사용되지 않는다.

9.7 인터리빙

인터리빙(interleaving)은 전송되는 비트를 시간이나 주파수 영역에서 분산시키거나 복조 이후에 비트 오류를 분산시키기 위해서 사용한다. 어느 정보까지 비트 오류를 분산시킬 것인 가는 사용되는 FEC 부호에 따라 결정된다. 또한 어떤 종류의 인터리빙 패턴이 필요한가는 사용되는 채널의 특성에 따라 변한다. 만일 시스템이 순수한 AWGN 환경에서 동작한다면 오류의 분산이 비트를 재배치함에 따라 변하지 않기 때문에 어떠한 인터리빙 과정도 필요하지 않게 된다. 이러한 통신 채널은 고속 페이딩(fast fading) 채널과 저속 페이딩(slow fading) 채널로 구분된다. 만일 임펄스 응답이 통신 시스템의 심볼에 따라 변한다면 그 채널은 고속 페이딩 채널이고, 몇 개의 심볼동안 채널이 고정된 상태를 유지한다면 저속 페이딩 채널이다.

무선랜 시스템에서는 일반적으로 매우 저속의 페이딩 채널 즉, 준정적(quasi-stationary) 채널을 가정하므로 하나의 패킷동안 채널이 변하지 않는다. 통신 채널의 또 다른 특성은 플랫(flat) 또는 주파수 선택적(frequency selective) 페이딩 채널로서 설명된다. 만일 주파수 응답이 전송되는 신호의 전 대역에 걸쳐 일정하다면 그 채널은 플랫(flat) 하다고 하며, 신호의 대역 내에서 크게 변화한다면 주파수 선택적 채널이라고 한다. 일반적으로 무선랜은 광대역 시스템이며 주파수 선택적 페이딩 채널에서 동작하게 된다. 또한 OFDM은 저속 주파수 선택적 페이딩 채널(slow selective fading channel) 상황에서 사용되는 통신 시스템에 적절한 방식이다.

다이버시티(diversity)는 페이딩 채널에서 통신 시스템의 성능을 개선하기 위한 기술 중의 하나이다. 다이버시티는 일반적으로 각각의 수신되는 정보 비트를 판정하기 위해 채널을 통과한 여러 다른 신호를 이용하는 방식이다. 독립적인 채널을 통과한 신호가 많아질수록 성능의 개선이 증가하게 되는데, 이는 채널 페이딩의 통계적 특성 때문이다. 채널을 통과한 많은 독립적인 신호가 조합될수록 그 모든 신호가 동시에 페이딩 상황에 빠질 가능성이 적어진다. 다이버시티를 위하여 여러 방식이 사용될 수 있는데, 시간, 주파수, 공간을 이용한 다이버시티가 가장 많이 사용된다. OFDM 무선랜은 광대역 특성 때문에 주파수 다이버시티를 사용한다. 시간 다이버시티는 채널의 저속 페이딩 특성 때문에 사용될 수 없다. 만약 채널이 열약한 상황에 놓이게 되면 그 영향이 패킷이 전송되는 구간동안 미치게 되어 수신단에서 오류를 발생시킨다.

인터리빙을 사용하면 정보가 전송된 순서대로 수신단에 입력되지 않기 때문에 시스템의 지연이 발생하게 된다. 대개의 통신 시스템은 항상 시스템이 허용할 수 있는 최대 지연 시간이 있기 때문에 인터리빙의 깊이를 제한해야 한다.

예를 들어, 이동 통신 시스템은 채널이 고속 페이딩 상황에 있기 때문에 항상 시간 다이버시티를 사용하게 된다. 그러나 통화 품질이 크게 떨어지는 것을 막기 위해서 단말기에서 단말기에 이르는 최대 지연 시간이 대부분 20ms 혹은 그보다 작게 제한되어 있기 때문에 시스템에서의 다른 지연 요소를 고려하여 최대 인터리빙 지연이 20ms보다 작게 되어야 함을 의미한다.

9.7.1 블록 인터리버

블록 인터리빙(block interleaving)은 비트로 구성된 한 블록 단위로 이루어진다. 이때 한 블록에 있는 비트의 수를 인터리버의 깊이(interleaving depth)라고 하며, 이에 의하여 인터리빙에 의한 지연이 발생한다. 블록 인터리버는 데이터를 쓸 때는 열로 이루어지고 읽을 때는 행으로 이루어지거나 또는 반대로 이루어지는 행렬로써 표현된다.

그림 9.19은 8×6블록 인터리버를 예를 들어 보여주고 있으며, 이 때 인터리빙 깊이는 48이 된다. 여기서 입력 비트는 $[b_0, b_1, b_2, b_3, \cdots]$의 열 순서로 쓰여지고 인터리빙된 데이터는 $[b_0, b_8, b_{16}, b_{24}, \cdots]$ 순으로 읽혀진다. 이러한 블록 인터리버는 RAM을 사용하여 간단히 구현된다.

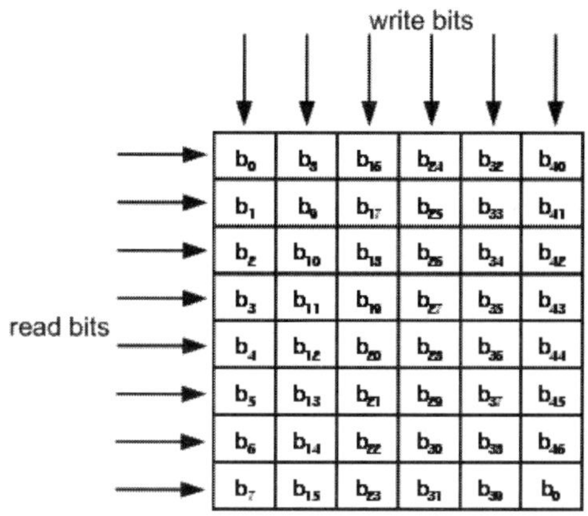

〈그림 9.19〉 8×6 블록 인터리버의 구조

디인터리빙(deinterleaving)은 인터리빙의 반대 과정을 나타낸다. 즉, 디인터리빙을 거친 후 비트는 원래의 순서로 재배치된다. 그림 9.19에 해당하는 디인터리버는 8×6행렬의 전치행렬로 주어지기 때문에, 디인터리버는 수신되는 비트가 열로 쓰여지고 행으로 읽히는 6×8행렬이 된다.

9.7.2 콘볼루션 인터리버

콘볼루션 인터리버(convolution interleaver)는 연속적인 비트 스트림으로 동작하는 시스템에 적절한 인터리빙 방식이며 Ramsey가 제안하였다. 그림 9.20는 콘벌루션 인터리버의 기본 구조를 보여주고 있다. 인터리버는 좌측에 있는 commutator에 비트를 쓰고 우측에 있는 commutator에서 비트를 읽어 내는 형태로 동작한다. 지연 요소(delay element) D는 commutator의 한 주기가 끝난 후, 즉, 가장 마지막 지연 요소가 있는 선에 비트가 쓰여지고 읽혀진 이후에 클럭이 입력된다. 콘벌루션 인터리버를 사용하는 이점은 동일한 인터리빙 깊이에 도달하기 위해 블록 인터리버를 사용하는 이점은 동일한 인터리빙 깊이에 도달하기 위해 블록 인터리버에서 사용되는 메모리의 대략 절반이 사용된다는 점이다. 만일 인터리빙의 깊이가 더 깊어지면 이러한 이득은 더 커진다.

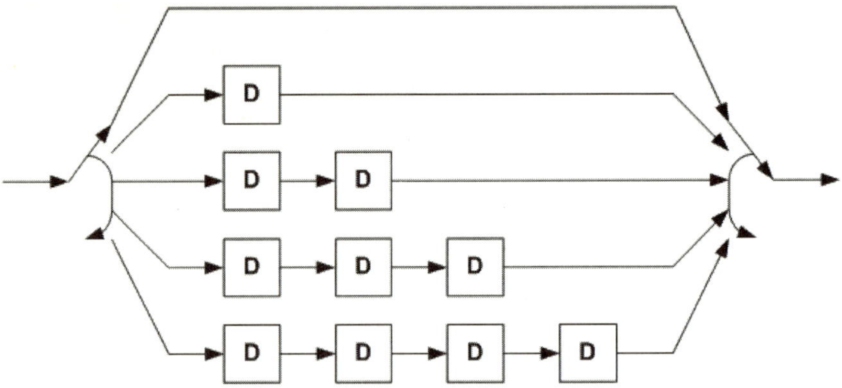

〈그림 9.20〉 콘벌루션 인터리버의 기본 구조

콘벌루션 인터리버의 디인터리빙은 수평축을 기준으로 하여 인터리버를 뒤집은 형태로 이루어진다. 디인터리버의 구조는 인터리버와 동일하지만 디인터리버에서는 가장 긴 지연부분이 위쪽에 위치라고 지연이 없는 부분이 가장 밑에 위치하게 된다. 이 부분을 제외하고 디인터리빙의 과정은 인터리빙의 과정과 동일하다.

9.7.3 IEEE 802.11a에서의 인터리빙

인터리빙은 IEEE 802.11a 규격에서 가장 중요한 구성 요소 중 하나이다. 인터리빙 깊이는 하나의 OFDM 심볼과 같도록 선택된다. 따라서 IEEE 802.11a의 인터리버는 블록 인터리버이다. IEEE 802.11a에서 인터리빙이 성능에 미치는 영향은 주파수 다이버시티의 영향으로 설명된다. IEEE 802.11a는 광대역 통신 시스템이기 때문에 플랫 페이딩 채널 상황에 처하게 되는 경우가 많지 않아 주파수 다이버시티를 이용하는 것이 필수적이다. 전송되는 신호는 광대역 특성을 갖기 때문에 인터리빙과 콘볼루션 채널 부호화를 함께 사용함으로써 주파수 다이버시티를 이용하게 된다.

인터리빙 깊이는 채널이 준정적(quasi-static), 즉, 채널이 전송되는 패킷의 구간 동안은 변하지 않는다고 가정하기 때문에 하나의 OFDM 심볼의 길이와 같다. 따라서 시간상에서 인터리빙에 의해 얻어지는 추가의 다이버시티 이득은 없다. 인터리빙 깊이가 더 증가한다는 것은 기저대역 처리과정에서 지연이 증가한다는 것을 의미한다. 최대 가능한 지연 시간은 IEEE 802.11a MAC 레벨 프로토콜의 Short InterFrame Spacing(SIFS) 타이밍 요구사항에 의해서 제한되며, SIFS 시간은 16μs이다. 따라서 패킷이 끝난 후의 처리과정은 더 짧은 시간 내에 끝나야 한다. 이는 IEEE 802.11의 구현 과정에서 고려해야 하는 가장 중요한 요구 사항 중의 하나이다.

비트의 단위를 갖는 인터리빙 깊이는 사용되는 변조 방식에 따라 변한다. BPSK, QPSK, 16-QAM, 64-QAM은 각각 48, 96, 192, 288 비트의 인터리빙 깊이를 갖는다. 각각의 변조에 따른 인터리빙의 깊이는 데이터 부반송파의 수와 심볼 당 비트의 수를 곱함으로써 계산된다.

그림 9.21과 9.22는 75ns의 rms 지연 확산을 갖는 레일레이 페이딩 채널에서 IEEE 802.11a의 12Mbits/s 모드의 경우에 해당하는 BER과 PER곡선을 보여주고 있다.

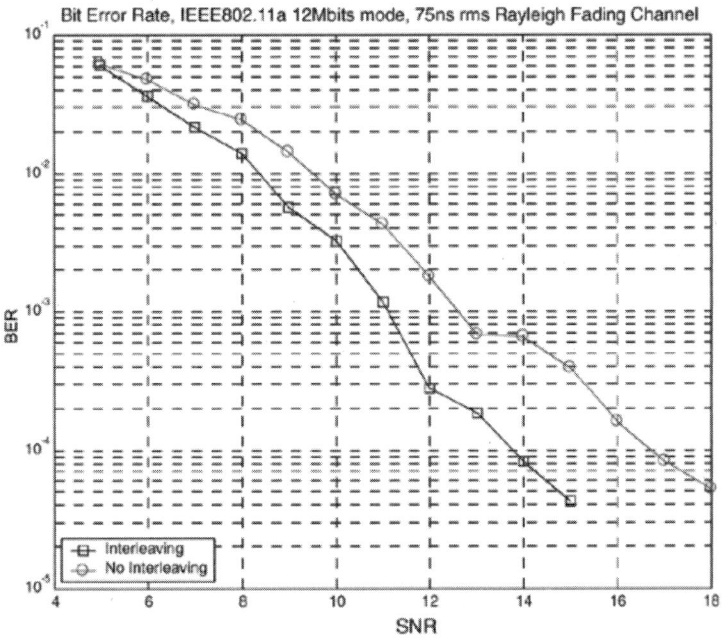

〈그림 9.21〉 75ns rms 지연 확산을 갖는 레일레이 페이딩 채널 상황에서 인터리빙의 사용 여부에 따른 IEEE 802.11a 12Mbits 모드의 비트 오류율

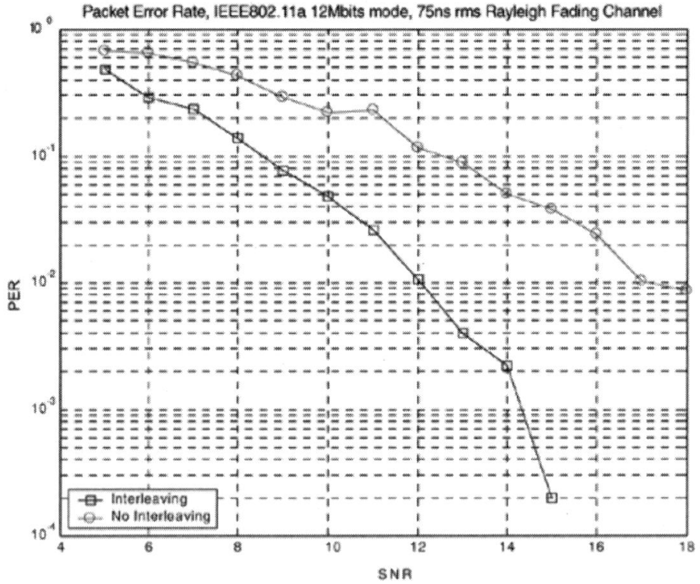

〈그림 9.22〉 75ns rms 지연 확산을 갖는 레일레이 페이딩채널 상황에서 인터리빙의 사용 여부에 따른 IEEE 802.11a 12Mbits 모드의 패킷 오차율

인터리버의 영향은 PER에서 크게 나타나는데, 1% PER에서 인터리버에 의한 이득은 대략 5dB이다. 또한 그림 9.22은 곡선의 기울기가 인터리버를 사용한 경우에 더욱 커지는 것을 알 수 있는데, 이는 다이버시티 이득에 의하여 발생한 것이다.

9.8 MATLAB 응용

① 9.6절에 나타나 있는 위상천이 변조방식들을 MATLAB을 이용하여 성능 차이를 분석해보자.

Matlab Source

```
%% MATLAB을 이용한 신호및시스템 9.1%%


EbNodB=-4:1:16;
```

```
EbNo=10.^(EbNodB./10);
EsNodB=10.*log10(EbNo.*log2(M));
EsNo=10.^(EsNodB./10);
M_2=q(sqrt(2.*EsNo));
M_4=2.*q(sqrt(2.*EbNo)).*(1-0.5.*q(sqrt(2.*EbNo)));
M_8=2.*q(sqrt(2.*EsNo).*sin(pi./8));
M_16=2.*q(sqrt(2.*EsNo).*sin(pi./16));
figure
semilogy(EsNodB,M_2,'r',EsNodB,M_4,'b',EsNodB,M_8,'g',EsNodB,M_16,'k')
axis([0 25 10e-6 1 ]);
legend('M=2','M=4','M=8','M=16');
grid on
```

Matlab Figure

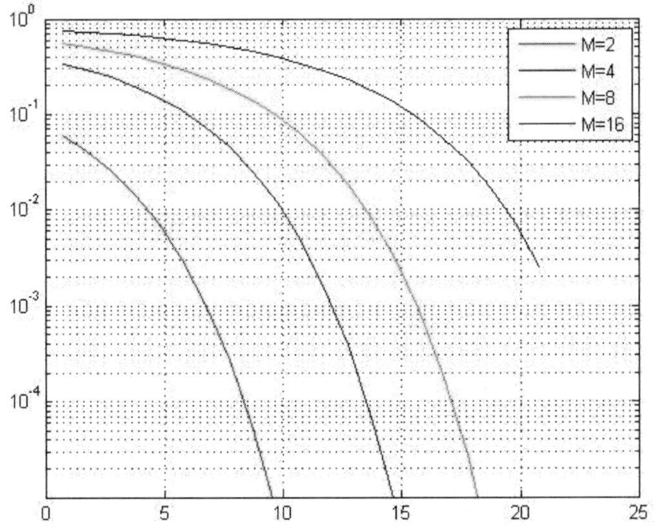

② MATLAB을 이용하여 OFDM 신호를 생성하고 스펙트럼을 분석해보자.

Matlab Source

```
% digital symbol mapped as analog symbol
 Y1 = modmap(X, Fd, Fs, 'qask', M);
 % covert to complex number
 Y2=amodce(Y1,1,'qam');
for j=1:Nsym;
    for i=1:Sdata;
        Y3(i+Slen/2-Sdata/2,1)=Y2(i+(j-1)*Sdata,1);
    end
    z0=ifft(Y3);
    for i=1:Slen;
            z1(((j-1)*Slen)+i)=z0(i,1);
    end
    for i=1:Slen;
        g(i+16)=z0(i,1);
    end
    for i=1:GI;
        g(i)=z0(i+Slen-GI,1);
    end
    for i=1:GIlen;
        z2(((j-1)*GIlen)+i)=g(i,1);
    end
 end
% graph on time domain
 figure(1);
 f = linspace(-Sdata,Sdata,length(z1));
 plot(f,abs(z1));
 title('OFDM signal');
 Y4 = fft(z1);
 % if Y4 is under 0.01 Y4=0.001
```

```
for j=1:Ndata/Sdata*Slen;
   if abs(Y4(j)) < 0.01
      Y4(j)=0.01;
   end
end
Y4 = 10*log10(abs(Y4));
% graph on frequency domain
figure(2);
f = linspace(-Sdata,Sdata,length(Y4));
plot(f,Y4);
axis([-Slen/2 Slen/2 -20 20]);
title('OFDM spectrum');
```

Matlab Figure

OFDM signal

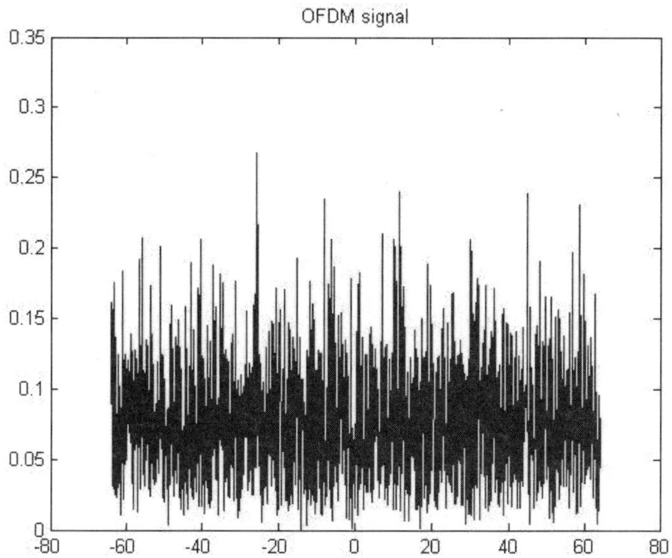

OFDM Spectrum

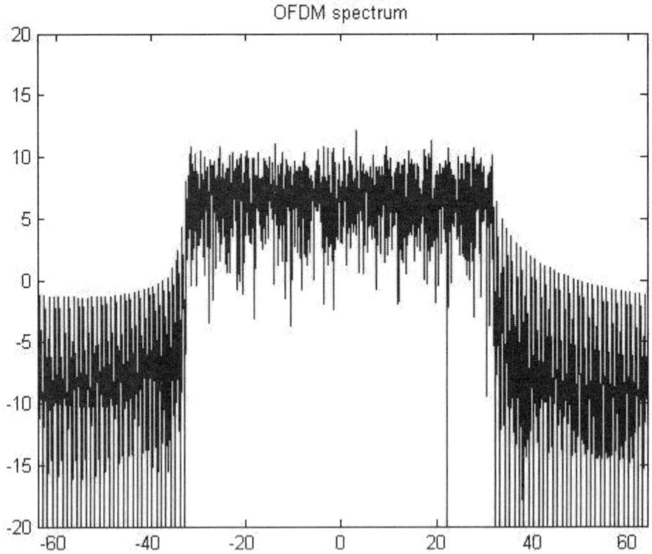

③ OFDM은 데이터를 병렬로 동시에 처리함으로써 높은 PAPR (Peak-to-Average Power Ratio)을 처리해야 한다는 문제점을 가지고 있다. 이러한 PAPR의 증가 문제를 해결하기 위한 여러 가지 기법은 대표적으로 아래와 같이 나타낼 수 있다.

A. 클리핑(Clipping)

PAPR을 감소하는 가장 간단한 방법은 진폭을 잘라내는 클리핑(Clipping) 방법이다. 입력신호의 진폭이 임의의 값보다 크다면 임의의 값으로 진폭을 잘라냄으로써 PAPR을 감소시키는 방법으로 A라는 진폭으로 잘라낸다면 다음과 같이 변환된다.

$$y = \begin{cases} -A \; (if \; x < -A) \\ x \; (if \; -A \le x \le A) \\ A \; (if \;\; x \ge A) \end{cases}$$

여기서 x는 클리핑 되기 이전의 신호이며, y는 클리핑 이후의 신호이다. A는 클리핑 레벨을 나타낸다. 높은 첨두 전력이 발생할 확률이 줄어 들기 때문에 클리핑은 PAPR을 줄이는 데 매우 효과적이다. 그러나 클리핑은 비선형 동작이기 때문에 BER(bit error rate) 측면에서 볼 때 성능이 저하되는 문제점을 지닌다. 클리핑 대역 내에서는 왜곡이 발생하고 부근의 주파수 대역을 사용하는 다른 시스템과의 간섭을 발생 시키는 대역 외 방출이 발생한다. 대역 외 방출을 줄이기 위해서 클리핑 이후에 필터링을 하는데 이는 또 다른 첨두 값이 발생할 수 있다. 따라서 클리핑은 쉽게 수행되지만, BER 성능에 큰 저하를 가져온다.

B. 블록 코딩

블록 코딩은 낮은 PAPR을 갖는 코드로 입력데이터를 코딩을 함으로써 PAPR을 줄이는 방법이다. 가장 큰 PAPR은 0이나 1이 연속적으로 발생할 때 발생하며, 그 값은 6dB이다. 따라서 0이나 1인 연속적으로 발생되는 것을 피한다면 PAPR을 줄일 수 있는 것이다. 이와 같은 방법으로는 3bit의 입력 데이터를 4bit의 데이터로 맵핑하는 방법이 있다. 높은 PAPR을 피할 수 있는 최적의 코드를 찾아 삽입함으로써 가능한 낮은 PAPR을 갖는 신호로 만드는 것이다.

그러나 이러한 방법은 코딩비율이 3/4가 되므로 전송효율을 낮추는 단점을 지닌다. 또한 최적의 코드를 찾아 인코딩하고 디코딩하는데 있어서 입력 비트열 마다 다를 수 있는 최적의 코드를 찾아야 한다는 단점이 있다.

C. Partial Transmit Sequence (PTS)

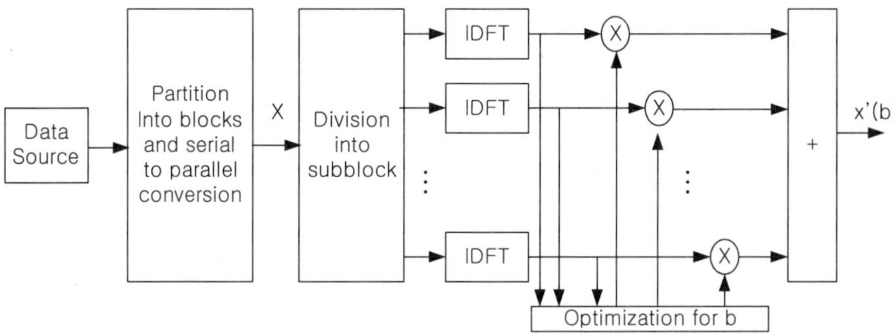

〈그림 9.23〉 PTS 기법의 블록다이어그램

그림 9.23은 PTS PAPR 감소기법의 블록다이어그램을 나타낸다. PTS기법에서 N개의 심볼로 이루어진 데이터 블록은 따로 떨어진 서브블록(subblock)으로 분할된다. 각 서브블록에서 부반송자는 위상인자에 의해서 가중된다. 이 때 조합된 신호의 PAPR이 최소화 되는 위상인자를 선택하여야 한다. 데이터블록을 {Si,i=0,1, • • •,N-1}, S=[S0,S1, • • • SN-1]인 벡터로 정의하고, S를 {Sm,m=1,2, • • •,M}으로 표현되는 M개의 따로 떨어진 집합으로 분할한다. PTS기법의 목적은 M개의 가중된 조합의 형태를 형성하는 것이다. 복소 위상인자는, $b_m = e^{j\phi_m}$, PTS에 조합되기 위해 사용된다.

$$s'(b) = \sum_{m=1}^{M} b_m \cdot s_m$$

여기서 {bm,m=1,2, • • •,M}는 가중 인자이다. 이 가중인자는 데이터를 복구하기 위해 부가정보로써 수신단으로 전송 되어야 한다. 이 때문에 PTS기법은 전송효율에 있어서 손실을 갖게 된다.

D. Selective Mapping(SLM)

Selecti Mapping(SLM) 기법의 블록 다이어그램은 그림 9.24과 같다. SLM기법에서 IDFT 과정전의 반송자 개수와 같은 U개의 독립적인 위상 시퀀스가 발생되고, U개의 시퀀스는 심볼 시퀀스에 곱해진다. 위상 시퀀스에 의해서 위상이 변화된 심볼과 원래의 심볼로 PAPR을 계산한다. 그 중에서 가장 작은 PAPR을 가빈 심볼이 선택되어 전송된다. 사용된 위상 시퀀스는 부정보로서 수신단에 전송된다. 수신단에서는 데이터를 복구하기 위해 역동작을 수행한다. PAPR감소 양은 위상 시퀀스 U의 개수와 위상시퀀스의 설계에 따라 달라진다.

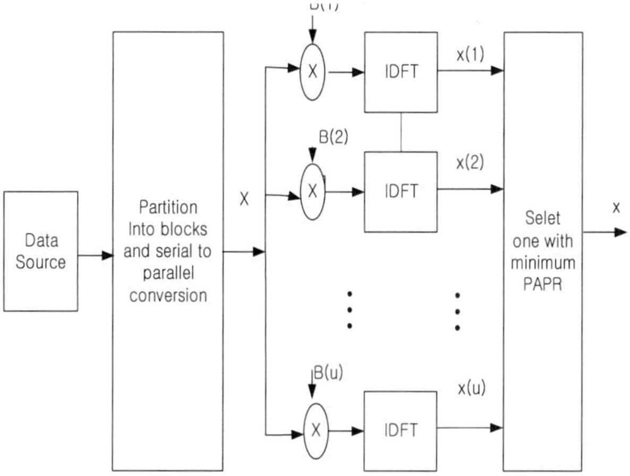

〈그림 9.24〉 SLM 기법의 블록다이어그램

SLM기법은 PTS기법보다 부정보를 줄일 수 있으며, 선형 동작이기 때문에 비선형 왜곡을 발생시키지 않는다. 그러나 SLM기법은 U와 같은 수의 IDFT과정이 필요하기 때문에 계산량이 많아진다는 단점을 지니고 있다

여기서 본 절에서는 SLM 기법을 MATLAB으로 구현하여 성능 분석을 해보기로 한다. 표 9.4는 성능분석에 사용된 주요 변수를 나타낸다.

〈표 9.4〉 주요 변수

주요 변수	
변조 타입	QPSK
채널	AWGN
FFT point	64
부반송파 개수	58
심볼 개수	40960
U	2-8 dB

Matlab Source

```
%% MATLAB을 이용한 신호및시스템 9.3%%
clear all  % workspace를 다 지움
close all  % 모든 그림창을 다 닫음
clc;       % 커맨드 창을 다 지움

data=100;
for l=1:1:data;
    % QPSK 심볼생성
    bits=randint(64,1,4);
    txpsk = pskmod(bits,4);
    sum_origin=0;
    for n=1:1:64
        temp2_ori=0;
        for k=1:64
            temp1_ori(k)=txpsk(k)*exp(i*2*pi*(k-1)*(n)/64)/sqrt(64);
            temp2_ori=temp2_ori+temp1_ori(k);
        end
        x_ori(n)=abs(temp2_ori)^2;
    end
    peak_ori=max(x_ori);
    avr_ori=sum(x_ori)/64;
    papr_ori(l)=peak_ori/avr_ori;
  temp4=10;
    for u=1:128
        sum_slm=0;
        u1=2*randint(64,1)-1;
        for n=1:1:64
            temp2_ori=0;
            temp2_slm=0;
            for k=1:64

temp1_slm(k)=u1(k)*txpsk(k)*exp(i*2*pi*(k-1)*(n)/64)/sqrt(64);
```

Matlab Source

```
temp2_slm=temp2_slm+temp1_slm(k);
            end
            x_slm(n)=abs(temp2_slm)^2;
            sum_slm=x_slm(n)+sum_slm;
        end
        peak_slm=max(x_slm);
        avr_slm=sum_slm/64;
        papr_can=peak_slm/(sum_slm/64);
        if (temp4 >= papr_can )
            temp4=papr_can;
            papr_slm1(l)=temp4;
        end
        if (u <= 64)
            papr_slm2(l)=temp4;
        end
        if (u <= 8)
            papr_slm3(l)=temp4;
        end
    end
    o=1;
    for papr_0 = 3:0.2:11
        papr_0db(o,1)=20*log10(papr_0);
        cnt_ori(o)=length(find(papr_ori>papr_0));
        cnt_slm1(o)=length(find(papr_slm1>papr_0));
        cnt_slm2(o)=length(find(papr_slm2>papr_0));
        cnt_slm3(o)=length(find(papr_slm3>papr_0));
        o=o+1;
    end
end
o=1:41;
```

```
semilogy(papr_0db(o),cnt_ori(o)/(data),'b',papr_0db(o),cnt_slm1(o)/(dat
a),'--r.',papr_0db(o),cnt_slm2(o)/(data),'-g*',papr_0db(o),cnt_slm3(o)/
(data),'-bx')
axis([9 12 0.005 1]);
title('PAPR Comparision')
xlabel('PAPR0(in dB)')
ylabel('CCDF (P(PAPRz>PAPR0)')
```

Matlab Figure

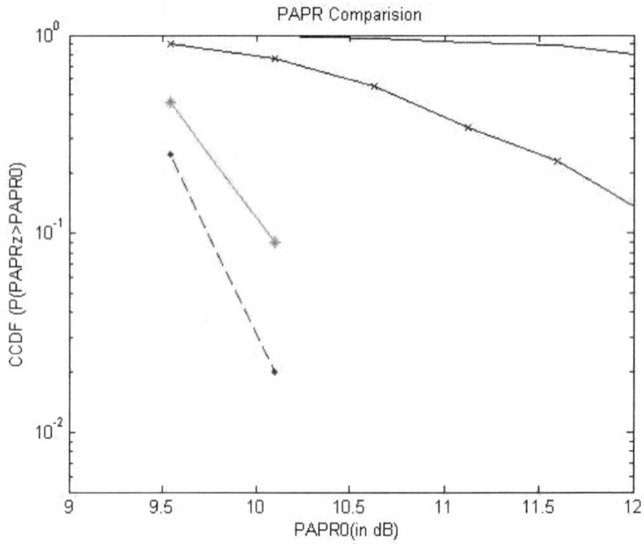

찾아보기

(ㄱ)

(ㄴ)

(ㄷ)

(ㄹ)

(ㅁ)

(ㅂ)

(ㅅ)

(ㅇ)

(ㅈ)

(E)

(F)

(G)

(H)

(I)

(K)

(L)

(M)

(N)

(O)

(P)

(R)

(S)

(T)

(Q)

(Z)

숫자

MATLAB을 이용한

신호 및 시스템

2009년 8월 01일 초판 인쇄
2009년 8월 05일 인쇄 발행

저 자 김진영
발 행 인 송기수
발 행 처 도서출판 GS 인터비전
편 집 처 도서출판 GS 인터비전
인 쇄 처 선우문화사
편 집 선우문화사
등록번호 제2008 - 27호
I S B N 978-89-93668-22-3 (92560)

주 소 서울시 중랑구 묵동 신도브래뉴1차 102동 1301호
전 화 02-976-7898, 0707-720-7898
팩 스 02-6468-7898
E-mail gsinter7@chol.com

정 가 **20,000원**